Materiales para un curso de

EXPRESIÓN JURÍDICA ORAL Y ESCRITA

(CON LA AYUDA DE LA RETÓRICA CLÁSICA)

Materiales para un curso de

EXPRESIÓN JURÍDICA ORAL Y ESCRITA

(CON LA AYUDA DE LA RETÓRICA CLÁSICA)

Juan Manuel Blanch Nougués
Ángela Pérez García
Universidad CEU San Pablo

Reimpresión corregida septiembre 2022

Dykinson, S.L.

Colección "Monografías de Derecho Romano y Cultura Clásica"
Dirección del Prof. Dr. D. Antonio Fernández de Buján

Este libro ha sido sometido a evaluación por parte de nuestro Consejo Editorial
Para mayor información, véase *www.dykinson.com/quienes_somos*

Imagen de cubierta: https://dionysiana.files.wordpress.com/2008/09/3athens.jpg

Editorial DYKINSON, S.L. Meléndez Valdés, 61 – 28015 Madrid
Teléfono (+34) 91544 28 46 - (+34) 91544 28 69
e-mail: info@dykinson.com
http://www.dykinson.es
http://www.dykinson.com

ISBN: 978-84-1377-357-5
Depósito Legal: M-4641-2021

Preimpresión:
Besing Servicios Gráficos, S.L.
besingsg@gmail.com

Al pequeño Diego

Índice

PRIMERA PARTE

SEGUNDA PARTE
PRÁCTICA DEL LENGUAJE JURÍDICO ESCRITO

Prólogo

Hace tres años ya que echó a andar, según el nuevo plan de estudios del Grado de Derecho[1] de nuestra Facultad, la asignatura de Expresión Jurídica Oral y Escrita con carácter semestral. En la mente del redactor del Plan anidaba sin duda una notable inquietud ante el deterioro progresivo de la capacidad de expresión de la lengua española aplicada al derecho que exhiben año tras año los estudiantes cuando se asoman por primera vez a las aulas de nuestra Facultad. Las nuevas tecnologías aplicadas a los juegos, al cine y a las series de televisión, aunque habría que añadir afortunadamente –no lo olvidemos– también a la enseñanza, han ocasionado en las últimas décadas un desplazamiento del lenguaje verbal por el visual, un predominio de la imagen sobre la palabra, que no ha ayudado a algo tan fundamental en derecho como es la verbalización del pensamiento. No solo. No pocos de nuestros estudiantes vuelven a nuestro país para cursar una carrera universitaria después de haber realizado sus estudios previos en un colegio extranjero, a menudo en lengua inglesa. Las carencias aquí son más graves aún, porque, como confiesan algunos, no han estudiado jamás gramática, ni siquiera de la lengua en la que han realizado esos estudios.

Este libro pretende ser una modesta contribución orientada a paliar tales defectos formativos o, por lo menos, a poner en guardia a los estudiantes ante esa realidad y a crearles la adecuada tensión en un primer curso de Derecho para tratar de subvenir a la necesidad intelectual urgente de su satisfacción. Si hemos culpado en parte a las nuevas tecnologías del ocio de haber promovido una cierta actitud de rechazo o desdén por la lectura y, mucho más, por la redacción de textos o por su exposición oral, también debemos entonar el *mea culpa* en las universidades por el estudio del derecho marcadamente memorístico hasta el punto de hacerlo en ocasiones estéril y atrozmente aburrido. El puro ejercicio mecánico de memorización de textos constituye una actividad pasiva, ayuna de la vida que el derecho, que se ocupa de conflictos de intereses, sin duda posee. En efecto, esta asignatura debería servir, junto con las otras de la carrera, a fomentar en el estudiante el deseo de saber derecho, y más de la vida de la que

[1] Empleamos el término «derecho» en mayúscula cuando nos referimos a la carrera o, en general, a la materia discible. En otro caso, siempre aparecerá en minúscula.

aquel se ocupa, en definitiva, a través de la lengua y, en concreto, de la lengua jurídica.

Aprender a dominar una lengua, incluso la propia, es difícil. Se trata de una cuestión de niveles, pero el nivel exigido para hablar bien en público y escribir correctamente en derecho es muy superior al designado como elemental, medio o avanzado por ciertas etiquetas utilizadas comúnmente en el aprendizaje de lenguas extranjeras. Exhortamos a menudo a nuestros alumnos al aprendizaje de otras lenguas aparte de la propia, en especial, del inglés (¿por qué no también de las lenguas clásicas, especialmente del latín, tan importante en derecho y testimonio insoslayable de nuestra cultura?), pero a veces nos olvidamos de que nuestra lengua, segunda lengua vernácula después del chino y tercera lengua de internet, por cierto, debe ser promovida entre nuestros estudiantes por muchas razones, pero, en relación con la carrera que cursan, para que alcancen un nivel muy superior al señalado por las antedichas etiquetas.

Por nuestra experiencia, no son muchos quienes finalizan sus estudios y pueden escribir con corrección textos jurídicos o hablar con propiedad, con creatividad, corrección, precisión, concisión y elegancia. Ignoran no pocos que sus facultades intelectuales aplicadas a la lengua constituyen uno de los alicientes más atractivos en el ejercicio profesional que les espera. No ha sido rara u ocasional la queja venida del mundo de los despachos, por ejemplo, de la perentoria necesidad de nutrirse de jóvenes talentos que brillen por su saber jurídico y por su capacidad verbal: por ambas cosas.

Aprender a narrar hechos, a confeccionar discursos de un modo lógico, a improvisar, incluso, intervenciones orales de modo por lo menos no caótico ni plagado de errores y muletillas lingüísticas es tarea inexcusable de toda persona culta, pero máxime de la que se va a dedicar al derecho, para el que las palabras y las argumentaciones son como las probetas humeantes o ciertos animales para ensayos que utilizan los cultores de las ciencias experimentales.

Este libro presenta dos novedades de cierto interés: por un lado, aúna los dos tipos de expresión, la oral y escrita, algo que no hemos encontrado en ningún manual, por lo menos que nosotros sepamos. En efecto, el estudio de la expresión de la lengua se ha emprendido bien desde la perspectiva de su oralidad, bien desde la de su redacción, pero no se ha hecho el esfuerzo de unir ambas en una misma obra y de intentar distinguirlas. La segunda novedad, que acude en nuestro socorro respecto de la primera antes citada, es la de la utilización de la retórica clásica. Ya a mediados del siglo XX, autores como Perelmann y Olbrechts Tyteca rescataron la vieja retórica del baúl de los objetos olvidados bautizándola como «Nueva Retórica», que ha tenido un auge enorme en las décadas posteriores, no solo en las universidades sino casi más en el ámbito empresarial. Aprender a seducir a un auditorio resulta muy tentador en el mundo profesional, sea cual sea la rama. No obstante, aun siendo verdad esto último, el estudiante de Derecho debe saber –la orientación nos viene de la mano de la jurisprudencia romana– que el derecho no es un instrumento para persuadir a un público determinado, sino para hallar las soluciones más justas a sus problemas. Que todo el instrumental jurídico de conceptos, términos, locuciones latinas, abreviaturas y siglas a veces cabalísticas, etc. ha ido históricamente encaminado a la finalidad de discernir entre lo justo y lo injusto, lo verdadero y lo falso, como sostenían los antiguos jurisconsultos.

Dicho eso, en esta obra, la retórica clásica, centrada históricamente en la exposición oral, nos ha ayudado a llevar a cabo una cierta ordenación lógica de temas que nos ha permitido no solo estructurar el programa, sino ahondar en la *forma mentis* del profesional que se dedica al derecho y que pretende utilizar la lengua con soltura al servicio del pensamiento, es decir, razonando y argumentando de forma coherente y sin incurrir en defectos o falacias; de un modo correcto, con la precisión técnica necesaria, a ser posible no excesivamente prolijo, y con el ornato necesario que presente el texto de forma atractiva, bien a los oídos, bien a la vista; y que desea hacerlo de un modo ordenado, tanto desde el punto de vista de la tarea previa de la confección del texto jurídico como de su exposición y su «puesta en escena». Este es el terreno de la retórica clásica.

Hemos escogido, para un curso de apenas unos meses (aunque se denomine «semestral»), como obra de referencia la *Rethorica ad Herennium*, que por su claridad y relativa brevedad es de lectura factible en ese periodo de tiempo. Naturalmente, precisa de actualización a través de ejemplos de nuestro mundo actual. Eso también lo hemos intentado abordar en esta obra.

En resumen, la obra que presentamos, que no constituye propiamente un manual sino una exposición de materiales que hemos comprobado útiles en estos años de experiencia docente, pretende inicialmente el estudio de herramientas básicas en la confección de textos: ortografía, puntuación, acentuación. Desea advertir de los errores más graves que comúnmente se cometen en el uso de nuestro idioma, así como de las impropiedades lingüísticas que nos acechan de continuo a quienes practicamos nuestra lengua. También pretende ayudar a dominar un cierto glosario a modo de resumen del primer curso de Derecho, y a no olvidar el estudio, cada vez más infrecuente, de las locuciones latinas –de uso forense, sobre todo– tan útiles en el ámbito mundial de unificación del derecho y de las que nos hemos ocupado tanto en nuestra trayectoria universitaria.

Tras esto, y con ayuda de la retórica, nos hemos propuesto atravesar las diferentes fases de la tarea de la oratoria vertida luego en las diferentes partes del discurso oral, para, en la última parte, exponer ciertos fundamentos –no muchos– de la redacción escrita y ofrecer diversos ejemplos que, sorprendentemente, siguen obedeciendo a la ley oculta de estructuración de textos ya descubierta hace siglos por la retórica clásica.

Esperamos que todo ello sea de utilidad para nuestros estudiantes, que desean aprender derecho, pero de modo diverso al tradicional, aunque sin ahorrarles el esfuerzo que deberán realizar para alcanzar un resultado provechoso. Creemos para ello muy conveniente que se curse en el segundo semestre, después de haberse iniciado en Derecho, y, en especial, después de haber afrontado el estudio del Derecho Romano.

Deseamos expresar nuestro más sincero agradecimiento, en fin, al profesor Antonio Fernández de Buján y Fernández, querido maestro, por el interés manifestado y –si se nos permite decirlo también así–, por el cariño con que ha recibido esta obra y por el apoyo decidido a su publicación en la prestigiosa editorial Dykinson.

Bases Previas

Tema 1
Elementos de ortografía, acentuación y puntuación

INTRODUCCIÓN

Somos conscientes de que este tema debería encuadrarse en el ámbito de la expresión escrita. Sin embargo, hemos decidido colocar estos tres factores del uso de la lengua al principio por su carácter fundamental. Piénsese en que los ejercicios que se les van a proponer a los estudiantes, prácticamente desde el inicio del curso, consistirán a menudo en la redacción de textos. Que se ajusten a los cánones de la ortografía, acentuación y puntuación nos parece básico. Por nuestra experiencia, hay frecuentes carencias formativas respecto de los tres; pero, aunque la ortografía y la acentuación no dejan de ser elementales y se aprecien errores usuales a este respecto, nos resulta sorprendente la común falta de criterio a la hora de puntuar. La puntuación tiene que ver con la estructuración del pensamiento a través de la lengua; no se trata, pues, de un factor que tenga que ver con las pausas a lo largo del discurso. Su función es la jerarquización de las ideas del texto en diferentes capas, las unas dependientes de las otras.

Por esta razón, pertenecen para nosotros a los que hemos denominado «bases previas». Es preciso que repasemos estos tres factores, no dándolos por sentados a partir de los estudios previos de bachillerato, y que lo hagamos desde el principio del curso para que dé tiempo a advertir la mejora a través de su constante puesta en práctica.

ORTOGRAFÍA

Aunque este tema parece que es absolutamente prescindible, pues todos nos consideramos competentes en él, no es menos cierto que, sobre todo por la falta de lectura y el uso de la lengua en redes sociales, que se caracteriza por ser un lenguaje económico en el que no se estima la norma sino la inmediatez, cada vez somos más inmunes a esa corrección a la que debemos tender si nos queremos diferenciar del resto.

Repasaremos el uso de las grafías remontándonos a su origen, pues en muchos casos este nos puede ayudar a dilucidar cómo se escribe una palabra en la actualidad, y daremos algunas pistas aplicables a varios términos o grupos de palabras.

Uso de grafías

- *Letras B – V*

1. Respeto de la etimología:

La letra *b* procede en algunos casos de palabras que también eran con *b* en latín:

Ej.:
bondad (< BONITATEM)
beber (< BIBERE)
deber (< DEBERE)
Exc.: maravilla (< MERABILIA)

La letra *v* se conserva en las palabras que *v* de su lengua de origen (latín):

Ej.:
Verdad (< VERITATEM)
Ventura (< VENTURAM)
Exc.: Abogado (< ADVOCATUM)
Abuelo (< AVIOLUM)

La letra *b* deriva en algunos casos de una -P- latina intervocálica:

Caber <CAPERE
Saber < SA**P**ERE
Obispo < E**P**ISCOPUN
Recibir < RECI**P**ERE

2. Algunas reglas orientadoras del uso de b

1) **Verbos acabados en *–bir*, exc.** *hervir, servir y vivir.*
2) **Verbos acabados en *–buir*:** *con-/re-/a-/ tribuir.*
3) **Verbos deber, haber, caber, saber y beber.**
4) **Terminaciones verbales del pretº imperfecto de indicativo (-BA-).**
5) **Pretº imperfecto de indicativo del verbo ir.**

6) **Palabras que comienzan por *bu-*, *bus-* y *bur-*:** *bula, buscar, burla.* Exc.: *vudú* y sus derivados.
7) **Palabras que empiezan por el elemento *biblio-* (= libro).**
8) **Palabras formadas sobre el elemento *bio-* (= vida):** *biología; microbio.*
9) **Palabras que empiezan por el elemento compositivo *bi-*, *bis-* o *biz-* (=dos veces):** *bimestral, bisnieto, bizcocho.*
10) **Palabras compuestas con el elemento *bien* o latino *bene*:** *bienvenido, beneplácito.*
11) **Toda palabra en el que el fonema bilabial sonoro precede a otra consonante o está a final de palabra:** *abdicar, absolver, obtener, obvio, subvenir, brazo, blasón, Job.* Exc. *ovni.*
12) **Palabras terminadas en sufijo *–bilidad*,** exc.: *movilidad, civilidad* y sus compuestos.
13) **Palabras acabadas en *–bundo*, *-bunda*:** *vagabundo, tremebundo, abunda.*

3. Algunas reglas orientadoras del uso de *v*

1) **Palabras en las que las sílabas *ad-*, *sub-* y *ob-* preceden al fonema labial sonoro:** *adviento, subvención, obviar.*
2) **Palabras que empiezan por *eva-*, *eve*, *evi-*, *evo*:** *evasión, eventual, evitar, evolución.* Exc.: *ébano.*
3) **Palabras que empiezan por el elemento compositivo *vice-*, *vi-*, *viz-* (= "en lugar de"):** *vicedecano, virrey, vizconde.*
4) **Adjetivos acabados en *–avo*, *-ava*, *-evo*, *-eva*, *-eve*, *-ivo*, *-iva*:** *octavo, esclava, longevo, nueva, leve, decisivo, activa.* Exc. *mancebo.*
5) **Voces llanas de uso general acabadas en *–viro*, *-vira*:** *triunviro, Elvira*, **y las esdrújulas acabadas en *–ívoro*, *-ívora*:** *carnívoro, herbívoro.* Exc.: *víbora.*
6) **Verbos acabados en *–olver*:** *volver, disolver, absolver.*
7) **Presente indicativo, imperativo y subjuntivo de Ir.**
8) **Pretº perfecto simple de indicativo, pretº imperfecto y futuro de subjuntivo de los verbos andar, estar, tener y sus compuestos:** *estuvo, desanduvo, tuviste, tuviere, contuviese.*

- *Letras C, Z, Q, K, CH*

1. **Sonido /k/** velar, oclusivo, sordo, se representa por las grafías:

C + a, o, u; y en sílaba trabada o final de palabra: *actor, actual, frac, cinc.* Exc.: *anorak.*

Qu + e, i:

Hay voces científicas y palabras o locuciones latinas en que encontramos –Qua, quo- o en las que la "u" va pronunciada con las vocales palatales:

Quórum
Quid pro quo
Ad quem

K (*kilo, búnker, kárate, kurdo, Kremlin, anorak*): palabras procedentes de otras lenguas en las que se ha intentado respetar la ortografía originaria.

2. **Sonido /θ/** interdental, fricativo, sordo se representa por las grafías:

Z + a, o, u.

En final de sílaba y palabra: *diezmo, Faz, paz* (plural **-*ces***)

- **ZC-** en la 1ª pers. sing. presente de indicativo y subjuntivo de los verbos en –acer (exc. *hacer* y derivados), -ecer, -ocer (exc. *cocer* y derivados), y –ucir: *obedezca, deduzco, seduzca.*

C + e, i.

Excepciones: azerbaiyano, enzima, nazismo, zéjel, zepelín, zigurat, zigzag, zigzaguear, zis zas... Indistintamente cenit/zenit, eccema/eczema, pero se prefiere *c*.

3. En el grupo **-CC-** (/kθ/), el sonido /k/ puede perderse confluyendo las terminaciones –ción y –cción, lo que da lugar a errores ortográficos:

Se escribe **-CC-** cuando en alguna palabra de la familia léxica de la palabra aparece con el grupo -**CT**-:

Adi**cc**ión> adi**ct**o
A**cc**ión> a**ct**or
Redu**cc**ión> redu**ct**o
Dire**cc**ión> dire**ct**or
Reda**cc**ión> reda**ct**or

Exc.: Hay palabras que se escriben con -CC- aunque no exista en su familia léxica ninguna palabra con el grupo -CT-: *cocción, confección, coacción, succión, fricción.*

Se escribe **-C-** cuando alguna de las palabras de la familia léxica no tiene -CT-, sino -**T**-:

Discre**c**ión >discre**t**o
Secre**c**ión>secre**t**o
Rela**c**ión> rela**t**o

- *Letras G, J*

Diferencia sonido

1. Velar fricativo sordo: /x/ = *g* + e, i;
   = *j* + a, e, i, o, u.
2. Fricativo, velar sonoro: /g/ = *g* + a, o, u;
   dígrafo *gu-* + e, i.

Cuando en el dígrafo *-gu-* se pronuncia la velar «u» en su confluencia con i, e, se utiliza la diéresis: gü- + e, i: *Argüelles, pingüino.*

Nunca lleva diéresis la «u» cuando va seguida de a, o: *contiguo; antigua*

Se escriben con *g*:

a) Las palabras en que el fonema velar sonoro precede a cualquier consonante, pertenezca o no a la misma sílaba. Ejemplos: *glacial, grito, dogmático, impregnar, maligno, repugnancia.*
b) Las palabras que empiezan por **gest-**. Ejemplos: *gesta, gestación, gestor.*
c) Las que empiezan por el elemento compositivo **geo**- («tierra»). Ejemplos: *geógrafo, geometría, geodesia.*
d) Las que terminan en -**gélico**, -**genario**, -**géneo**, -**génico**, -**genio**, -**génito**, -**gesimal**, -**gésimo** y -**gético**. Ejemplos: *angélico, sexagenario, homogéneo, fotogénico, ingenio, primogénito, cuadragesimal, vigésimo, apologético.*
e) Las que terminan en **-giénico**, -**ginal**, -**gíneo**, -**ginoso** (excepto *aguajinoso).* Ejemplos: *higiénico, original, virgíneo, ferruginoso.*
f) Las que terminan en -**gia**, -**gio**, -**gión**, -**gional**, -**gionario**, -**gloso** *y* -**gírico**. Ejemplos: *magia, regia, frigia, liturgia, litigio, religión, regional, legionario, prodigioso, panegírico.* Excepciones: las voces que terminan en -**plejía** o -**plejia** *(apoplejía, paraplejia...)* y *ejión.*

g) Las que terminan en -**gente** y -**gencia**. Ejemplos: *vigente, exigente, regencia.* Excepción: *majencia.*

h) Las que terminan en -**ígeno**, -**ígena**, -**ígero**, -**ígera**. Ejemplos: *indígena, oxígeno, alígera, belígero.*

i) Las que terminan en -**logía**, -**gogia** o -**gogía**. Ejemplos: *teología, demagogia, pedagogía.*

j) Las que terminan en el elemento compositivo -**algia** («dolor»). Ejemplos: *neuralgia, gastralgia, cefalalgia.*

k) Los verbos terminados en -**igerar**, -**ger** y -**gir** *(morigerar, proteger, fingir)* y las correspondientes formas de su conjugación, excepto en el caso de los sonidos *ja, jo,* que nunca se pueden representar con ***G***: *protege, fingía,* pero *proteja, finjo.* Existen algunas excepciones, como *tejer, crujir* y sus derivados.

La j representa el fonema fricativo velar sordo ante cualquier vocal o en final de palabra. Ejemplos: *jamón, jeta, jirafa, joven, junio, reloj, boj, carcaj.*

Se escriben con *j*:

a) Las palabras derivadas de voces que tienen **j** ante las vocales *a, o, u.* Así, *cajero, cajita* (de *caja); lisonjear* (de *lisonja); cojear* (de *cojo); ojear* (de *ojo); rojear, rojizo* (de *rojo).*

b) Las voces de uso actual que terminan en -**aje, -eje**. Ejemplos: *coraje, hereje, garaje.* Excepciones: *ambages, enálage, hipálage.*

c) Las que acaban en -**jería**. Ejemplos: *cerrajería, consejería, extranjería.*

d) Las formas verbales de los infinitivos que terminan en -**jar.** Ejemplos: *trabaje,* trabajemos (de *trabajar); empuje* (de empujar). También las de los pocos verbos terminados en -**jer** y en -**jir**, como *cruje* (de *crujir); teje* (de *tejer).*

e) Los verbos terminados en **-jear** así como sus correspondientes formas verbales. Ejemplos: *canjear, homenajear, cojear.* Excepción: *aspergear.*

f) El pretérito perfecto simple y el pretérito imperfecto y futuro de subjuntivo de los verbos *traer, decir* y sus derivados, y de los verbos terminados en *-decir.* Ejemplos: *traje* (de *traer); dije,* dijera (de *decir); predijéramos* (de *predecir); adujera, adujeren* (de aducir).

- *Letra H*

Llevan H:

a) Las formas de los verbos **haber**, **hacer**, **hallar**, **hablar**, **habitar**. Ejemplos: *haga, hallemos, hablará.*

b) Los compuestos y derivados de los vocablos que tengan esta letra. Ejemplos: *gentilhombre*, compuesto de *hombre; herbáceo,* derivado de *hierba.*

Acción e *ilación* se escriben sin h porque ni la primera viene de *hacer,* ni la segunda de *hilo* o de *hilar; Acción* era *actio* en latín, y proviene del supino *actum,* e *ilación* es la *illano* latina, también procedente del supino *illatum.*

Las palabras oquedad, *orfandad, orfanato, osamenta, osario, óseo, oval, óvalo, ovario, oscense, oler,* etc. se escriben sin *h* porque no la tienen en su origen. *Hueco, huérfano, hueso, huevo, Huesca, huelo* la llevan por comenzar con el diptongo *ue-*, según la regla ortográfica siguiente.

c) Las palabras de uso actual que empiezan por los diptongos **ia-, ie-, ue-** y **ui-**. Ejemplos: *hiato, hiena, huele, huidizo.* Excepción: *iatrogénico.*

Se escribe *h* intercalada en palabras que llevan el diptongo **-ue-** precedido de vocal. Ejemplos: *cacahuete, vihuela, aldehuela.* Excepción: *grauero.*

Algunas palabras que comienzan por *hue-* o por *hui-* pueden escribirse también con *güe-* y *güi-* respectivamente. Es el caso de *huemul, huero, huillín, huipil, huero, huisquil* y *huisquilar* escritas también *güemul, güero, güillín, güipil, güiro, güisquil* y *güisquilar.*

d) Las palabras que empiezan por los elementos compositivos *hecto-* (cien) [distinto de *ecto-* (por fuera)], *helio- (*sol*), hema-, hemato-, hemo-* (sangre), *hemi-* (medio, mitad), *hepta* (siete), *hetero- (*otro*), hidra-, hidro- (*agua*), higro-* (humedad), *hiper-* (superioridad o exceso), *hipo-* (debajo de o escasez de), *holo- (*todo*), homeo-* (semejante o parecido), *homo-* (igual). Ejemplos: *hectómetro, heliocéntrico, hematoma, hemiciclo, hemoglobina, heptaedro, heterosexual, hidráulico, hidrógeno, higrómetro, hipérbole, hipócrita, holografía, homeopatía, homógrafo.*

e) Algunas interjecciones. Ejemplos: *hala, bah, eh.*

f) Por regla general, las palabras que empiezan por **histo**-, **hosp**-, **hum**-, **horm**-, **herm**-, **hern**-, **holg**- y **hog**-. Ejemplos: *histología, hospital, humedad, hormiga, hermano, hernia, holgado, hogar.*

- *Letras Y, Ll*

Se escriben con *Y*:

a) Las palabras que terminan con el sonido correspondiente a *i* precedido de una vocal con la que forma diptongo, o de dos con las que forma triptongo. Ejemplos: *ay, estoy, verdegay, Bombay, buey, ley, rey, convoy, soy, Godoy, muy, Uruguay, Garay,* etc. Hay algunas excepciones, como *saharaui o bonsái.*

b) La conjunción copulativa **Y.** Ejemplos: Juan *y* María. Esta conjunción toma la forma e ante una palabra que empiece por el fonema vocálico correspondiente a *i* (ciencia *e* historia; catedrales *e* iglesias), salvo si esa *i* forma diptongo *(cobre y hierro; estratosfera y ionosfera).*

c) Las palabras que tienen el **sonido palatal sonoro** ante vocal, y especialmente:

1.° Cuando sigue a los prefijos **ad**-, **dis**- y **sub**-. Ejemplos: *adyacente, disyuntivo, subyacer.*

2.° Algunas formas de los verbos **caer, raer creer, leer poseer proveer sobreseer**, y de los verbos acabados en **-oír** y **-uir** Ejemplos: *cayeran, leyendo, oyó, concluyo, atribuyera.*

3.° Las palabras que contienen la sílaba -**yec-.** Ejemplos: *abyecto, proyección, inyectar.*

4.° Los plurales de los nombres que terminan en **-y** en singular. *(rey/reyes)*

Se escriben con *Ll*:

a) Las palabras de uso general terminadas en -illa e -illo. Ejemplos: *mesilla, cigarrillo, costilla.*

b) La mayor parte de los verbos terminados en -illar -ullar y -ullir. Ejemplos: *abarquillar, apabullar, bullir.*

Palabras homófonas

(Suenan igual pero tienen diferente ortografía)

Valla / vaya

No saltes la valla.

¡Vaya fastidio! Me ha dicho que hoy no vaya al cine.

Halla / haya / aya

Carlos se halla en Italia.

Tal vez haya vuelto.

Lo saca de paseo el aya.

Han cortado el haya.

Pollo / poyo

Los domingos guisaban un pollo con arroz para toda la familia.

Siempre se sentaba en el poyo de la puerta de su casa para admirar la puesta de sol.

Raya / Rayo / Rayar / Rallar

Te has pasado de la raya. / La raya es un pez muy abundante en los mares españoles.

Anoche cayó un rayo.

Utiliza una hoja rayada para no torcerte al escribir.

Ralla ese queso.

Aya / haya / Halla

Todas las mañanas salía de paseo con su aya.

Carlos se hallaba en Italia aunque quizá haya vuelto.

Un bosque de hayas recibe el nombre de hayedo o hayal.

Cayado / callado.

Su abuelo, siempre con su cayado, permanecía largas horas callado.

Hoy / oí

No te oí llegar. No sabía que venías hoy.

Pulla / puya

Le dedicó varias pullas.

La puya del picador.

Tubo / tuvo

Un tubo de plástico. / No tuvo importancia.

Hay / ahí / ay

¡Hay que ver qué frescura!

Desde ahí se puede ver.

¡Ay qué dolor!

Cabo / cavo

Veraneo cerca del cabo de Gata.

Yo cavo en el huerto.

Maya / malla

En Guatemala floreció la civilización maya.

Las patatas están en un envase de malla.

Basto / vasto

No sé por qué has de ser tan basto y tan ordinario.

Del vasto imperio de Felipe II se dice que, precisamente por su extensión, nunca se ponía el sol.

Basta / vasta

La tela es algo basta y me pica por el cuello.

¡Basta! No quiero seguir discutiendo sobre este asunto.

Una vasta extensión de terreno era de su propiedad.

Valido / balido

Fue valido de Felipe IV.

Se oye el balido de un cordero.

Por qué / porque / por que / porqué

Por qué (interrogativo): ¿Por qué has venido? / No sé por qué has venido.

Porque (causal): He venido porque tenía que decirte algo importante.

Por que (relativo): Esta es la razón por que (por **la** que) he venido.

Porqué (sustantivo): No entiendo el porqué de esta situación.

Con qué / conque (= así que) / con que

¿Con qué quieres hacerlo?

No has estudiado casi nada, conque no puedes pretender aprobar.

Usó las tijeras con que (con **las** que) su madre corta las telas.

Aún / aun

Aún (cuando significa todavía)

Aun (con el resto de sus significados)

Hecho /echo

Hecho (verbo *hacer*)

Echo (verbo *echar;* echar de menos, echar agua al fuego)

A ver / Haber

¡A ver qué pasa con las elecciones!

Va a haber que tomar medidas contra esa mala costumbre.

También / tan bien

Yo también estuve con ellos.

En el pueblo estuve tan bien como en la ciudad.

Quehacer / que hacer / qué hacer

Quehacer (sust.): Este es su quehacer diario. Me dedico a mis quehaceres.

Que hacer: Tengo muchas cosas que hacer.

Qué hacer (sentido interrogativo): ¿Qué hacer ante una situación así?

ACENTUACIÓN

De nuevo, he aquí un tema que creemos tener bien asimilado. Sin embargo, la correcta acentuación brilla por su ausencia incluso en ámbitos en los que la lengua es el instrumento principal, como el periodístico o el del derecho. Una acentuación correcta, como ocurre con la ortografía y la puntuación, hoy en día es un rasgo diferenciador de profesionalidad y de rigor. ¿Dejarías en manos de una persona descuidada a la hora de redactar una sentencia un asunto de vital importancia para tus bienes o tu familia?

Llevan tilde:

PALABRAS AGUDAS que acaban en vocal, -n o -s.

Ejemplos: *sillón, adiós, comeré.*

Sin embargo, cuando la palabra aguda termina en –*s* precedida por otra consonante, no lleva acento gráfico. Ejemplos: *robots, tictacs.*

Las palabras agudas terminadas en -*y* no llevan tilde, debido a su carácter semiconsonántico. Ejemplos: *virrey, paipay, convoy.*

PALABRAS LLANAS que no acaban ni en vocal, ni en –*n*, ni en -*s*.

Ejemplos: *árbol, López, álbum.*

No obstante, cuando la palabra llana termina en –*s* precedida de consonante, sí lleva tilde. Ejemplos: *bíceps, fórceps, cómics.*

Las palabras llanas terminadas en -*y* deben llevar tilde. Ejemplos: *póney, yóquey.*

(aunque la RAE también admite **poni**).

PALABRAS ESDRÚJULAS Y **SOBRESDRÚJULAS**. Siempre llevan tilde en la sílaba tónica.

Ejemplos: *sábana, lógico, cuídate, dígamelo.*

A todo esto hay que añadir todo lo referido a diptongos o hiatos, pero para ello debemos recordar **vocales abiertas (a, e, o)** y **cerradas (i, u)**.

Diptongo: conjunto de dos vocales que se pronuncian en la misma sílaba.

- Puede ser **unión de vocal abierta y cerrada**: *aire, puerta.*
- Puede ser de **dos vocales cerradas**: *fuimos, ruido, jesuita.*

A efectos de acentuación, siempre se someten a las reglas generales de acentuación.

Hiato: encuentro de dos vocales seguidas que se pronuncian en sílabas distintas.

Puede ser:

- **Dos vocales abiertas**: *héroe*; *león*: bisílaba: aguda terminada en –n; *aéreo*: polisílaba: esdrújula
  (En cuanto a acentuación se sujetan a las reglas generales)
- **Dos vocales iguales** abiertas: *loor, leer*: bisílabas; agudas.
- **Una vocal abierta átona + vocal cerrada tónica**: *María, leído*
  (Siempre se acentúa sin tener en cuenta las normas generales)

En la norma académica anterior a 1999, se consideraba bisílabas algunas palabras que solo contienen las vocales débiles contiguas o bien una débil átona junto a una fuerte: *fui* era monosílabo, pero *huí* era bisílabo; también *guión, pió, frió*... No era sencillo aprender estas normas de acentuación. Las normas expuestas por la Real Academia en 1999 eliminan estas excepciones puesto que considera que las diferencias de pronunciación de la mayoría de los hispanohablantes no son tales (puesto que no existen en el español de América), por lo que considera que cualquier secuencia silábica de este tipo es una sola sílaba. Por lo tanto, puesto que los monosílabos no se acentúan, deberán escribirse sin acento: *guion, truhan, Sion, hui, pio* (pasado de *piar), lio* (pasado de *liar), frio* (pasado de *freír), rio* (pasado de *reír).*

Otro caso especial son las palabras que tienen doble acentuación en la pronunciación. Hay que distinguir entre aquellas que la academia ya ha señalado la **pronunciación correcta:**

caracteres, no carácteres
chándal, no chandal
chicle, no chiclé/chiclet
consola, no cónsola
cuadriga, no cuádriga
espécimen, no especimen
hectolitro, no hectólitro
intervalo, no intérvalo
kilogramo, no kilógramo
libido, no líbido
popurrí, no popurri
prensil, no prénsil
regímenes, no régimenes
sutil, no sútil
táctil, no tactil
textil, no téxtil

Algunas palabras como "élite, -s" ya se admiten (en la norma anterior, la escritura correcta era la llana "elite, -s"), así como se admiten las dos acentuaciones de algunos verbos en -cuar: evacua y evacúa, licua y licúa.

También se acepta la doble acentuación en los siguientes términos, si bien recomienda la que aparece en cursiva:

afrodisíaco/afrodisiaco
alveolo/alvéolo
amoníaco/ amoniaco
atmósfera/atmosfera
austriaco/austríaco
cardíaco/cardiaco
celtíbero/celtibero
cóctel/coctel
demoníaco/demoniaco
elegíaco/elegiaco
fútbol/futbol
ibero/íbero
isóbara/isobara
olimpiada/olimpíada
omóplato/omoplato
ósmosis/osmosis
pelícano/pelicano
período/periodo
policíaco/policiaco
raíl/rail
reuma/ reúma
utopía/utopia
zodiaco/zodíaco

Casos especiales

Tilde diacrítica

Es aquella que permite distinguir, por lo general, palabras pertenecientes a diferentes categorías gramaticales, que tienen, sin embargo, idéntica forma. Nos ayuda a desambiguar muchos casos, por ejemplo: El vino / Él vino.

Monosílabos: en español no se acentúan, salvo unas cuantas excepciones.

Él (pronombre personal) – **el** (artículo)
Tú (pronombre personal) – **tu** (posesivo)
Mí (pronombre personal) – **mi** (posesivo)
Té (sustantivo: planta y bebida) – **te** (pronombre)
Sé (verbo *saber* o verbo *ser*) – **se** (pronombre personal)
Sí (adv. afirmación / pronombre personal) – **si** (conjunción / sustantivo)
Dé (verbo dar) – **de** (preposición)
Más (adv. cuantificador) – **mas** (conjunción adversativa)

Otros casos de tilde diacrítica

> **Aún** (equivalente a *todavía*) – **aun** (cuando equivale a *hasta, también, incluso* o *siquiera*, con la negación, se escribe sin tilde)

En cuanto a la palabra **"solo"**, hasta hace unos años llevaba tilde diacrítica en el adverbio equivalente a *solamente*, frente al adjetivo **solo**. Así se escribía con tilde: ***Sólo sé que no sé nada***, y sin tilde en casos como: *He venido* **solo** *(sin compañía)*. Actualmente, dado que hay muy pocos casos de verdadera ambigüedad, pues en la mayoría es el contexto el que se encarga de aclarar el significado, la norma es que no se tilde salvo en casos donde no es posible desambiguar de otra manera *(He venido solo a recogerte)*. A pesar de que es preferible la grafía sin tilde, ponerla no constituye error ortográfico.

Tilde diacrítica en los demostrativos: Los demostrativos *este*, *ese* y *aquel* con sus femeninos y plurales podían llevar tilde cuando funcionaban como pronombres y aparecían sin tilde cuando determinaban a un nombre. Actualmente este uso de la tilde en los pronombres (*Ésta es mi hermana / Esta chica es mi hermana*) ha quedado anticuada y se prefiere la grafía sin tilde.

Las formas neutras *esto*, *eso* y *aquello* nunca llevan tilde, pues siempre son pronombres.

Acentuación de palabras compuestas:

A efectos de acentuación gráfica, las palabras compuestas se comportan como una sola palabra, y por tanto siguen las normas generales y particulares ya definidas, con independencia de cómo se acentúen sus formantes por separado:

> busca + pies= buscapiés
> así + mismo= asimismo
> décimo + séptimo = decimoséptimo

Acentuación de adverbios terminados en -mente:

Constituyen una excepción a la regla general de acentuación, ya que, en realidad, tienen dos acentos fónicos: uno en el adjetivo y toro en el elemento compositivo -mente. Por ello el adverbio conserva la tilde en el lugar en el que la llevaba el adjetivo. Ejemplos: *cortésmente, fácilmente, tímidamente, buenamente, fielmente, soberanamente.*

Palabras compuestas con guion

Cada elemento conservará la acentuación fonética y ortográfica que le corresponde.

Ejemplos: hispano-belga, franco-alemán, histórico-crítico.

Acentuación de formas verbales con pronombres enclíticos

Según la normativa anterior, conservaban la tilde de la forma verbal: *estáte* (está + te). Actualmente llevan tilde o no de acuerdo con las normas generales de acentuación: Ejemplos: *cayose, pidiole, estate*; *mírame, dámelo, antójasele, habiéndosenos.*

Existen compuestos de este tipo que ya no funcionan como verbo.

acabose, sabelotodo, metomentodo.

Acentuación de voces y expresiones latinas

Se acentuarán gráficamente de acuerdo con las reglas generales del español.

Ejemplos: *ídem, ibídem, currículum, accésit.*

Acentuación de palabras de otras lenguas

En estas palabras, por su falta de adaptación a la nuestra, escribimos con letra cursiva o entre comillas; así como en los nombres propios originales de tales lenguas, no se utilizará ningún acento que no exista en el idioma a que pertenecen.

Ejemplos: *catering, Aribau, Windsor.*

Si se trata de voces ya incorporadas a nuestra lengua o adaptadas completamente a su pronunciación y escritura, habrán de llevar tilde cuando lo exija la acentuación del español. Ejemplos: *búnker, París, Támesis.*

Acentuación de letras mayúsculas

Llevan tilde si les corresponde según las reglas dadas. Ejemplos: África, PERÚ. BOGOTÁ.

Tilde diacrítica en interrogativos y exclamativos

Relativos, conjunciones NO SE ACENTÚAN	Interrogativos o exclamativos SÍ SE ACENTÚAN
Que: Dice que vendrá Esa es la casa que quiero	**Qué**: Me gustaría saber qué quieres ¿Qué quieres? ¡Qué tarde tan aburrida!
Cual (= como): Lo hizo tal cual Come cual pajarito	**Cuál**: ¿Cuál te gusta más? No sé cuál le gustará más
Quien (= la persona que): Quien lo haya hecho irá a la cárcel Antonio es de quien le hablé	**Quién**: (= qué persona) No sé quién se cree que es ¿A quién has llamado? ¡Quién pudiera!
Cuanto (=la cantidad que): Come cuanto se lo permite el médico	**Cuánto** (= qué cantidad/en qué medida): Ignoro cuánto le costó ¿Cuántos años cumples? ¡Hay que ver cuánto has crecido!
Como (=de la manera que): Hablo como me da la gana **Como** (= comparación de igualdad): Es tan alto como yo	**Cómo** (=de qué manera o modo): No tengo ni idea de cómo se hace ¿Cómo estás? ¡Cómo me gusta el cine!
Donde (= en el lugar en el que): Lo he encontrado donde no esperaba	**Dónde** (=en qué lugar): No sé dónde se ha metido ¡Mira dónde estaba!
Cuando (= en el momento que): Me fui cuando salí del trabajo	**Cuándo** (= en qué momento): ¡Cuándo aprenderás! No sé cuándo es tu cumpleaños
Porque (= por la razón de que): Me fui porque me encontraba fatal	**Por qué** (= por qué razón): Cuéntame por qué rompiste con Pedro ¿Por qué no llegará? ¡Cuando sepas por qué no vino...!

PUNTUACIÓN

Se piensa con alguna frecuencia que la puntuación en la enseñanza de la lengua es secundaria, por lo que apenas se le presta atención. Sin embargo, parece claro que puntuar bien es síntoma de rigor y disciplina mentales. Quienes en sus escritos no acentúan ni puntúan suelen ser personas que aprenden solo memorísticamente, sin apenas asimilar contenidos; dan señales evidentes de dispersión mental y, con frecuencia, se abandonan también en el asunto de la ortografía propiamente dicha, con vacilaciones ortográficas frecuentes.

Las reglas de puntuación son menos objetivas que las de la acentuación; puede haber cierto margen de subjetividad en algunos casos, de forma que un mismo texto puede presentar algún signo de puntuación diferente.

Definición

Los signos de puntuación son mecanismos eficaces para jerarquizar la información del discurso escrito. No se trata de un sistema para representar fielmente las modulaciones de la lengua hablada. Más bien muestran la estructura del texto e indican al lector de qué modo tiene que ser interpretada la unidad delimitada por cada signo.

La escritura no es una simple reproducción de la lengua oral. Y la puntuación, por extensión, no es el conjunto de signos que representan en el texto escrito, los rasgos de entonación de la oralidad, sino un sistema exclusivo de la escritura. Por lo tanto, delimitan:

Texto: empieza por mayúscula y termina en punto.
Párrafo: empieza por mayúscula y punto y aparte.
Enunciado: mayúscula y punto y seguido.
Dentro del enunciado: punto y coma, dos puntos y comas.

Signos básicos de puntuación

Punto final: Delimita el texto, que es la unidad comunicativa básica, definida por su completitud semántica y por su coherencia y relevancia interna. El texto desarrolla un tema global.

Punto y aparte: Delimita el párrafo. Los párrafos son las unidades temáticas en las que se divide el tema general del que trata el texto.

Punto y seguido: Delimita el enunciado. En el enunciado se expone una idea, un argumento o conclusión parcial (en el texto argumentativo), un suceso individual, una acción u operación (simple o compleja), un dato o un conjunto de datos relacionados. En el enunciado se describe un aspecto específico del subtema del párrafo.

Signos que operan en el interior del enunciado:

Punto y coma: Delimita un segmento que incluye elementos de jerarquía inferior, en los que normalmente se integran las comas:

Juan y Luis vinieron a hacerse la prueba; María, en cambio, no.

Dos puntos: el segmento anunciado por los dos puntos es una explicación, aclaración, resumen ampliación, consecuencia o causa de algo anunciado en el segmento previo.

Te voy a contar lo que me han traído los Reyes: un ordenador, una tableta, unos esquíes...

Es una novela que habla de amor, de sueños, de frustraciones y de superación personal: una historia muy humana.

Coma: Delimita un elemento adjunto, añadido; un inciso; un elemento explicativo o circunstancial; un elemento individual en una serie.

COMA

Se utiliza con las siguientes finalidades:

1. Para separar *elementos equivalentes* dentro de una misma serie: sustantivos, adjetivos, grupos nominales, oraciones...

   Antonio, Juan, Mariano, mis padres y el abuelo vinieron a verme.

   Estuve en casa, en el colegio, en el cine y en la cafetería.

   Llegué, vi, vencí.

   Me prometieron que vendrían a buscarme, que traerían el regalo y que luego nos iríamos al cine.

   (Gómez Torrego, vol. I, p. 76)

2. Para sustituir un *verbo omitido* por haber sido mencionado antes en el contexto o por sobreentenderse en la situación:

   En la montaña lo paso bien; en el mar, regular.

   Nosotros iremos al País Vasco; mis padres, a Italia.

(Gómez Torrego, vol. I, p. 76)

En el armario colocó la vajilla; en el cajón, los cubiertos, en los estantes, los vasos, y los alimentos, en la despensa.

El árbol perdió sus hojas; el viejo, su sonrisa.

(Ortografía RAE, 59)

La omisión de esta coma sí puede constituir un caso de error ortográfico.

3. Para señalar los *incisos* que interrumpen una oración, que pueden ser:

a) Complementos de nombre en **aposición explicativa** Juan, el mayor de los hermanos, acudió en cuanto se le llamó. El Rey, Juan Carlos I, visitó Francia.

Relacionado con esto, se usa también la coma para separar **oraciones adjetivas explicativas**:

Los alumnos, que eligen redacción, mejoran considerablemente en su rendimiento académico.

[Nótese la diferente lectura que proporciona el mismo enunciado en relativa especificativa: *Los alumnos que eligen redacción mejoran considerablemente en su rendimiento académico*].

El profesor, que me aprecia mucho, se despidió de mí.

b) Para intercalar **cualquier otro tipo de incisos** Me gustaría que, si te aprueban, me lo dijeras. El delantero, al ver a su compañero en el suelo, echó el balón fuera.

Todos los profesores, empezando por el de Romano, estaban de acuerdo.

4. Para separar *vocativos*:

Tú, no hables tan alto. [Vocativo al principio del enunciado]

Estate quieto, niño. [Vocativo al final del enunciado]

Las cosas, amigo mío, no funcionan así. [Si el vocativo va en medio, se dispone entre dos comas]

Sí, señor. [Nótese, sin embargo, que en la entonación no hay pausa]

5. Para separar *los elementos antepuestos al verbo* en muchos casos:

a) **Las oraciones subordinadas adverbiales** cuando *preceden* a las oraciones principales. En caso contrario, no se pone coma:

Si vienes a Madrid, lo pasarás bien.

Aunque me mate a estudiar, creo que no voy a aprobar.

Cuando lo sepas, me lo dices.

Terminado el trabajo, se marcharon.

Como no me lo dijiste, tuve que castigarte.

Yendo por la calle, me encontré con tu padre.

Al verme con ese aspecto, se asustó.

b) Cualquier **complemento** de la oración **que se quiera destacar** anteponiéndolo:

A quien madruga, Dios le ayuda.

A los representantes de todos, es a quienes debemos darles un margen de confianza.

A buen entendedor, pocas palabras bastan.

c) **Complementos circunstanciales que aparecen al comienzo** de la frase, aunque en muchos casos no es necesaria la coma:

Al principio, todo transcurrió como esperábamos.

Por un amigo, se hace esto y mucho más.

6. Elementos que funcionan como *enlaces oracionales*:

En cuanto a lo de antes, nada tengo que añadir.

Técnicamente, el nuevo fichaje es un gran jugador.

En ese caso, me quedaré en España.

O como *atributos oracionales*:

Efectivamente, tienes razón.

Por fortuna, pronto volveremos a casa.

Estas dos palabras son sinónimas, es decir, significan lo mismo.

7. Se suele poner coma delante de las oraciones coordinadas adversativas introducidas por *pero, mas, aunque* y las consecutivas introducidas por *conque, así que, de manera que*.

Puedes llevarte mi coche, pero no lo dejes sin gasolina.

Aún tengo bastantes faltas de ortografía, así que tendré que comprarme el libro que me han recomendado.

También tienes que aprobar esta asignatura, conque ya puedes ponerte a estudiar.

Casos especiales:

1. Nunca coma y conjunción juntas, salvo en casos como los que siguen:

Juan es simpático; Pedro, responsable; y Antonio, tímido [nunca: *Pedro, responsable y Antonio, tímido*]

Ayer me dejé la mochila en clase, y menos mal que no tenía dentro la calculadora.

Jaime saludó a una antigua amiga, y a su novia no le importó. (Se evita la ambigüedad: sin la coma podría pensarse que saludó a una antigua amiga y a su novia)

Juan compró carne, y vino de Jerez. (Sin coma sería que compró carne y vino.)

A mí me encanta el baloncesto, y el fútbol me aburre. (Sin coma: me encanta el baloncesto y el fútbol...)

Mi amigo conoce Francia y España, y piensa ir a Italia. (La coma es necesaria porque la primera conjunción *y* une elementos de distinto nivel que la segunda)

2. Nunca coma entre sujeto y verbo salvo cuando aparece un inciso o el sujeto es demasiado largo.

Este muchacho, si sigue así, llegará lejos.

*Este muchacho, llegará lejos (erróneo).

3. No se pone coma ni delante ni detrás de la conjunción *que* a no ser que haya un inciso.

*Mi hermano nos dijo, que fuéramos a jugar (erróneo).

PUNTO Y COMA

Se suele decir que el punto y coma representa una pausa intermedia entre la coma y el punto y seguido. Sin embargo, en muchos casos, la pausa del punto y coma es prácticamente igual a la de este último.

Se utiliza para separar los elementos de una enumeración cuando se trata de expresiones complejas que incluyen comas:

Mi padre es carpintero; mi primo, médico; mi hermano, filólogo.

La camisa es azul; los pantalones, grises; el sombrero, pardo; la camisa, blanca; y el abrigo, negro.

DOS PUNTOS

Lo que sigue a los dos puntos está estrechamente relacionado no solo semánticamente, sino, sobre todo, sintácticamente: estilo directo, relación causal, aposiciones, etc.

Se utiliza en los siguientes casos:

a. Cuando se anuncia o cierra una enumeración:

Que no se te olvide lo siguiente: fruta, tomate, lechuga y embutido.

Simpático, estudioso, responsable: así es mi novio.

b. Detrás de locuciones como: por ejemplo, ahora bien, a saber, en otras palabras...

El pueblo no entendió el programa del partido; en otras palabras: no lo votó.

Me han suspendido en dos evaluaciones; ahora bien: no pienso desanimarme.

c. En los casos de estilo directo:

El profesor me dijo: "Así no llegarás a ninguna parte".

d. Detrás de las fórmulas con que se empieza una carta:

Muy Sr. Mío:

Ilmo. Sr.:

Querido amigo:

e. En textos jurídicos y administrativos después de verbos como *certifica, expone, dice, suplica.*

PUNTOS SUSPENSIVOS

a. Expresa estados de suspensión de ánimo, duda, temor, etc.

Escucha: te han puesto un... sobresaliente.

b. Sirve también para que el escritor deje una frase sin terminar porque le interese dejar el sentido en suspense o porque este ya es conocido por el lector.

Ayer me dijiste que era un inútil...; bien, para qué seguir.

Ya sabes que a buen entendedor...

c. Para expresar vacilación en el discurso

Entonces..., cómo te diría... me acerqué a él y... la verdad es que no sé cómo decírtelo...

d. Con el valor de *etcétera* en las enumeraciones.

Su tienda es como las de los pueblos, donde se vende de todo: comestibles, cacharros, ropa, juguetes...

e. Entre corchetes o paréntesis indican supresión en un texto.

Yo fui loco y ya soy cuerdo; fui don Quijote de la Mancha y soy agora [...] Alonso Quijano el Bueno (Cervantes: *Quijote*, II, LXXIV).

f. Para insinuar una palabra malsonante.

Cuestiones generales sobre el punto

El punto se coloca detrás del cierre de comillas:

> Sus palabras fueron estas: "No quiero volver a verte". Después cerró de golpe la puerta de su casa. (Creo que estaba muy enojada).

Los títulos de libros, artículos, capítulos etc., cuando aparecen aislados, no llevan punto final.

Combinación de puntos suspensivos con otros signos

Tras los puntos suspensivos no se escribe nunca punto. Sin embargo, sí pueden colocarse otros signos de puntuación, como la coma, el punto y coma y los dos puntos inmediatamente después de los puntos suspensivos, sin dejar espacio entre ambos signos de puntuación. Ejemplos:

> Cuando decidas los colores, las telas, el tipo de mobiliario..., ven a verme y haremos un presupuesto.
>
> Pensándolo bien...: mejor que no se presente.
>
> Ya habían llegado los libros, los ordenadores, el papel...; al día siguiente empezaría a trabajar.

Uso de signos de interrogación y exclamación

Los primeros se utilizan para delimitar enunciados interrogativos directos; los segundos demarcan enunciados exclamativos, también en estilo directo, e interjecciones. Ejemplo:

> ¿Comisteis ayer en casa?
>
> ¡Eso se debe a una tremenda manipulación!
>
> ¡Qué magnífica pintura!
>
> ¡Ay! ¡Eh! ¡Oh!

En la utilización de tales signos conviene tener en cuenta una serie de consideraciones:

a. En nuestra lengua es obligatorio poner siempre el signo de apertura y el de cierre. El primero no podrá ser suprimido a imitación de lo que ocurre en otras lenguas.
b. Después de ellos no se escribe nunca punto.

c. Se han de colocar donde empieza la pregunta o la exclamación, aunque no comience con él el enunciado.

> Con respecto al impacto ambiental, ¿se ha previsto algún tipo de medidas para que su efecto sea el menor posible?
>
> Si no responde, ¿qué le vamos a hacer?
>
> Susana, ¿has decidido qué vas a hacer?
>
> ¿Has decidido qué vas a hacer, Sonia?
>
> Pero ¿qué me dices?

d. Cuando se escriben varias preguntas o exclamaciones se puede optar por considerarlas como oraciones independientes con su mayúscula inicial o como un enunciado único, con lo que deberemos utilizar comas o puntos y comas entre ellas. Ejemplos:

> ¡Quedan cinco minutos! ¡Llegamos tarde! ¡Date prisa!
>
> ¡Cómo ha nevado esta noche!; ¡qué blanco, qué impresionante está todo!; ¡qué frío vamos a pasar!

e. En ocasiones, se utilizan los signos de final de interrogación (?) o de exclamación (!) entre paréntesis. El primero, para expresar duda o ironía y el segundo, para la sorpresa o la ironía también. Ejemplos:

> Un joven de treinta y siete años (!) ha sido el ganador del concurso de composición.
>
> Tardó en llegar a su tierra veinte años (?).

Uso de los paréntesis

Son signos que encierran elementos incidentales o aclaratorios intercalados en un enunciado. Se utilizan en los siguientes casos:

a. Cuando se interrumpe el sentido del discurso con un inciso aclaratorio o incidental, sobre todo si este es largo o de escasa relación con lo anterior o posterior. Ejemplo:

> Las asambleas (la última de casi cuatro horas de duración sin ningún descanso) se celebran en el salón de actos.

b. Para intercalar algún dato o precisión: fechas, lugares, significado de siglas, el autor u obra citados...

> El año de su nacimiento (1616) es el mismo en que murió Cervantes.
>
> Toda su familia había nacido en Córdoba (Argentina).
>
> Una ONG (Organización no gubernamental) ha de ser, por principio, una asociación sin ánimo de lucro.
>
> «Libertad, no conozco otro nombre que el de estar preso en alguien» (Cernuda).

c. A veces se utilizan para evitar introducir una opción en el texto. En estos casos se puede encerrar dentro del paréntesis la palabra completa o solo uno de sus segmentos. Ejemplos: En el documento se indicarán el (los) día(s) en que haya tenido lugar la baja.

   Se necesita chico(a) para repartir pedidos.

   Fuera de anuncios, circulares o algunos textos técnicos, se recomienda evitar este uso, especialmente en documentos personalizados.

d. En la trascripción de textos, se utilizan tres puntos entre paréntesis para dejar constancia de que se omite en la cita un fragmento del texto (aunque también se usan los corchetes). Ejemplo:

   «En un lugar de la Mancha, (...) vivía no hace mucho tiempo un hidalgo de los de lanza en astillero, adarga antigua, rocín flaco y galgo corredor». Así es como empieza la famosísima novela de Cervantes.

e. Las letras o números que encabezan clasificaciones, enumeraciones, etc.

   Atiende las siguientes instrucciones:
   a) No enciendas la luz.
   b) Cierra la llave del gas.

   Atiende las siguientes instrucciones:
   (a) No enciendas la luz.
   (b) Cierra la llave del gas.

Combinación de los paréntesis con otros signos:

Los signos de puntuación se colocan siempre detrás de los paréntesis de cierre.

Tenía varios hermanos (era el primogénito de una familia numerosa), pero no los veía desde hacía años.

¿En qué año se creó la ONU (Organización de las Naciones Unidas)?

El texto recogido entre paréntesis tiene una puntuación independiente. Por eso, si deben aparecer signos de interrogación o exclamación, irán dentro de los paréntesis.

Uso de los corchetes

Se utilizan por regla general de forma parecida a los paréntesis que incorporan información complementaria o aclaratoria.

Ejemplos:

Una de las últimas novelas que publicó Benito Pérez Galdós (algunos estudiosos consideran su obra *Fortunata y Jacinta* [1886-87] como la mejor novela del siglo XIX) fue *El caballero encantado* (1909).

Pensé en lo que usted me había enseñado: que nunca hay que odiar a nadie. Le sonreí para decírselo; pero después pensé que él no pudo ver mi sonrisa [...] por lo negra que estaba la noche» (Juan Rulfo: *Pedro Páramo*).

En poesía se coloca un único corchete de apertura delante de las últimas palabras de un verso para indicar que no caben en la línea anterior.

Perdóname por ir así buscándote
Tan torpemente,
[dentro
De ti.
Perdóname el dolor,
[alguna vez.

La raya

La raya o guion largo se puede usar aisladamente, o bien, como en el caso de otros signos de puntuación, para servir de signo de apertura y cierre que aísle un elemento o enunciado. Se utiliza con los siguientes fines:

a. Para encerrar aclaraciones o incisos que interrumpen el discurso.

Los distintos elementos de este Centro —dirección, profesorado, alumnado— deberán estar siempre en contacto.

Ayer le vi en su casa —¡quién lo iba a decir!—estudiando por primera vez.

Un médico —¿quién será capaz de ponderar el tratamiento que muchos médicos aplican al idioma?—escribe un artículo divulgador sobre los riesgos de la gripe, ya que puede desencadenar otras complicaciones.

En estos casos las rayas pueden ser sustituidas por los paréntesis e incluso por comas. La diferencia entre una u otra opción depende de cómo perciba quien escribe el grado de conexión que el inciso mantiene con el resto del enunciado.

b. Para señalar las intervenciones de un diálogo sin mencionar el nombre de la persona o personaje al que corresponde.

— ¿Qué has hecho hoy?

— Nada en especial. He estado leyendo un rato.

c. Para introducir o encerrar los comentarios del narrador.

— Espero que todo vaya bien —dijo Ana con gesto ilusionado.

— Lo principal es sentirse viva —añadió Pilar—. Afortunada o desafortunada, pero viva.

— ¿Deberíamos hablar con él? —preguntó Juan—. Es el único que no lo sabe.

— Sí —respondió su secretaria—, pero no podemos localizarle hasta mañana.

d. Aparece en algunas listas, como índices alfabéticos de libros o bibliografías; la raya sirve para indicar que en ese renglón se omite una palabra, ya sea un concepto antes citado o el nombre de un autor que se repite. Ejemplos:

Verbos intransitivos
— transitivos
— irregulares
— regulares

Ortega y Gasset, J.: *España invertebrada* (1920-22)
—: *La rebelión de las masas* (1930)
—: *Idea del teatro* (1946)

Guion

Es un trazo horizontal de menor longitud que el signo llamado raya. Se utiliza básicamente cuando es necesario hacer divisiones dentro de una palabra y no se escribe entre espacios en blanco. Tiene diferentes usos:

a. Se utiliza para separar, en determinados casos, los dos elementos de una palabra compuesta.

- Los compuestos de nueva creación formados por dos adjetivos, el primero de los cuales conserva invariable la terminación masculina singular, mientras el segundo concuerda en género y número con el nombre al que se refiere. Ejemplos: lección teórico-práctica.
- Cuando dos gentilicios forman una palabra compuesta, esta se puede escribir separando o no ambos elementos. Si el compuesto resultante se siente como consolidado, lo escribiremos sin guion. Ejemplos: hispanoárabe, francocanadiense. Si este no es sentido como unidad, puede escribirse con guion. Ejemplos: luso-japonés, hispano-ruso.

b. Sirve para dividir una palabra al final de renglón cuando no cabe en él completa.

Ejemplos:

Casos con h: Des-hidratar

Casos de dígrafos: Ca-llar

Casos de dos consonantes: es-pal-da; suc-ción; ha-blar; de-trás.

Casos de tres consonantes: ham-bre; in-fla-mar; Sols-ti-cio; abs-te-ner-se.

Casos de cuatro consonantes: abstrac-to; ads-crip-ción.

Es preferible no segmentar palabras de otras lenguas al final de renglón, a no ser que se conozcan las reglas vigentes en los idiomas respectivos.

Las siglas y acrónimos, así como las abreviaturas, no pueden dividirse al final de renglón. Así sucede, por ejemplo, con UNESCO. Se admite la división en los acrónimos que han pasado a incorporarse al léxico general, escritos, en consecuencia con minúscula. Ejemplo: lá-ser.

c. Para indicar que la sílaba inicia palabra, termina o va en el interior: post- -illo; -bla-.

d. También se emplea para unir palabras con un valor de enlace similar al de una preposición o una conjunción. Ejemplos:

La línea de metro Ventas-Cuatro Caminos es la dos.

A lo largo de toda la película mantienen una relación amor-odio que da lugar a situaciones cómicas.

Ejercicios

1. *Puntúa los siguientes enunciados:*

Aun recuerdo lo que me dijiste el año pasado si estudias desde el primer dia aprobaras

Pero te aprobaron al final

Querido amigo te escribo para darte las gracias

No os aguanto mas me voy de esta casa

Nos grito me voy de esta casa porque no os aguanto mas

Esto qué te iba a decir Yo creo Bueno no quiero hablar

Te lo repito no quiero salir contigo

Ha sido espantoso no recuerdo nada peor que lo que hemos visto ayer

Por la tarde, Juan compró carne, y vino de Jerez

El deporte es bueno relaja distrae nos mantiene en forma

Oscar añadio vamonos que alli nos necesitan mucho mas

Antonio, Juan, Mariano y Marta llegaron tarde a la reunión

Nosotros iremos a Granada; mis padres, a Italia

Juan, el mayor de la casa, fue quien tomó la decisión

Te sabes eso del ojo por ojo Pues no va a ningún lado

Los libros que he leido ultimamente son dos uno sobre mejoras ambientales y otro sobre animales domesticos.

Es falso atribuir a la jerarquia eclesiastica o sea a los obispos y cardenales la convocatoria de la manifestacion Parece mas bien que se trata de varias asociaciones de caracter social tales como diferentes ONG asociaciones de familias etc que no estan de acuerdo con las ultimas propuestas legislativas en cuanto a politica social se refiere.

El nuevo responsable del proyecto Fulgencio Pérez si supieses lo que opina sobre el cuidado del medioambiente no te caería tan bien vendrá mañana al departamento.

La manía de Ernesto por el coleccionismo lo colecciona todo sellos monedas relojes plumas llaveros ha convertido su casa en un almacén.

Su facilidad para los idiomas habla con fluidez siete lenguas le ha capacitado para mediar en muchas ocasiones de conflicto.

2. *Explica la diferencia de significado entre los pares de oraciones siguientes:*

a. El gol, que fue anulado por el árbitro, fue tema de polémica durante toda la semana.

El gol que fue anulado por el árbitro fue tema de polémica durante toda la semana.

b. Los poetas, que muestran una gran sensibilidad, son personas a las que conviene leer.

Los poetas que muestran una gran sensibilidad son personas a las que conviene leer.

c. Los niños, asustados, no podían volver al colegio.

Los niños asustados no podían volver al colegio.

Tema 2
Elementos de gramática. Errores e impropiedades lingüísticas comunes en el ámbito jurídico

INTRODUCCIÓN

Ahondemos ahora algo más en las bases previas del uso de la lengua a través de algunos conceptos de la gramática y, sobre todo, con el conocimiento de los errores más frecuentes en el uso del lenguaje jurídico y las impropiedades lingüísticas más comunes.

ALGUNOS CONCEPTOS FUNDAMENTALES

Distinción entre lenguaje, lengua y habla: lenguaje es la capacidad de comunicación entre un sujeto emisor y un sujeto receptor a través de un código de signos. El principal ejemplo de lenguaje es la lengua, que es un sistema de signos lingüísticos, esto es, verbales, expresados tanto por vía oral como escrita. El habla es la lengua en acto.

Gramática: morfología y sintaxis

- «La gramática estudia la estructura de las palabras, las formas en que estas se enlazan y los significados a los que tales combinaciones da lugar» (Gramática Básica de la Lengua Española, en adelante GBLE).
- La morfología «se ocupa de la estructura de las palabras, su constitución interna y sus variaciones» (GBLE).
- La sintaxis «estudia las formas en que se combinan las palabras y los grupos de palabras, así como las oraciones que estas unidades crean» (GBLE).

El lenguaje verbal: se lleva a cabo a través de

- Fonemas (oral): en la lengua española hay 28 fonemas correspondientes cada uno a un sonido diferente.
- Monemas (morfemas y lexemas): los morfemas son «la unidad mínima aislable en el análisis morfológico» (GBLE). Poseen significado gramatical.

  Son *afijos*, esto es, «el morfema ligado que debe aparecer unido a la raíz o a otro morfema»: sufijo, prefijo o interfijo (GBLE). Mediante ellos se forman las palabras derivadas.

  A través de los *morfemas flexivos* se proporciona información correspondiente al género, número, persona, tiempo, modo, aspecto. A los morfemas verbales se les denomina «desinencias».

  Los *lexemas* aportan significado léxico a través de la raíz de la palabra.
- Sintagmas: grupos de palabras en una oración, o una sola de ellas, con función sintáctica determinada: sintagma nominal, adjetival, adverbial, verbal, preposicional.
- Enunciados o textos: son unidades comunicativas. Pueden consistir en una o pocas palabras: un nombre, un adjetivo, un adverbio o una interjección, pero muy a menudo aparecen como oraciones.

Las **oraciones** son una unidad lingüística cuya estructura consiste en un sujeto y un predicado. En la oración aparecen el complemento directo, complemento indirecto, complemento circunstancial, complemento agente –este en la voz pasiva–.

Podemos llamar «texto», por tanto, a una sola palabra que exprese una unidad comunicativa, o bien, a una entera obra de la literatura.

La palabra:

«Es la unidad significativa básica en la tradición lingüística» (GBLE). Junto a ella, las locuciones son «grupos de palabras que forman una sola pieza léxica, es decir, que se comportan como si fueran una sola palabra» (GBLE).

Las clases de palabras o categorías gramaticales son: sustantivo o nombre, adjetivo, determinante, pronombre, verbo, adverbio, preposición, conjunción e interjección.

Variación lingüística:

- Diacrónica: una misma lengua o idioma varía a través del tiempo. Es la variación que vemos en la evolución del latín al español, por ejemplo.

- Sincrónica (idiolecto o estilos —la propia manera de usar un idioma—, sociolectos —la manera de usar un idioma por un grupo social o un estrato sociocultural—, dialectos —la manera de usar una lengua en diferentes zonas geográficas—).

EL GÉNERO

- Se debe distinguir entre género y sexo. El género es una marca lingüística o propiedad gramatical que puede servir para distinguir seres sexuados, pero no necesariamente. En la lengua inglesa no hay género de las palabras. *Gender* se traduce, así, necesariamente como «sexo». Las traducciones al español del inglés de «violencia de género» o «ideología de género» son erróneas por esta razón. Debería hablarse de «violencia sexual» o «ideología de sexo». En las lenguas en las que sí se distingue, como, por ejemplo, en el español (o castellano), la comunidad parlante ha establecido históricamente un género determinado para las palabras. Por ejemplo, mientras que en español *sol* y *luna* son respectivamente masculino y femenino, en otros idiomas, como en alemán, sucede a la inversa. O, mientras que en español *flor* es femenino, en italiano, por ejemplo, es masculino.

- Así, en español se prevé para los sustantivos dos géneros (masculino y femenino), y para los adjetivos, determinantes y pronombres, hasta tres géneros (masculino, femenino y neutro).

- En cuanto a los nombres o sustantivos, a menudo es una tarea difícil averiguar el género de una palabra, incluso cuando esta no es poco usual. Hay sustantivos comunes (que no cambian cuando se modifica el género; por ejemplo, *estudiante*); hay heterónimos (*padre-madre*); hay nombres que presentan una alternancia en sus morfemas de género (ejemplo, *hijo-hija, alumno-alumna*» etc.); hay nombres que pertenecen al llamado «género epiceno», que es uno determinado, masculino o femenino, pero que se aplica a seres de los dos sexos. Ejemplos: *cocodrilo, antílope, ballena* (a los que se suele añadir el adjetivo *macho* o *hembra*), *personaje* o *víctima*; hay nombres de género ambiguo, es decir, que se utilizan indistintamente en masculino y femenino (ejemplo, *azúcar, agravante* etc.); a veces sucede que un mismo término significa cosas diversas en masculino y femenino (*margen*: la margen de un río y el margen de un papel; *editorial*: la editorial como casa de edición de libros y el editorial como tipo de artículo en un periódico etc.).

- Los nombres relativos a cargos militares, en general se prefiere la forma en masculino (*el / la sargento, el / la capitán),* aunque en algunos casos se admiten aquellas en femenino (*capitana*).

- No debe modificarse la concordancia entre las diferentes partes de la oración en un sintagma; por ejemplo: **la nueva ministro* (*la nueva ministra*).

- En cuanto a los sintagmas característicos siguientes: el agua, esta agua etc., los cuestiones que suscitan deben solucionarse de acuerdo con la gramática histórica evolutiva a partir del latín: *istam aquam > ista aqua > esta agua.*

Debe tenerse en cuenta que no está permitido modificar el género de las palabras, pero, para evitar en lo posible cacofonías, sí se pueden elidir sus terminaciones finales, que es lo que ha hecho nuestro idioma: *unam aulam > un aula.* Esto se aplica con los determinantes *la, una, alguna y ninguna*, pero nunca con los demostrativos (esta, esa, aquella).

Solo cuando la «a» de la sílaba de esa palabra próxima al determinante es tónica, cambia el determinante (de «la» a «el»): Compárense «el arca» o «el hampa» con «la acción». En el caso de «la *actio*», *actio* es término extraño a nuestro idioma, por lo que, aunque la «a» es tónica, no se modifica el determinante «la», etc. La palabra en cuestión tiene que ser un sustantivo; esto no se aplica en el caso de adjetivos: *La ácida naranja (*El ácida naranja).*

- El género de los organismos que se conocen a través de sus siglas se obtiene a partir del sustantivo que forma el núcleo semántico de su denominación. Ejemplo: *la ONU*, a partir de «Organización de Naciones Unidas».

- No son válidas versiones que pretenden incluir sexos diferentes de un modo lingüístico inadecuado: **l@s compañer@s*; **les compañeres*; **lxs compañerxs.*

- Listado de términos usuales en derecho:

  abogado / abogada, letrado / letrada, acusado / acusada, ministro / ministra, el / la testigo, el reo (epiceno), *la rea / la reo, el / la intérprete, alcalde / alcaldesa, acreedor / acreedora, actor / actora* (en el ámbito procesal; *actriz* si es de teatro o cine), el *gobernante / la gobernante, presidente / presidenta* (o *presidente*), *cliente / clienta* (o *cliente*), *el / la denunciante, el / la delincuente, el / la líder, el / la bachiller, el rehén* (epiceno) o *el / la rehén, el / la fiscal, el / la cónsul, concejal / concejala, bedel / bedela* (o *la bedel*), *juez / jueza* (o *la juez*), *aprendiz / aprendiza* (o *aprendiz*), *funcionario / funcionaria, magistrado / magistrada, médico / médica, notario / notaria, secretario / secretaria, técnico / técnica.*

Cuestiones y ejercicios de género:

¿Cuántos géneros tiene el español? Nombres (dos), adjetivos (hasta tres), determinantes (hasta tres), pronombres (hasta tres). • Pueden tener forma común o admitir alternancia para distinguir el género. • ¿De qué género son las palabras *persona* y *víctima*? ¿Existe el género epiceno? • ¿De qué género son las palabras *problema* y *modelo*? • ¿Está bien dicho *compañeros y compañeras, profesores y profesoras, abogados y abogadas*? • Examinemos estas frases: *-El exa-*

men será en la aula 1.02. -El examen será en este aula. -El próximo semestre estaremos en un nuevo aula. -Necesitaremos alguna aula más. -Se ha redactado un nuevo acta de la reunión. • *-Vino la Ana a vernos. -Hubo una crisis en la Europa de los años 20.-El conflicto bélico se discutió en la ONU.* • *-Para reclamar el inmueble tendremos que ejercitar el actio reivindicatoria.* • Profesiones: *- ¿ministro y ministra? - ¿Médico y médica? - ¿El y la cónyuge? - ¿El doctor y doctora? - ¿El fiscal y la fiscal? - ¿El juez y la jueza? - ¿El concejal y la concejala? - ¿El actor y la actora? - ¿El jefe y la jefa? - ¿El cliente y la clienta? - ¿El general y la generala? - ¿El alférez y la alférez? - ¿La primera ministro o la primera ministra?* • ¿Qué diferencia hay entre: *la margen* y *el margen, la editorial* y *el editorial, el orden* y *la orden?* • *¿Edición décima quinta, décimoquinta, decimoquinta?* • El género ambiguo: *¿La* y *el mar? ¿La* y *el arte? ¿El* y *la azúcar? ¿La* y *el agravante? ¿La* y *el interrogante? ¿La* y *el pro? ¿La* y *el vertiente? ¿La* y *el calor? ¿La* y *el pijama? ¿Las mares? ¿La dote* y *el dote?*

EL NÚMERO

Hay dos números: singular y plural. Interesa en este curso sobre todo las dificultades que presenta el número en nombres y adjetivos.

- El singular se refiere a un objeto y el plural a más de uno.
- El plural se logra normalmente con la adición de *-s* al final de la palabra correspondiente. Esto sucede cuando termina en vocal no acentuada o en *-é, -á, -ó*. Excepciones: *albalaes, faralaes...*
  - — Si termina en consonante *-d, j-, -l, -n, -r, -z,* generalmente, o en vocal acentuada *–í, -ú* se añade *-es* (en este último caso *-s* o *-es*). Sería muy difícil (siguiendo a Grijelmo *Gramática*) de otro modo pronunciar, por ejemplo, **jurisdiccions, *juezs, *legals *rectors...*

    Ej. *marroquíes, jabalíes...*; salvo *menús* (*menúes* se emplea en algunas partes), *champús...*
  - — Algunas por ser esdrújulas mueven el acento (GBLE): *caracteres, especímenes, regímenes, hipérbatos...*
  - — Las que terminan en *-b, -c, -f, -g, -k, -m, -p, -t* hacen el plural en *-s*: *módems, currículums, esnobs...* Pero *club* admite las dos terminaciones (*clubs* y *clubes*) y *álbum* hace *álbumes.*
  - — Las de una sola sílaba que terminan en *-s* o en *-x* hacen el plural en *-es*: *boxes, faxes...* El resto es invariable en plural: *los virus, las tesis...*
  - — Las que terminan en *y* hacen la terminación en *-es* (*ayes*), pero a veces no: *espráis, jerséis...* de origen extranjero.
  - — Los extranjerismos que ya forman parte de nuestra lengua siguen las reglas generales de formación del plural: *esnobs, estands, pósteres, másteres...* Algunos son ya plurales en su lengua de origen por

lo que no sería necesario añadir un *-s*, pero se hace por ser ya palabra española: *espaguetis, talibanes...*

— A algunos extranjerismos no se les añade *-s* por ser difíciles de pronunciar: *los test, los pódcast...*

— Cuando los extranjerismos no se integran como palabra aceptada por nuestro idioma, siguen las reglas de su lengua de procedencia: *lieder* (plural de *lied*), *copies* (plural de *copy*)... habría que escribirlas en cursiva o entre comillas por ser palabras en otro idioma.

— Cuando son expresiones latinas, operan también como «cuerpos extraños» que se dejan «sin tocar» en plural: *los tempus delicti, los curriculum vitae, los ídem...*

— Cuando son palabras compuestas:
  - Si son palabras formando un sintagma y la segunda de ellas es nombre, el plural se forma con la primera: *niños prodigio, células madre...* aunque también cabría hacer el plural de la segunda si tuviera sentido en una frase por hacer esta última palabra las veces de adjetivo: *discos piratas, empresas líderes, Estados miembros...*
  - En el caso de nombre y adjetivo, las dos palabras se pluralizan: *pieles rojas*. En el caso de *guardias civiles* cabe también *guardiaciviles*. En el caso de *hora extra / horas extras* (aquí con significado de «añadidas» o «adicionales»), el segundo término no pluraliza cuando alude a una calidad superior: *variedades extra de queso...*
  - En compuestos con guion, como *clases teórico-prácticas*, se pluraliza la segunda palabra.

— Los nombres propios carecen de plural por ser referidos a un individuo, pero pueden tenerlo cuando aluden a un grupo de personas del mismo nombre: *los Juanes*; no suele ocurrir con los apellidos: *los González*. Algunos personajes de la literatura conocidos han pasado a formar parte del léxico español y, por tanto, se pluralizan: *donjuanes, quijotes...* Otros no: *los Sancho Panza...*

— *Cualquiera* hace el plural *cualesquiera*. En la expresión peyorativa pluraliza así: *son unos cualquieras*.

— Hay sustantivos que no son plurales, aunque lo parecen por referirse a objetos compuestos de dos elementos: *gafa / gafas, pantalón / pantalones, tijera / tijeras...*

— Hay palabras que solo se emplean en singular (*singularia tantum* se llaman, es decir, son «tan solo singulares»): *sed, salud, caos...* Otras solo en plural (*pluralia tantum*, es decir, son «tan solo plurales»): *finanzas, honorarios, bártulos, entrañas...*

— Hay sustantivos incontables que pueden tener un uso contable: *cervezas, hielos* (de una bebida), *cafés, informaciones...*

— Los nombres de tribus o etnias sí pluralizan: *tutsis, masáis...*

— Los nombres de letras:

Si son consonantes: *las bes, las ces, las equis, las uves dobles...*

Si son vocales: *las aes, íes. oes, úes*

— *Síes* es plural de *sí*, pero *sis* es el plural de la nota musical *si*.

— Las siglas no pluralizan en texto escrito: *los BOE* (pronunciado como *los boes*).

Ejercicios de número

• *Caracteres, regímenes, especímenes, hipérbatos.* • *Clubs* y *clubes. Álbumes. Currículums, snacks, módems...* • *Test* y *pódcast.* • *Yoes* y *yos* • *Síes.* Pero *sis* si son notas musicales • *Menús (menúes)* • *Espráis, jerséis* • *Másteres, pósteres, espaguetis.* • *Lieder, copies, los alter ego.* • *Guardias civiles, guardiaciviles.* • *carriles bici, niños prodigio, Estados miembro* o *Estados miembros* (esos Estados son miembros). ¿*Palabras claves* o *palabras clave*? • *Teórico-prácticas.* • *Los vis a vis, los toma y daca.* • *Las ONG* (se pronuncia las *oenegés*). • *Las aes, las íes, oes, úes.* • *Las bes, las uves dobles, las equis.* • *Los José Manueles.* • *Los García.* • *Los Sancho Panza. Los donjuanes.* • *Los tutsis.* • *Varias informaciones, dos hielos* o *dos cervezas.* • Gafa o *gafas, pantalón* o *pantalones, tijera* o *tijeras...* • ¿*Unos cualquieras* o *unos cualquiera*? • *Este trabajo está hecho con muchos corta y pega* (¿o *con muchos cortas y pegas*?) • ¿*Ha dado un traspiés*? • ¿Se dice *efeméride* o *efemérides*? ¿Se dice *metrópoli* o *metrópolis*? • ¿Se dice *los temas clave* o *los temas claves*? • ¿Se dice *horas extra* u *horas extras*? • ¿Se dice *los BOES*? • ¿Se dice *las María Josés, las Marías José* o *las María José*?

TÉRMINOS Y EXPRESIONES UTILIZADAS INAPROPIADAMENTE[1]

1. Abdicar (no *abdicar a).
2. Abolir.

[1] Este apartado se inspira en el diseñado por Leonardo Gómez Torrego al que seguimos de cerca, aunque lo hayamos modificado con supresiones y adiciones nuevas de expresiones y términos: Gómez Torrego, L. *Manual de español correcto.* Vol. I. Madrid: Arco/Libros, S. L., 1996. II vols., págs. 264 ss.

También se ha utilizado la siguiente obra: Colegio de Abogados de Madrid. *Libro de estilo del Ilustre Colegio de Abogados de Madrid.* Madrid: Marcial Pons, 2007.

Es útil también Centro de Estudios Garrigues. *Libro de estilo Garrigues.* Cizur Menor (Navarra): Garrigues - Thomson Aranzadi, 2005.

Los términos, expresiones o frases antecedidos por un asterisco (*) se consideran inapropiados o erróneos.

Cuando aparecen dos términos separados por una coma, el término inapropiado suele aparecer en primer lugar y el término corregido después de la coma. *Rectius* significa «más correcto».

3. Abrogar – arrogarse.
4. Absorber – absolver.
5. Abusar.
6. Acarrear.
7. Accesible - asequible.
8. A condición de que (*a condición que).
9. Aconfesional - laico - laicista.
10. Acordar (no sinónimo de «conceder»).
11. Acordarse de que.
12. Acta.
13. Actor - actora.
14. Acuerdo: de acuerdo con («de acuerdo a» con cosa).
15. Acto de presencia (estar presente durante un breve espacio de tiempo en un acto o de forma puramente protocolaria).
16. *Alante, adelante.
17. Adolecer (no significa carecer).
18. A efectos de, *rectius* para.
19. A excepción hecha de, *rectius* excepción hecha de.
20. A expensas de, *rectius* a costa de.
21. Agnóstico - ateo (son diferentes).
22. Agresivo. Cuidado con estos usos: *El ejecutivo agresivo...
23. Aguzar - agudizar. No significan lo mismo.
24. Al alimón (no debe confundirse con al unísono).
25. *A lo que se ve, *rectius* por lo que se ve.
26. *Al extremo de, hasta el extremo de.
27. Al objeto de, *rectius* con el objeto de.
28. Al punto de, *rectius* hasta el punto de.
29. Al respecto de, *rectius* con respecto a, respecto de.
30. *Aplicar por, solicitar la admisión (por ejemplo, a una universidad).
31. Aprensión – aprehensión.
32. Árabe – musulmán, islámico, mahometano.
33. A raíz de, *rectius* debido a, a causa de.
34. Argumento.
35. Arrojar – causar.
36. *A sabiendas que, *rectius* a sabiendas de que.
37. Asumir (no significa tener una opinión acerca de algo).

38. Atesorar (positivo siempre).
39. *Bajo el punto de vista, desde el punto de vista.
40. Balance (inadecuado como «resultado»).
41. Balde: de balde y en balde.
42. Barajar (exige un complemento plural): «Se barajan varias posibilidades».
43. Bienal y bianual (el primero es una vez cada dos años; el segundo, dos veces al año).
44. *Brecha de contrato, incumplimiento de contrato.
45. Breve (no «en breves minutos» o «con breves palabras»).
46. *Briefing* (sesión informativa).
47. *Broker* (agente).
48. *Budget* (Presupuesto; barato).
49. *Bulling* (acoso, abuso, matonismo).
50. Capaz (no significa posible o susceptible): *capaz de mejora.
51. Cargo: «a cargo de» (no es «al frente de», sino «bajo el cuidado de»).
52. *Cash*, dinero en efectivo.
53. Centralizar (no es «centrar», sino «reunir varias cosas en un centro común»).
54. *Cerca mío, cerca de mí.
55. *Checking*, revisión.
56. *Christmas*, tarjeta de navidad.
57. *Click*, clic.
58. *Clickear, hacer clic, cliquear, clicar.
59. Climatología (ciencia que estudia los climas, condiciones de un determinado clima; no debe confundirse con «clima», ni con «meteorología»).
60. *Coach, coaching*, asesor personal, consultor personal.
61. Colapsar (disminuir enérgicamente una actividad o función), *rectius* bloquearse, detenerse, paralizarse.
62. Colateral, evítese «efectos colaterales». Mejor «efectos no buscados o imprevistos».
63. Colectivo, no es simplemente un «grupo», sino un «grupo unido por lazos profesionales, laborales, ...».
64. Colisionar, *rectius* «chocar».
65. Concitar (conmover, instigar a uno contra otro, reunir), no debe confundirse con «suscitar».
66. Concluir. Evítese su uso por «concertar» o «suscribir».

67. Conculcar (solo se conculcan leyes o reglamentos).
68. Concretar; evítese su uso por «acabar» o «concluir».
69. Concretizar; evítese su uso por «concretar».
70. Conducir y conductor; evítese su uso por dirigir el director (por ejemplo, de un programa o de una orquesta).
71. Confrontar, evítese su uso por «hacer frente a».
72. Congratularse (no significa congraciarse).
73. Connotación (significado o conjunto de significados secundarios respecto de una palabra); evítese su uso por «rasgo».
74. *Consulting*, consultoría, empresa consultora.
75. Contemplar; evítese su uso por «establecer».
76. Contexto; evítese su uso en lugar de «supuestos», «ámbito», ...
77. Contra. Evítese uso de expresiones con valor cuantitativo, que son incorrectas: «*contra más me esfuerzo, menos me cunde».
78. Corporación. Evítese su uso por «empresa».
79. Corroborar (dar mayor fuerza a una opinión). Evítese su uso como «confirmar».
80. *Crack* (como persona sobresaliente o rompedora), crac (en plural, cracs).
81. Crimen (no significa «asesinato»).
82. Cuando menos («por lo menos»); evítese decir «cuanto menos» con ese sentido: «*cuanto menos, hizo lo posible por alcanzar ese resultado, aunque no lo logró»).
83. Culminar («llegar algo a su grado más significativo o alto»); evítese su uso por «terminar».
84. Culpable (que tiene culpa; no es sinónimo de «responsable»).
85. *De conformidad con, según.
86. **De motu proprio, motu proprio.*
87. *De otra parte, por otra parte.
88. *De otro lado, por otro lado.
89. Deber: deber +infinitivo (obligación); deber de + infinitivo (indica suposición o probabilidad).
90. *Delante mío, *delante vuestro, delante de mí, de vosotros.
91. Detentar (desempeñar un cargo ilegítimamente).
92. Diferente a, diferente de.
93. Doceavo; no se debe confundir con duodécimo.
94. Doméstico; evítese su uso como «nacional».
95. *Dossier*, expediente.

96. *Dumping*, competencia desleal.
97. Dramático: es anglicismo si se emplea con el sentido de «radical», «drástico» o «extremo».
98. «Eficaz» y «eficiente»; el primero, cuando se aplica a cosas: que logra su resultado; y el segundo, aplicado a personas: competente. Eficiente significa también que el resultado se consigue al menor coste.
99. *E-mail*, correo electrónico, mensaje electrónico o dirección electrónica en su caso.
100. En aras (en interés de, en honor de); evítese con el sentido de «para», «con el fin de»: *lo hizo en aras a conseguir lo que buscaba.
101. En aras de, para.
102. *En base a, de acuerdo con, basado en.
103. Enervar (debilitar, ahora también «poner nervioso» por influencia del francés): enervar una acción significa que pierde fuerza o vigor.
104. Énfasis (consiste en realzar la expresión de algo a través de la entonación o intensidad del sonido): no significa «hacer hincapié».
105. Enjugar (extinguir una deuda).
106. *En orden a, para, con el fin de.
107. En otro orden de cosas, por otra parte.
108. En plan (muletilla): evítese su uso indiscriminado.
109. Envergadura (amplitud, importancia); evítese su uso como sinónimo de «corpulencia».
110. Escuchar (poner atención a alguien que habla); oír (percibir los sonidos a través del oído): *¿se me escucha?
111. Esgrimir (solo aplicable a armas blancas o metafóricamente a argumentos): *el policía esgrimió su pistola.
112. Específicamente, especialmente.
113. *Estar seguro que, estar seguro de que.
114. Evidencia (por influjo del inglés se empieza a utilizar como prueba, pero debería restringirse su uso).
115. Exclusivo (que excluye; no significa «selecto»).
116. Exento (eximido de algo, no «carente»).
117. Exitoso, con éxito.
118. Extrovertido, extravertido.
119. Factible (lo que se puede hacer; no sinónimo de «posible»).
120. *Fake news*, *rectius*, noticias falsas, bulos, paparruchas.
121. Falsear y falsificar: se falsean los hechos, pero se falsifican billetes.
122. *Feedback*, retroalimentación.

123. Filosofía (no sinónimo de «motivos» o «intención» de algo).
124. Fuerte; evítese como «raro», «impresionante» o «extraordinario».
125. Fuera (indica estado) y afuera (indica movimiento): *está afuera.
126. *Gadget*, artilugio.
127. *Gasoil*, gasóleo.
128. Género (no significa «sexo»): *violencia de género (por violencia de sexo).
129. Geografía (no significa territorio): *la costumbre se extiende por toda la geografía del país.
130. *Grosso modo*; evítese **a grosso modo*.
131. *Handicap*, obstáculo, impedimento.
132. *Han habido, ha habido.
133. *Handout*, ejemplario, hoja-guía o resumen (de conferencia, seminario, comunicación...).
134. *Holding*, consorcio o grupo financiero, empresarial o industrial.
135. Humanitario (que tiende al bien); no se debe confundir con «humano»: *crisis humanitarias.
136. Ilegal; no aplicable a personas.
137. *Impasse*, no es «compás de espera», sino «atolladero» o «callejón sin salida».
138. Implementar (anglicismo), *rectius* realizar, ejecutar, implantar.
139. Impreso e imprimido (correctos los dos como participios pasivos del verbo imprimir).
140. Indígena (nativo de un país; no significa «indio», «salvaje», ...).
141. Inédito (no publicado; no significa inaudito).
142. Inerme («sin armas»). No debe confundirse con «inerte» (sin vida).
143. Inexorable (que no se deja vencer con ruegos; no significa «inevitable», aunque se admita).
144. Infectar (contaminar con gérmenes). No se debe confundir con «infestar» (invadir animales o plantas perjudiciales o bandas de personas un lugar en el que causan estragos).
145. Infligir e infringir (el primer verbo significa imponer un castigo o causar un daño; el segundo violar una norma o precepto).
146. Influenciar, influir.
147. Inglaterra (una parte –no el todo- del Reino Unido).
148. Inocuo (que no daña; no debe confundirse con «inicuo», es decir, injusto).
149. Lectura (pedante su uso como «interpretación»).
150. *Input*, entrada.

151. Ítem, capítulo, apartado.
152. Lívido (amoratado, también últimamente «pálido»). No debe confundirse con «libido» (deseo sexual).
153. *Lobby*, grupo de presión.
154. Loor (elogio): *En loor de multitud(es), en olor de multitud(es).
155. *Management*, dirección.
156. *Merchandiser*, productor comercial, instalador del producto en el punto de venta.
157. *Merchandising*, comercialización, promoción comercial o de ventas.
158. *Metereología (meteorología); no debe confundirse con «clima».
159. *Mobbing*, acoso laboral.
160. *Monitoring*, supervisión.
161. «Monarcas» no significa «el rey y la reina».
162. «Mortandad» y «mortalidad»: el primero, multitud de muertes provocadas por catástrofes o calamidades; el segundo, porcentaje de muertes en relación con la población o con un periodo de tiempo determinado.
163. «Nominar» no significa presentar a alguien para algo negativo.
164. *Objetivos a cumplir (galicismo), objetivos.
165. «Obsoleto» no significa «antiguo», sino «inusual».
166. «Oír» y «escuchar»: oír es percibir los sonidos; escuchar es poner atención: «*¿Se me escucha desde el fondo de la sala?».
167. *On line*, en línea, electrónico, en Internet.
168. «Onomástica» es el día en que una persona celebra su santo, no su cumpleaños.
169. «Oscilar» (aumentar o disminuir alternativamente la intensidad de un fenómeno) no significa «girar».
170. *Outsourcing*, subcontratación, externalización.
171. Ostentar, (hacer patente una cosa).
172. *Ostentóreo, estentóreo.
173. Pábulo (en la expresión «dar pábulo a», es decir, dar crédito a una información noticia). No debe confundirse con «pábilo».
174. Parricidio (muerte violenta que se da a un ascendiente, descendiente o cónyuge, no necesariamente la de los hijos a los padres).
175. «Perjuicio» (daño) no debe ser confundido con «prejuicio» (idea preconcebida).
176. Poner en valor, *rectius* valorar.
177. «Posicionarse» (adoptar una determinada actitud ante una situación dada) no significa «colocarse»: «*La barrera estaba mal posicionada».

178. «Posteridad» (generación venidera) no debe confundirse con posterioridad.
179. Práctica totalidad, casi todos.
180. Preferentemente (con preferencia), no «especialmente» o «sobre todo»: «*Se detectan irregularidades, preferentemente en la zona sur del país».
181. «Prescribir» (ordenar, recetar y concluir) no debe confundirse con proscribir (desterrar, prohibir).
182. *Preveer. Los únicos dos verbos posibles son «prever» (prevenir) y «proveer» (suministrar).
183. Problemática (conjunto de problemas) no significa «problema».
184. Proclive tiene sentido negativo (ej.: «proclive a los vicios»).
185. Promover no significa convocar.
186. Prosperar, avanzar (cuando tenga que ver, por ejemplo, con unas negociaciones que se están llevando a cabo: «*Las negociaciones no prosperan»).
187. *Proviniente, proveniente.
188. Provisoriamente, provisionalmente.
189. Pseudocientífico, seudocientífico.
190. Postdoctoral, posdoctoral.
191. Puntual, concreto. Ej. «*Lo ha hecho en puntuales ocasiones».
192. «Rallar» (desmenuzar con un rallador) y «rayar» (hacer rayas) no deben ser confundidos.
193. Rango, intervalo, recorrido, graduación: Ej. «*El instrumento soporta un amplio rango de temperaturas».
194. *Ranking*, clasificación o lista clasificatoria.
195. *Rating*, clasificación, tasación.
196. Ratio (criterio o proporción; se recomienda su uso en femenino: la ratio).
197. *Recordarse de, recordar o acordarse de.
198. Reinicio no es una reanudación, sino un nuevo comienzo.
199. Relanzar significa rechazar y no reactivar.
200. Remarcar, destacar.
201. Rendir un servicio, prestar un servicio.
202. Reportar, mejor «informar», pero no «depender de». Ejemplo «*el pasante reporta al socio del despacho».
203. *Reporting*, informes de gestión.
204. Regular; evítese su uso como «habitual».

205. Resaltar, destacar.
206. Resetear, recomenzar.
207. «Reticente» (que calla) no es reacio (remiso). Ejemplo: «*Se mostró reticente a hacerlo».
208. «Rutinario» (hecho sin reflexionar y conocimiento) no significa «periódico». Ej.: «*El aspirante no superó los controles rutinarios».
209. Saga (leyenda escandinava) no es «dinastía familiar».
210. «Salubre» (saludable) no es «salobre» (con sabor de sal).
211. «Santuario» no es refugio. Ejemplo: «*Francia se convirtió en el santuario de los terroristas».
212. Segar (cortar) no es lo mismo que «sesgar» (torcer o desviar en sentido oblicuo).
213. «Saludar», acoger con satisfacción (cuando se trata de una reacción de alguien ante un hecho positivo). Ej. «*Saludamos los avances de la empresa en materia de ventas durante este mes».
214. «Segmento» no significa "sector". Ejemplo. «*El segmento de la población entre los 15 y los 40 años resultó ser el más vulnerable».
215. «Semántica» no significa «significado». Ej.: «*La semántica de esta palabra...».
216. «Sendos» (uno para, o de, o en, cada uno) no significa «ambos» o «dos».
217. «Señalizar» (colocar señales) no es lo mismo que «señalar» (indicar).
218. «Simplicidad» (sencillez) no es lo mismo que «simpleza» (necedad).
219. «Singladura» (distancia recorrida por una nave durante 24 horas) no es lo mismo que «excursión», «travesía», «crucero» ...
220. «Sobre» no debe utilizarse como «contra». Ej.: «*el defensa hizo falta sobre el delantero».
221. «Sofisticado» no significa «muy avanzado», sino en todo caso «muy refinado» o «muy complicado».
222. «Susceptible» (que se ofende fácilmente o modificable) se admite también como «capaz». Ej.: «La rebelión del pueblo es susceptible de acabar con la dictadura».
223. «Tópico» no es sinónimo de «tema».
224. «Víctima» no implica que se trate de una persona fallecida.
225. «Visualizar» (hacer visible algo que se percibe de otro modo o no se puede ver) o «visionar» (ver imágenes cinematográficas o televisivas desde un punto de vista técnico) no significan «ver». Ej.: «*el testigo no visualizó los hechos del crimen».
226. «Valorar»: suele tener una resonancia positiva; evítese utilizarla en apreciaciones negativas. Ej.: «Lo valoré negativamente».

227. Valorizar, *rectius* valorar.
228. «Vergonzante» significa que tiene vergüenza, no que causa vergüenza (vergonzoso).
229. Voz en *off*, voz de fondo.
230. Y / o, fórmula no necesaria. Puede utilizarse la conjunción «o» (que tiene sentido de «y» y de «o»).

ERRORES LINGÜÍSTICOS GRAVES

Leísmo, laísmo, loísmo

Antes de entrar en los errores, vamos a repasar algunas cuestiones de gramática fundamentales.

Hay verbos que no pueden construir un predicado completo por sí solos. Pensemos en un verbo como «ver».

Si alguien dijera: **Hoy he visto*, en un contexto normal, todos pensaríamos que falta algo.

Estos verbos que necesitan de un complemento directo para tener sentido total se denominan “verbos transitivos” (Ej.: comprar, encontrar, buscar, leer, querer, comer, mirar...).

Hoy he visto **a Marta / una película / un robo en plena calle / que Juan es una buena persona...**

Este complemento es el **Complemento Directo**, que es la persona, animal o cosa sobre la que recae la acción del verbo. Suele seguir al verbo; es un nombre (Quiero *macarrones*), un grupo nominal (He comprado *un libro muy ameno de derecho romano*) o una oración precedida por «que» (Creo *que Luis y María están enamorados*), y no lleva preposición; la única preposición que puede acompañar a un complemento directo es «a» cuando refiere a una persona o animal identificado:

Quiero **pizza**

Quiero **a mis padres (de persona)**

Quiero **a mi perro (de animal identificado: he visto unos perros / he visto a mi perro)**

Hay verbos que, por el contrario, no necesitan un complemento para dar un sentido completo. Pensemos en el verbo *nacer*; si digo:

Mi hijo	ha nacido	esta mañana.
Sujeto		Circunstancial de tiempo

el verbo tiene sentido completo; no puede ir acompañado de un complemento directo; este tipo de verbos se denominan "verbos intransitivos" (Ej.: *ir, nacer, morir, llorar, florecer*, etc.).

Estos verbos no van acompañados por un CD, pero sí pueden ir acompañados por otros complementos (CI, Complementos circunstanciales...)

El CI puede aparecer solo con verbos intransitivos y en las **expresiones valorativas**, esas que se construyen con verbos como *gustar, encantar, apetecer, doler, molestar, preocupar*, etc. En estas construcciones, el **sujeto,** que suele aparecer pospuesto (cuidado con no confundirlo con el CD), no es alguien o algo que produce una acción, como ocurre en *el pájaro canta, Juan come patatas* o *Ana corre una maratón*. El sujeto es algo que **produce un efecto** (sensación, emoción o reacción) en alguien, y el **complemento indirecto** (CI) se refiere al receptor, a la **persona que experimenta** ese efecto.

Les (CI) gustan las flores amarillas (Sujeto).

A mi hermano (CI) le (CI) duele el pie derecho (Sujeto).

El CI también aparece **combinado** con el CD en verbos de doble complemento. Pensemos en el verbo «dar»: podemos «dar algo» (algo = CD), y «dar algo a alguien» (algo = CD; a alguien = CI); en estos casos de doble complemento, si hay uno de persona y uno de cosa, el de persona siempre será el CI.

Por tanto, el **Complemento Indirecto** es la persona, animal o cosa que recibe de forma indirecta el beneficio o daño de la acción y puede ir acompañado de las preposiciones *a* y *para*.

He comprado flores (CD) a / para mi madre (CI).

He echado canela (CD) al pastel (CI).

Ahora que ya sabemos cómo funcionan los complementos, veamos los errores en la distribución de los pronombres de tercera persona que les corresponden.

Persona gramatical	**Formas de CD**		**Formas de CI**
	Masculino	Femenino	Masculino y femenino
él, ella, usted	**lo (le)**	**la**	**le**
ellos, ellas, ustedes	**los**	**las**	**les**

CD: ¿Y ***papá***? No **lo (le)** encuentro.
CD

¿Llevas ***la carpeta***? — *Sí,* **la** *llevo en el bolso.*
CD

CI: ¿Has hablado con ***tu hermana***?
No **le** *he escrito* **un e-mail***.*
CI CD

Se conocen como leísmo, laísmo y loísmo los fenómenos gramaticales consistentes en el uso de los pronombres *le, les, la, las, lo, los* en una función sintáctica que no les corresponde.

Se produce **leísmo** cuando las formas *le, les* se emplean como CD.

Se produce **laísmo** cuando se emplean las formas *la, las* como CI.

Se produce **loísmo** cuando los pronombres *lo, los* desempeñan función de CI.

Leísmo

Hay distintos casos:

a) Uso de *le, les* como CD: de persona masculino.
-*Vi a tu socio*: *Le vi*. ADMITIDO cuando el pronombre sustituye a un CI de persona, masculino, **singular**.

No está admitido cuando sustituye a un CI masculino plural:
-Vi a tus socios: *Los vi.*
-**A mis padres no les he visto en toda la noche: no* LOS *he visto.*

b) Uso de *le, les* como CD de personas femeninas:
Llaman a Elsa por teléfono: **Le llaman por teléfono.*
Saludé a tus amigas: **Les saludé.*

c) Uso de *le, les,* como CD de cosas masculinas.
Concededle el premio: **Concedédsele.*
**Estos libros les leí la primavera pasada.*

Solo está admitido por la RAE el leísmo de persona masculina en singular; los demás leísmos se consideran incorrectos. La razón por la que la RAE legitima el leísmo de persona masculina en singular es que tal uso de *le* está, entre otros, en los grandes literatos españoles del Siglo de Oro (Lope, Quevedo, Cervantes...)

y, además, se ha mantenido en grandes zonas de España y América en la lengua culta. Por lo tanto, no debe considerarse incorrecto este leísmo porque está muy extendido en el ámbito hispanohablante y en el nivel culto.

Sí debe evitarse el leísmo de persona femenina en estos contextos:

- *A Claudia se le ve nerviosa.* (Lo correcto sería: *A Claudia se la ve nerviosa*; «a Claudia» es CD).
- *A las chicas se les colocará delante.* (Lo correcto: *A las chicas se las colocará delante*; «a las chicas» es CD).

Laísmo y loísmo

Se producen estos fenómenos en dos tipos de estructuras:

a) Cuando el verbo es transitivo y aparece con CD expreso o no.

*¿Qué las das a las chicas?

**<u>La</u> dije que no hablara.*

**¡Qué <u>lo</u> vamos a hacer!*

**Al enemigo no hay que dar<u>lo</u> ni agua.* (Correcto: *darle*; CD: *ni agua*).

b) Cuando el verbo es intransitivo:

**A la profesora la gustó mi redacción.* (Correcto: le, expresión valorativa con "gustar").

Infinitivo galicado

Se admiten como aceptables estas construcciones frecuentes en el lenguaje jurídico:

Temas a tratar, problemas a resolver.

Es preferible su sustitución por expresiones como: *tenemos asuntos que tratar* o *tenemos asuntos por tratar* (en este caso se trata de asuntos previstos inicialmente que aún no se han tratado y que están pendientes).

Si se utiliza, el verbo en infinitivo debe ser transitivo, empleado en forma activa (no pasiva), y solo referido a sustantivos abstractos (ej.: *lugar a pelear, *temas a ser resueltos, *personas a tratar*).

Gerundio de posterioridad

Se considera incorrecto el gerundio de posterioridad. Ejemplo: **cayó del edificio muriendo unos instantes después.* También es incorrecto el gerundio que es complemento especificativo de un sustantivo (en derecho se denomina «gerundio del BOE»). Ejemplo: *Se debe aprobar una ley atendiendo a la propuesta del Parlamento* (es decir, es errónea con el sentido de ley que atiende a la propuesta del Parlamento, no con el de ley que se aprueba por atender a la propuesta del Parlamento). Es admisible cuando no solo se refiere al nombre sino al verbo: *He oído a mi amigo hablando con otra persona.*

Imperativo incorrecto

La segunda persona del plural del imperativo lleva la desinencia -d, no -r. Ej.: **¡Corregir el ejercicio!* Si el imperativo verbal acaba en *-os* (verbos reflexivos como «concentrarse», «levantarse», «ponerse»), se suprime la *-d*. Ej.: *Concentraos en el ejercicio* (no **concentraros*), *poneos el abrigo* (no *poneros). Del verbo irse, el imperativo es *idos*. Imperativos de verbos usuales: *sabe, ve, oye.*

Formas correctas y menos correctas del participio

Verbos como imprimir, freír y proveer poseen dos participios que se consideran correctos: *impreso* e *imprimido*, *frito* y *freído*, *provisto* y *proveído*. *Imprimir* con valor metafórico es preferible utilizarlo en su forma *imprimido*. Ejemplo: *Ha imprimido una gran fuerza a sus palabras.*

Quesuismo

Tendencia a sustituir el relativo posesivo «cuyo» por otras soluciones: *El chico que su jersey es azul. Vi al chico que a su hermano le han dado un premio. Un hombre que su empresa quebró. Me gustan esos árboles que sus flores son moradas.* ¿Cómo las corregiríamos?

Dequeísmo y queísmo

Uso o eliminación inapropiados de la partícula *que*. *Pienso de que → pienso que. Creo de que → creo que. Estoy seguro que → estoy seguro de que. Temo de que → temo que. *Me asusto que → me asusto de que. *Me asusta de que → me asusta* *que* TRUCO: Hagamos la pregunta a la inversa: *¿De qué estoy seguro? ¿De qué me asusto? ¿Qué me asusta?*

Buen uso y mal uso de la concordancia nominal y verbal[2]

La concordancia es la correspondencia que deben guardar diversas palabras de la oración en cuanto a sus accidentes gramaticales (flexión de género, número y persona).

Hay dos tipos de concordancia: nominal y verbal. En ambos supuestos, la concordancia afecta al género y al número.

Analicemos en primer lugar la concordancia verbal entre sujeto y predicado: el español se caracteriza porque el **sujeto y el verbo concuerdan en número y persona**. Aunque parece una obviedad, a veces hay dificultad en distinguir el sujeto de otros complementos, sobre todo el CD, que suele aparecer también bajo la forma de grupo nominal (determinante + sustantivo). Veamos dos ejemplos:

a) Mi cuñada (Sujeto) pinta los paisajes de Galicia. (CD)

a) A mi cuñada (CI) le (CI) encantan los paisajes de Galicia. (Sujeto)

Para dilucidar correctamente la función de un complemento, hay que analizar el verbo; en a) tenemos un verbo transitivo (v. lo dicho sobre este tema en el apartado sobre leísmo, loísmo y laísmo), *pinta*, por tanto, esperaremos que aparezca un CD. El Sujeto (*mi cuñada*) es singular, y concuerda con el verbo (*pinta*), también en singular. El CD, por el contrario, no tiene que coincidir con el verbo en número, como en este caso, en que es plural (*los paisajes de Galicia*) aunque a veces lo haga.

En b) tenemos un verbo intransitivo valorativo (encantar), por lo que deberemos esperar que aparezca si acaso un CI, pero nunca un CD. Tenemos, sin embargo, un grupo nominal (los paisajes de Galicia) que es sospechoso, porque su estructura nos recuerda a un sujeto. Apliquemos la regla de la concordancia: el sujeto y el verbo coinciden en número. ¿Qué pasa con el verbo si cambiamos «los paisajes de Galicia» al singular?

A mi cuñada le **encanta** el paisaje de Galicia.

El verbo también cambia, lo que nos alerta de que estamos ante un sujeto y no ante un CD.

[2] Aquí seguimos el orden de exposición empleado en: Real Academia Española - Consejo General del Poder Judicial. *Libro de estilo de la Justicia (dirigido por Santiago Muñoz Machado)*. Barcelona: Espasa, 2017 (e-book pos. 2092 y ss.).

Si haciendo esta operación de cambiar el número de un sustantivo o grupo nominal, cambia también el número del verbo, es que estamos ante un sujeto. No ocurre así en el caso del CD, donde el verbo no cambiará:

Me he **comido** una pizza.

Me he **comido** veinte pizzas.

En el caso de la **concordancia verbal, entre el sujeto y el verbo,** en principio, se observan las reglas siguientes:

- La concordancia es en plural cuando los sustantivos o pronombres se refieren a cosas diferentes en la oración: *Su indignidad y avaricia dejaron perplejos al jurado.*
- Cuando se trata de dos sustantivos o pronombres de género diferente, el adjetivo que acompaña a ambos concuerda en masculino: *El maletín y la bolsa referidos se presentaron como prueba de los hechos.*
- Si entre esas palabras que se enumeran hay un pronombre de segunda persona, en principio, la concordancia se establece con el verbo y los demás pronombres en segunda persona del plural: *Antonio y tú sois los candidatos ideales para el puesto*; si el pronombre es de primera persona, el verbo concuerda en primera persona del plural: *El abogado, el procurador y yo acudimos juntos al juzgado.*

Casos especiales en la concordancia verbal:

1. El sujeto de la oración lo integran varias palabras en singular que se unen por una conjunción copulativa («y»):
   - Si aluden a cosas diferentes, el verbo debe ir en plural: *El demandante y el demandado accedieron a la propuesta del juez.*
   - Si, por el contrario, esas palabras forman una unidad o aluden a una misma cosa, el verbo puede ir en singular: *El malestar e indignación es grande.*
   - Si sujeto va después del verbo y se refiere a cosas abstractas o genéricas, el verbo va en singular normalmente: *Hace falta esfuerzo e ilusión de parte de todos.*
   - Si esas palabras coordinadas son infinitivos, oraciones sustantivas o pronombres neutros, el verbo va en singular, salvo que se refieran a cosas diferentes: *Ni lo uno ni lo otro es admisible.*
2. El sujeto de la oración lo integran varias palabras en singular que se unen por una conjunción disyuntiva («o»):
   - Si esa conjunción expresa estrictamente diversas alternativas, el verbo puede ir en singular o en plural:
   - Va en singular si la acción del verbo se refiere a uno de los elementos según la disyunción (*Todo cambia dependiendo de si es un animal o una planta*).

- En caso contrario, es decir, de indiferencia entre las dos alternativas, puede ir el verbo en singular o en plural (*Hombre o mujer lo harán bien*).
- Si los sustantivos van acompañados de un adjetivo en plural, el verbo debe ir en plural (*El familiar o el amigo presentes en el juicio no testificarán en contra*).
- Si los elementos a los que se refiere la conjunción disyuntiva forman una enumeración no cerrada, el verbo debe ir en plural (*El clima, la economía o la salud preocupaban a todos*). El verbo irá en singular si la conjunción disyuntiva expresa equivalencia o identidad: *La aquiescencia o consentimiento es esencial aquí.*

3. Cuando el sujeto es un nombre colectivo (pueblo, familia, equipo...), el verbo debe ir en singular, aunque se admite en plural si es sujeto de un verbo que pertenece a otra oración, por ejemplo, subordinada: *La familia es una institución básica de la sociedad. Le dije a la familia de Juan que acudieran al juicio.* Es usual ver el verbo en plural en el habla coloquial: *Es que somos gente decente.*
4. En el caso de oraciones copulativas con el verbo «ser», el verbo concuerda normalmente con el sujeto en número y persona.
5. Si se trata de un pronombre personal, concuerda en número y en persona: *Aquí eres tú el jefe.*
6. Si el sujeto y el atributo son sustantivos diferentes en número, el verbo concuerda normalmente con el que sea plural (*Los reglamentos son la clave*), salvo que ese sujeto tenga un significado colectivo, porque entonces se admite que vaya en singular el verbo (*El precio es 100 €; El precio son 100 €*).
7. En el caso de la construcción partitiva «yo soy de los / las que + verbo», el verbo de la oración de relativo se prefiere que vaya en tercera persona del plural: *Yo soy uno de los que quieren hacerlo.*
8. En el caso de la construcción «yo soy el/la que» (o «quien»), «tú eres el / la que» (o «quien») + verbo», cuando el sujeto del verbo «ser» es un pronombre de primera o de segunda persona del singular, el verbo de la oración de relativo se preferirá que vaya en tercera persona del singular: *Tú eres el que conoce el lugar.* Si el sujeto del verbo «ser» es un pronombre de primera o de segunda persona del plural, la concordancia se deberá realizar con el pronombre personal (*Nosotros somos los que nos hemos mantenido más fieles a tu proyecto*).
9. En el caso de construcciones partitivas (*La tercera parte de los ciudadanos*), el verbo puede concordar en singular o en plural (*La tercera parte de los ciudadanos manifestó / manifestaron su adhesión*). Si se trata de un atributo, la concordancia es siempre en plural (*La tercera parte de los ciudadanos eran de renta muy baja*). Si el primer elemento de la construcción es un pronombre personal, el verbo concuerda con él: *Uno de los asistentes*

levantó la mano. En cuanto al género, deben concordar los elementos de la construcción partitiva: *Muchos de los diputados de ese partido*.

10. En el caso de las llamadas construcciones pseudopartitivas (*Un grupo de manifestantes*), llamadas así porque no reflejan la parte de un todo, pueden concordar con el primer elemento en singular o con el sustantivo en plural: *Un sinfín de quejas llegó a esa empresa*. Cuando el primer elemento es un sustantivo que se utiliza sin determinante, el verbo deberá ir necesariamente en plural (*Infinidad de reclamaciones llegaron a la empresa*).

En el caso de la **concordancia nominal**, se da entre el sujeto y el atributo o predicativo; entre el sustantivo y sus acompañantes (el determinante y los adjetivos); entre un pronombre y su antecedente o consecuente.

Casos especiales en la concordancia nominal:

1. En caso de adjetivo que se pospone a varios sustantivos coordinados, irá en plural y en masculino (*Iba vestido con traje y corbata blancos*), aunque si esos sustantivos forman una unidad, el adjetivo puede concordar en género y número con el más próximo: *Sus representantes gozaban de fama y saber excelso*.
2. En caso de adjetivo que se antepone a diversos sustantivos coordinados, concuerda, por lo general, con el más próximo (*La asociación debe fomentar la buena convivencia y trato de sus miembros*); pero si eso sustantivos son nombres propios de persona o cosa, el adjetivo va en plural: *Los antedichos Pedro y Juan intervinieron en la comisión del delito*.
3. En caso de adjetivo que se pospone a los sustantivos unidos por la conjunción «o» en sentido propiamente disyuntivo, se recomienda que el adjetivo vaya en plural (*El cuerpo o el alma afectados por este vicio*); pero si esos sustantivos, aun siendo de distinto género, aluden a lo mismo, el adjetivo irá en singular y masculino: *El auto o resolución dado fue muy oportuno*.
4. En el caso de que haya varios adjetivos coordinados en singular que se refieran a un sustantivo en plural, significando cada uno de ellos una cosa diferente con respecto al sustantivo, irán en singular: *Los derechos privado y público serán estudiados de manera conjunta*. Si se anteponen los adjetivos, lo recomendable es que el sustantivo vaya en singular: *La antigua y la nueva normativa*.
5. En el caso de varios ordinales coordinados que se refieren a un mismo sustantivo, si aparecen pospuestos, deben ir en plural (*Presentaron las actas primera y segunda*); si van antepuestos, el singular es preferible: *El primer y segundo movimiento de esa sinfonía*.
6. En el caso de fórmulas protocolarias referidas a altas dignidades, aunque se refieran a personas de sexo masculino, el adjetivo correspondiente deberá ir en femenino (*Vuestra Majestad*). Pero si el adjetivo actúa como atributo o predicativo en la oración, el género deberá correspon-

der al sexo de las personas referidas: *Su excelencia seguirá dispuesto a colaborar con nosotros.*

7. En el caso de estructuras sintácticas de reciprocidad –*(el) uno con (el) otro, (la) una a (la) otra...*–, si se refiere a individuos de diferente sexo, el determinante se recomienda que vaya en masculino: *En ese matrimonio, el uno con el otro colabora a la perfección.*

EJERCICIOS DE CONCORDANCIA ¿CORRECTO O INCORRECTO?[3]

La imprudencia y la desidia fueron las causas del daño producido. • Las pruebas y los documentos archivados fueron clave para la resolución del caso. • Ricardo y tú debéis personaros en juicio. • El letrado, el procurador y yo acudimos a juicio. • Iba ataviado con toga y birrete negros. • Se reunieron personas de clase y condición elevada. • El inquilino no respetó la necesaria diligencia y cuidado. • Los responsables son los antes mencionados Antonio y Martín • Es fundamental encontrar un abogado o una abogada comprometidos con el caso. • El documento o prueba presentado es esencial. • Los sujetos A y B presentan rasgos faciales diferentes. El Antiguo y el Nuevo Testamento.

Ordinales pospuestos y antepuestos: *Los pisos primero y segundo; la primera y segunda instancia. • Vuestra majestad. • Sus señorías están demasiado ocupados con otras cuestiones. • El uno sin el otro (los padres). • El Juzgado y la Audiencia tenían ya noticia del asunto. • La dirección e instrucción del caso le correspondió al juez de primera instancia. • Hace falta trabajo y dedicación para resolver el asunto definitivamente. • Ni lo uno ni lo otro fue posible. • Enjuiciar y decidir son sus dos tareas básicas.* • Las alternativas con *o*: *O él o ella fueron los responsables de lo sucedido. La manifestación o declaración de afecto contribuyó a relajar la tensión del momento.* • Los nombres colectivos: *¿Toda esa gente tienen los mismos derechos que nosotros? ¿La familia entera salieron a recibirlo? • ¿El alumnado se opusieron al examen sorpresa? •¿Es uno de los que más tiene o uno de los que más tienen? • El tabaco y el café eran sus principales fuentes de divisas ¿eran su principal fuente de divisas? • ¿Yo soy de los que piensan o yo soy de los que pienso? • ¿Tú eres el que decides o tú eres el que decide?• ¿Habían muchas personas? ¿Viva los novios o vivan los novios? ¿Se alquila habitaciones o se alquilan habitaciones? • ¿Un grupo de viajeros visitaron la mezquita?*

[3] Los ejemplos se han extraído de las siguientes obras: Instituto Cervantes. *Las 500 dudas más frecuentes del español.* Barcelona: Instituto Cervantes - Espasa Libros, 2016; Real Academia Española. *Libro de estilo de la lengua española según la norma panhispánica.* Barcelona: Espasa, 2018.

Tema 3
Léxico jurídico básico: Los términos jurídicos básicos. Locuciones latinas de uso forense. Abreviaturas y siglas

CONCEPTOS BÁSICOS DEL LENGUAJE JUDICIAL MODERNO

Derecho romano y actual

Concepto: el derecho procesal es modernamente aquella parte del ordenamiento jurídico que se ocupa de tutelar efectivamente los derechos subjetivos e intereses jurídicamente protegibles a través de los órganos legalmente competentes.

En la época más antigua del derecho romano, era la víctima, ofendido o acreedor quien realizaba en la práctica su derecho por sus propios medios (*autotutela*). Poco a poco los poderes públicos romanos desplazan este régimen por otro en el que la jurisdicción o administración de justicia se confía a los poderes públicos sin que los particulares puedan ejercitar la violencia o venganza privada. Sin embargo, la autotutela sigue presente no solo en el derecho romano sino en el derecho moderno para algunos casos específicos: estado de necesidad, legítima defensa.

Tradicionalmente se suele distinguir entre *derecho material y derecho formal*. Se ocupa el primero de las normas sustantivas, materiales o primarias, que son las que regulan las conductas de los particulares. El segundo, también llamado *adjetivo* (frente al anterior llamado *sustantivo*), se ocupa de las llamadas normas adjetivas, procesales o secundarias, cuya función consiste en garantizar el cumplimiento de las normas primarias. Aunque esta distinción debe conocerse, olvida que unas y otras normas están íntimamente relacionadas entre sí y situada injustamente en un plano inferior a las normas procesales. El derecho romano nunca realizó tal distinción; con buen sentido.

Se llama *procedimiento* al cauce procesal legalmente previsto para la resolución de litigios junto con su regulación. Puede ser público o privado según que prevalezca el interés público o el de los particulares. La distinción romana entre procedimiento *criminal* y *civil* llega hasta nuestros días. El término *proceso* alude al camino o marcha que los litigantes deben seguir realizando los pasos o actuaciones sucesivas previstas por ley. Fue el derecho canónico el que desarrolló la idea del proceso creando el llamado «proceso romano-canónico», que es uno de los conceptos fundamentales del derecho común europeo. Modernamente, para Fenech, el procedimiento se refiere a la normativa aplicable a los actos procesales, y el proceso es la sucesión de actos que se dirigen a la obtención de un fin. Así, por ejemplo, el procedimiento civil recibe una determinada regulación normativa que es susceptible de ser aplicada a una multitud de procesos que se sustancian en los juzgados.

El concepto de *acción* es básico para el derecho procesal romano y moderno. Modernamente se distinguen dos acepciones: -*formal*, es decir, la acción, según este sentido, se configura como un remedio jurídico por el que el particular tiene derecho a que los jueces y tribunales atiendan al supuesto que plantea. -*Material*, es decir, según el cual, la acción es un remedio jurídico puesto a disposición del particular para la satisfacción de su derecho en la práctica. A este concepto parece aludir el jurista romano Celso cuando dice que la acción es «*el derecho a perseguir lo que se le debe a uno mediante un juicio*».

El derecho romano constituye un *sistema típico de acciones*, es decir, prevé para cada supuesto una acción concreta, de manera que se aprecia en él una relación íntima entre la acción, por un lado, y el derecho subjetivo, por otro. Los juristas romanos, eminentemente pragmáticos, no concebían un derecho subjetivo sin una acción que los tutelase. El derecho angloamericano siguió esta vía abierta por el derecho romano. También se muestra próxima a esta idea la moderna Ley de Enjuiciamiento Civil española.

La distinción moderna entre *jurisdicción contenciosa* y *voluntaria* se debe también a los juristas romanos. Es la primera la que se refiere a un verdadero conflicto de intereses entre las partes. En cambio, la segunda toma como base el consentimiento voluntariamente prestado por las dos partes a la realización de una determinada actuación ante el órgano jurisdiccional competente. Es decir, en ella no hay propiamente conflicto de intereses. Por ejemplo, la realización de una adopción o una emancipación ante el juez por los particulares afectados y puestos previamente de acuerdo.

La palabra latina *lis* significa litigio, que es el conflicto de intereses que las partes plantean procesalmente. Al demandante se le llama también actor y a la parte contra la que se dirige la acción es el demandado. Varias personas pueden ser parte demandante o demandada, que es a lo que se llama *litisconsorcio* activo y pasivo respectivamente. Al igual que hoy, las partes estaban representadas procesalmente a través de sus *procuradores* y asistidas legalmente a través de sus *abogados*.

El término latino *forum* se refiere al lugar donde el magistrado ejercía la jurisdicción. En Roma, el pretor urbano, magistrado encargado de la jurisdicción por excelencia, la ejercía precisamente en el foro en un espacio al nordeste conocido con el nombre de *comitium*. De él deriva el concepto de idéntico nombre (en castellano «fuero») referido a los criterios de competencia del órgano jurisdiccional con respecto a la controversia o litigio de las partes. Así pues, la competencia se determina, por ejemplo, según lo acordado por las partes (*forum prorogatum*); según donde esté situada la cosa litigiosa (*f. rei sitae*); según el lugar donde se cometió el delito (*f. delicti commissi*); según el lugar donde se celebró el contrato (*forum contractus*); según el lugar de cumplimiento de la obligación (*f. solutionis*) etc.

Trasladados estos conceptos al derecho actual, resulta, en resumen, lo siguiente:

El *derecho procesal* se configura como derecho formal o adjetivo (aunque esto sea criticable), esto es, referido al modo en que se tutela un derecho subjetivo ante los tribunales, la manera de hacerlo efectivo mediante un cauce pacífico, no a través de la violencia.

Acción es el recurso procesal para demandar. Lo lleva a efecto la parte actora. Si es varón se dice *actor*; si es mujer, *actora*. Es el demandante el que ejercita la acción o presenta la demanda.

El *procedimiento* es el cauce legalmente establecido para resolver conflictos de intereses o litigios. Alude también a la normativa aplicable. El *proceso* es el conjunto de trámites que desde la citación y la persona acción de las partes hasta la sentencia deben ser seguidos ordenadamente.

Se habla de *juez* cuando es unipersonal y se corresponde con *juzgado*; se habla de *magistrado* cuando es órgano colegiado y se corresponde con *tribunal*.

Se entiende por *jurisdicción* la potestad de administrar justicia legalmente conferida a los órganos competentes.

Las partes además de *capacidad procesal* deben tener *legitimación*. Así, por ejemplo, para ejercitar la acción reivindicatoria el demandante debe mostrar indicios de su propiedad ante el juez.

El órgano jurisdiccional *competente* es aquel que además de tener jurisdicción sobre la materia en general puede enjuiciar el asunto concreto que se le plantea.

Lis (o *litis*) es el litigio, la causa procesal, el juicio concreto.

El que asiste técnicamente a las partes se denomina *letrado, abogado*. Las partes además son representadas por un *procurador*.

En España existen diversos órdenes judiciales: *civil, penal, social* (relativo al ámbito laboral), *contencioso-administrativo* (relativo a litigios que afecten a la administración pública por los actos realizados por esta) y *militar*.

En este curso nos detendremos en las dos primeras: **civil y penal.**

Rasgos generales del procedimiento civil

En él rige el *principio dispositivo*. Las partes, y no el juez, son las protagonistas del procedimiento. De ellas depende su marcha. En líneas generales, comienza con la *citación de las partes* y su *personación en juicio*. El demandante anuncia la acción que va a ejercitar y la pide al juez. Este puede dar la acción o denegarla si no ve indicios suficientes de que la causa pueda ir adelante. Si la da, el demandado puede allanarse a la demanda (esto es, dar la razón al demandante y ahí termina el procedimiento), entorpecer la causa no presentándose (rebeldía) o no contestando lo que se le pregunta (indefensión), o aceptar el juicio. En este caso a la demanda le sigue su *escrito de contestación* de la demanda. Puede oponerse a la demanda negando frontalmente la pretensión del demandante, o bien oponer excepciones procesales alegando, por ejemplo, dolo, violencia e intimidación de la otra parte o error sufrido por el demandado.

Tras la presentación de las pruebas por las partes, el juez o tribunal deberá valorarlas para emitir su sentencia (no debe decirse ~~*dictaminar*~~, sino *sentenciar*, *dictar sentencia*). La sentencia tiene valor de *cosa juzgada* (en virtud del principio *non bis in idem* no podrá volverse a plantear este asunto ante los tribunales, dejando a un lado la posibilidad de recursos hasta que la sentencia se haga firme y definitiva) y tiene *fuerza ejecutiva* (debe ser cumplida en la práctica).

El procedimiento civil actual debe mucho en su configuración y en su terminología al derecho romano, como se demuestra en este esquema del procedimiento formulario:

PROCEDIMIENTO FORMULARIO

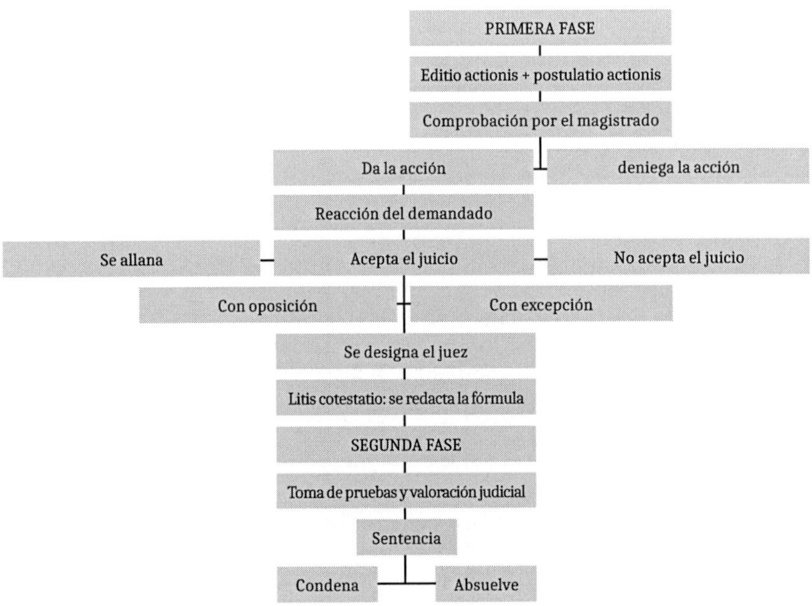

Las diferencias son también evidentes, aunque también en el derecho romano imperial, que marcó el rumbo al derecho procesal actual, desaparecieron con el nuevo procedimiento de *cognitio extra ordinem*: encomendado a funcionarios de carrera. Supone el fin de las dos fases procesales. La acción, que era típica (esto es, una diferente para cada supuesto) pasa a ser un modo genérico de pedir justicia. Se advierte la tendencia dirigida a oficializar el cauce procesal, es decir, a que las partes dejen de ser las protagonistas del proceso. En cuanto a las pruebas, rige el *principio inquisitivo*, casi como en el penal actual y a diferencia del civil moderno. La sentencia admite más posibilidades (no solo condenar o absolver al demando, sino también condenar o absolver parcialmente a las dos partes, por ejemplo). Aparece por primera vez la llamada «apelación» al órgano jurisdiccional superior (tribunal imperial en Roma).

Hoy también el procedimiento es en una sola fase y el juez es funcionario de carrera y está previamente designado en función de su jurisdicción y competencia para la causa...

El procedimiento penal

A diferencia del civil, se rige por el *principio inquisitivo* en su primera fase. En su virtud, el juez se ocupa de indagar la verdad de lo acontecido en un hecho delictivo por todos los medios lícitos posibles, aun cuando las partes no le proporcionen las pruebas necesarias.

Característico de este procedimiento en general es la previsión de dos fases: una primera de instrucción (esto es, de investigación), y otra ante un juez o tribunal diferente que se denomina de juicio oral y que se rige por el principio acusatorio. Entre ellas, puede haber una fase intermedia de preparación del juicio oral. Estas dos fases son características de los dos más típicos procedimientos penales: el *abreviado* (en general, para delitos de pena inferior a nueve años) y el *ordinario* (para delitos superiores a nueve años). Junto a ellos aparecen otros procedimientos: los juicios por *delitos leves*, para los que se han previsto dos modalidades distintas de procedimiento; los *juicios rápidos*, que tienen la singularidad de que se le ofrece la posibilidad al sujeto encausado de expresar su conformidad con la pena que se le anuncia, realmente inferior o atemperada con respecto a la que se le podría imponer; *juicios de menores de edad* (entre 14 y 18 años) que pueden conducir a la imposición no de penas, sino de medidas de seguridad y al internamiento en centros de menores; *juicios con jurado*, para determinados delitos (homicidios y asesinatos, allanamiento de morada, malversaciones y otros delitos de funcionarios públicos...; por la índole del delito y su especial gravedad, los delitos de redes de narcotráfico, terrorismo o falsificación de moneda son enjuiciados por la *Audiencia Nacional*.

En general, el procedimiento comienza con una *denuncia* de un particular, una *querella*, un *atestado policial* o *de oficio*, y tiene la singularidad de que puede seguir su marcha con independencia de la presencia del *investigado* (como se le llama ahora a diferencia del término usual de *imputado*). Si este no se presenta cuando se le cita, el procedimiento continúa en *contumacia* o *rebeldía*.

En el caso de procedimiento abreviado, a la fase de instrucción le corresponden lo que se denomina las *diligencias previas* que realiza el juez para la investigación del hecho delictivo. En el caso de juicio ordinario se denomina *sumario*.

En ciertos delitos como las *injurias*, perseguibles solo a instancia de parte, el inicio del procedimiento se lleva a cabo a través de la *querella* del ofendido.

En los casos más graves, de delitos, al haber fuerte presencia interés público, interviene el *Ministerio Fiscal*. También puede hacerlo el *acusador particular*. A lo largo del procedimiento se producen declaraciones de la víctima y del presunto agresor (en caso de que esté presente), así como un *interrogatorio cruzado* que llevará a cabo el ministerio fiscal, acusador particular y la defensa, tanto respecto de las partes como de los testigos de cargo y de defensa, así como periciales que se presenten.

Los términos *procesado* y *acusado* usualmente se utilizaban en la ley para referirse al momento procesal en que sobre el investigado recaen indicios tan graves de criminalidad que se juzga necesario el juicio oral. A partir de la reciente reforma, se le denomina a ese sujeto *encausado*.

Es conveniente distinguir entre *absolver* al encausado, es decir, declararle inocente, y otra *sobreseer*, que se produce cuando, tras la terminación de la fase de instrucción, nos constan indicios bastantes de la criminalidad del investigado. El juez dicta entonces un auto de sobreseimiento que puede ser provisional o definitivo.

Los órganos jurisdiccionales son ordenados jerárquicamente:

Juzgados de Paz, Juzgados de Instrucción, Audiencias Provinciales, Tribunales Superiores de Justicia, Tribunal Supremo (el órgano jurisdiccional superior).

Por su parte, el *Tribunal Constitucional*, como su nombre indica, refiere su actividad a las cuestiones jurídicas que tienen relación con la Constitución Española.

Cuando un órgano jurisdiccional da una sentencia a las partes, esta puede ser recurrida en apelación ante un órgano superior (*recurso de casación* –TS/ *recurso de amparo* – TC).

TERMINOLOGÍA POR NÚCLEOS TEMÁTICOS

Combinaciones de verbos con la palabra «ley»[1]

Abolir	Interpretar
Abrogar	Invalidar
Acatar	Observar las leyes
Anular	Poner en vigor
Aplicar	Promulgar
Aprobar	Quebrantar
Atenerse a una ley	Reformar
Burlar	Refrendar
Contravenir	Respetar
Derogar	Revocar
Dejar sin efecto	Sancionar
Dictar	Sujetarse a la ley
Evadir	Transgredir
Hacer caer el peso de la ley	Vulnerar
Infringir	

Siendo la ley sujeto de una oración, se utiliza con los siguientes verbos:

Autorizar	Permitir
Derogar	Prescribir
Disponer, establecer, ordenar, fijar, etc.	Prohibir
Entrar en vigor	Proscribir
Invalidar	Revocar
Mandar	Surtir efecto
Ordenar	

Como sinónimo de «disponer» se utilizan los siguientes verbos:

Determinar: fijar términos o límites.	Precisar
Establecer	Prescribir (término este que tiene un segundo sentido: de la extinción de un derecho por el transcurso del tiempo o por obra de la ley).
Estipular (más frecuente en contratos)	Regular
Fijar	
Mandar	
Ordenar	

[1] Alcaraz, E. B. Hugues y Gómez, A. *El español jurídico*. Barcelona: Ariel Derecho, 2018, págs. 157 y ss.

Los sustantivos resultantes de los verbos anteriores son: *determinación, disposición, estipulación, prescripción, regulación, ordenación, ordenamiento*, etc.

El lenguaje judicial[2]

Combinaciones de la palabra justicia

Administrar justicia
Citar ante la justicia
Declarar ante la justicia
Deponer ante la justicia
Falsear la justicia
Hacer justicia
Huir de la justicia
Manipular la justicia
Obrar-proceder en justicia
Pedir justicia
Poner a disposición de la justicia
Recurrir a la justicia
Ser de justicia
Sustraerse a la acción de la justicia
Tomarse la justicia por su mano

Combinaciones de términos con la palabra «juez»

Absolver a un encausado
Acceder a lo solicitado
Admitir la acumulación de procesos
Admitir a trámite
Anular sentencias
Archivar una denuncia
Atenerse a los hechos probados y el derecho que haya de aplicarse
Condenar a un encausado
Condenar en costas
Conocer de causas
Declarar culpable o inocente
Desestimar peticiones o derechos
Dirimir controversias o discrepancias
Enmendar sentencias
Estimar un recurso
Exculpar
Fallar
Incoar
Poner sentencias (dictar sentencias)
Reconocer derechos
Revocar
Sentenciar
Sobreseer
Tomar declaraciones
Actuaciones ante un magistrado:
Apelar
Declarar
Deponer
Manifestar
Recurrir
Suplicar

---

[2] Alcaraz, E. B. Hugues y Gómez, A. *El español jurídico*. Barcelona: Ariel Derecho, 2018, págs. 189 y ss.

Los sustantivos resultantes son: *admisión* (y lo contrario, *inadmisión*), *resolución, desestimación, denegación.*

Sinónimos de «pedir»

Demandar
Exhortar
Exigir
Instar
Intimar
Solicitar
Suplicar
Reclamar
Reivindicar
Requerir
Implorar
Rogar
Pretender

Los sustantivos resultantes son: *petición, pretensión, solicitud, instancia* (escrito, pero también como grado del órgano jurisdiccional referido), *requerimiento.*

Vocabulario del proceso civil

Presentar una demanda (deducir una demanda)

Ejercitar la acción que corresponda

Entablar o incoar el proceso o juicio

Promover una acción civil

Estructuración de una sentencia

Hechos, fundamentos de derecho, ***petitum*** *o suplico de la demanda.*

Una vez presentada la demanda, el juzgado la incoa.

Notificación de la demanda al demandado

Contestación a la demanda

Allanamiento

Defensa y reconvención

Oposición

Resistencia

Excepción (procesal o material):

- excepciones procesales: cuestiones de identidad y capacidad de los litigantes o sus representantes legales, la jurisdicción del tribunal, posibles defectos formales en el modo de presentar la demanda, la alegación de «litispendencia». Declinatoria.
- excepciones materiales: de pluspetición, falta de legitimación *ad causam*, de prescripción.

Combatir

Contrademanda o reconvención o demanda reconvencional

Impugnación u oposición impugnatoria (recursos): recurrente y parte recurrida. Impugnar es sinónimo de recurrir, contradecir o combatir.

Segunda fase

Audiencia previa para intentar llegar a un arreglo. Definición de las pretensiones.

Proposición de la prueba

Tercera fase: el juicio. Práctica de la prueba.

GLOSARIO DE CONCEPTOS Y TÉRMINOS JURÍDICOS DE USO COMÚN PARA PRIMER CURSO

Introducción

Es fundamental que el estudiante domine un vocabulario jurídico y lo acreciente curso a curso. Este que presentamos es el que estimamos aconsejable al término del primer curso de Derecho. Los términos, no obstante, no dejan de ser los básicos correspondientes. La selección se ha llevado a cabo mediante consulta a los profesores de las demás asignaturas.

Se ha procurado definir del modo más sencillo posible para facilitar su aprendizaje, aun a costa de la precisión más estricta. La finalidad que persigue este glosario es la de ofrecer un modelo de definiciones sencillas, pero correctas, que pueda servir de patrón para las que deberán realizar los estudiantes en cursos superiores. Ha sido de inestimable ayuda en este sentido el Diccionario de la Real Academia Española, en línea (DRAE) y el Diccionario Panhispánico de Español Jurídico de la Real Academia Española, Cumbre Judicial Iberoamericana y Asociación de Academias de la Lengua Española (DEJ), también en línea. Aparecen estas siglas en las correspondientes definiciones cuando se han utilizado. A veces se han realizado algunas adaptaciones indicadas con la preposición latina *ex*.

Términos:

1. *AB INTESTATO* (vid. SUCESIÓN INTESTADA; DERECHO SUCESORIO): se trata de la sucesión por ley o legítima, que opera en defecto de testamento.
2. ABOGADO; ABOGAR: experto en derecho que defiende a las partes en juicio.
3. ACCESIÓN (vid. MODOS DE ADQUIRIR LA PROPIEDAD): modo de adquirir la propiedad consistente en que el propietario de una cosa principal se hace también dueño de otra, de naturaleza accesoria, que se le une de modo inseparable.
4. ACCIÓN (vid. DERECHO PROCESAL)
   - CIVIL: en el procedimiento penal, acción, ejercitada por parte del que ha sufrido un perjuicio por la comisión de un delito, dirigida a obtener la restitución de la cosa sustraída, la reparación del daño causado o su indemnización.
   - PENAL: recurso procesal que se ejercita para promover un juicio en el que se dilucide la posible comisión de un delito.
   - PERSONAL: recurso procesal que se ejercita para reclamar judicialmente una deuda.
   - POPULAR: recurso procesal ejercitado por cualquier ciudadano respecto de un asunto de interés para la comunidad.
   - REAL: recurso procesal ejercitado para el reconocimiento o defensa de un derecho real.
   - REIPERSECUTORIA: recurso procesal dirigido a obtener la restitución de una cosa, o la reparación o indemnización de un perjuicio.
   - REIVINDICATORIA: recurso procesal del dueño de una cosa para reclamar su posesión de manos de quien la tenga.
5. ACERVO COMUNITARIO (vid. NORMAS, JURISPRUDENCIA, ACTOS POLÍTICOS COMUNIDAD EUROPEA): conjunto de prácticas, decisiones y criterios utilizados para interpretar y aplicar los tratados constitutivos de las Comunidades Europeas (*ex* DRAE).
6. ACRECIMIENTO, DERECHO DE *(IUS ADSCRESCENDI)* (vid. DERECHO SUCESORIO): efecto de aumento de la cuota de los demás herederos cuando uno de ellos no puede o no quiere aceptar su parte de la herencia.
7. ACREEDOR (vid. OBLIGACIONES): el titular de un derecho de crédito.

8. ACTO; ACTOS JURÍDICOS (vid. NEGOCIOS JURÍDICOS): todo hecho producto del obrar humano. Es acto jurídico cuando de él surgen efectos jurídicos.
9. ADOPCIÓN (vid. DERECHO DE FAMILIA): Procedimiento de asunción legal como hijo de quien no lo es biológicamente (*ex* DRAE).
10. ADQUISICIÓN DE DERECHOS
    - ADQUISICIÓN POR CAUSA DE MUERTE (vid. SUCESIÓN *MORTIS CAUSA*): modo de incorporar al patrimonio propio bienes del causante en función de la muerte de este.
11. AFINIDAD (vid. PARENTESCO; DERECHO DE FAMILIA; DERECHO SUCESORIO): parentesco entre un cónyuge y los parientes del otro cónyuge.
12. ANALOGÍA (vid. INTERPRETACIÓN DEL DERECHO): método por el que una norma jurídica se extiende, por identidad de razón, a casos no comprendidos en ella (DRAE).
13. ANULABILIDAD (vid. ACTOS; NEGOCIOS JURÍDICOS): invalidez no absoluta de un negocio jurídico por causa de un vicio o defecto no esencial.
14. APELACIÓN (vid. DERECHO PROCESAL): acción de recurrir al órgano jurisdiccional superior para que revoque la sentencia dada por el inferior (*ex* DRAE).
15. ARBITRAJE; ÁRBITRO (vid. DERECHO PROCESAL): procedimiento extrajudicial para resolver conflictos de intereses mediante sometimiento de las partes, por mutuo acuerdo, a la decisión de uno o varios árbitros (DRAE).
16. ARMONIZACIÓN LEGISLATIVA (vid. PROCEDIMIENTO INTEGRACIÓN JURÍDICA; DERECHO COMUNITARIO): en el derecho de la Unión Europea, procedimiento de aproximación de los derechos nacionales a través de directivas para hacerlos más semejantes entre sí.
17. ARRENDAMIENTO, CONTRATO DE;
    - DE COSA; - DE OBRA; - DE SERVICIOS:

    El art. 1543 del CC español define el arrendamiento de cosas como aquel en el que «una de partes se obliga a dar a la otra el goce o uso de una cosa por tiempo determinado y precio cierto». El art. 1544, por su parte, declara que «en el arrendamiento de obra o servicios, una de las partes se obliga a ejecutar una obra o a prestar a la otra un servicio por precio cierto».
18. ASOCIACIÓN (vid. PERSONAS JURÍDICAS; DERECHO DE PERSONAS): agrupación de personas físicas dotada de personalidad jurídica para la obtención de un fin común.
19. *AUCTORITAS* (vid. MAGISTRATURAS): según Álvaro d'Ors, es el saber socialmente reconocido. Se distingue de la *potestas*.
20. AUSENCIA (vid. DECLARACIÓN DE AUSENCIA; DERECHO DE PERSONAS): condición legal de la persona cuyo paradero se ignora (RAE).
21. AUTONOMÍA DE LA VOLUNTAD (vid. NEGOCIOS JURÍDICOS; CONTRATOS): principio general del derecho por el que las partes de un negocio jurídico pueden autorregular sus intereses libremente siempre que no vulneren la ley.

22. BUENA FE (vid. NEGOCIOS JURÍDICOS; CONTRATOS): en materia de contratos es la lealtad recíproca entre los contratantes.
23. CADUCIDAD (vid. EXTINCIÓN DE LOS DERECHOS): extinción de un derecho por el simple transcurso del tiempo fijado legalmente para su ejercicio.
24. CAPACIDAD DE LAS PERSONAS: –DE OBRAR; -JURÍDICA (vid. DERECHO DE PERSONAS): la capacidad jurídica es la idoneidad para ser titular de derechos y obligaciones; la capacidad de obrar es la idoneidad para ejercitar los derechos y cumplir las obligaciones a través de actos válidos y eficaces.
25. CASO FORTUITO (vid. INCUMPLIMIENTO DE LAS OBLIGACIONES): todo hecho imprevisible o irresistible que, de modo independiente de la voluntad de las partes, especialmente del deudor, produce el incumplimiento de una obligación entre ellas.
26. CAUCIÓN (Vid. GARANTÍA DE LAS OBLIGACIONES): garantía que presta una persona u otra en su lugar para asegurar el cumplimiento de una obligación actual o eventual (DRAE).
27. CAUSA (Vid. NEGOCIO JURÍDICO): propósito empírico objetivo de un determinado negocio jurídico.
28. CESIÓN (vid. CESIÓN DE DERECHOS; DE OBLIGACIONES): en la cesión de derechos o créditos, el acreedor, cedente, transmite a otro, cesionario, el derecho que aquel tiene con respecto a su deudor. En la cesión de deudas, el deudor es sustituido por otro con consentimiento del acreedor.
29. CIENCIA ESPECULATIVA en el ámbito de la filosofía del derecho, ciencia que aspira a la verdad.
    — PRÁCTICA (ARTE): consiste en un saber dirigido a la acción. De esta naturaleza es el saber jurídico.
30. CITACIÓN JUDICIAL (vid. PROCEDIMIENTO; DERECHO PROCESAL): acto de la autoridad judicial o administrativa por el que se convoca una persona para una comparecencia (DRAE).
31. COGNACIÓN (vid. DERECHOS DE SANGRE; PARENTESCO): parentesco natural o de sangre.
32. COMODATO, CONTRATO DE: préstamo de uso. Contrato de préstamo de cosa no consumible para su uso con la obligación de restituir la terminado el plazo o el uso acordado.
33. COMPENSACIÓN (Vid. EXTINCIÓN DE LAS OBLIGACIONES): forma de extinción de las obligaciones por saldarse los créditos y deudas recíprocas entre acreedor y deudor.
34. COMPETENCIAS (vid. COMUNIDADES AUTÓNOMAS; DERECHO CONSTITUCIONAL): ámbito legal de atribuciones que corresponden a una entidad pública con autoridad judicial o administrativa (DRAE).
35. COMPRAVENTA, CONTRATO DE: el artículo 1445 del Código Civil español lo define como aquel por el que «uno de los contratantes se obliga a entregar una cosa determinada y el otro a pagar por ella un precio cierto, en dinero o signo que lo represente».

36. COMUNIDADES EUROPEAS (vid. DERECHO COMUNITARIO): nombre que tras el tratado de Maastricht de 1992 se otorgó a la Comunidad Europea, organización surgida de los Tratados de Roma de 25 de marzo de 1957. Hoy, tras el Tratado de Lisboa, el nombre es el de Unión Europea.
37. CONDENA (vid. DERECHO PROCESAL): acción de condenar que, con respecto al juez, consiste en pronunciar sentencia por la que se impone al reo la pena correspondiente o, en el ámbito civil o en otras jurisdicciones, todo fallo que no consista en absolver al demandado (*ex* DRAE).
38. CONDICIÓN (vid. NEGOCIOS JURÍDICOS); - RESOLUTORIA; - SUSPENSIVA: la condición es un elemento accidental del negocio jurídico. Consiste en un hecho futuro e incierto (en el derecho romano, objetivamente incierto) del que se hacen depender los efectos del negocio jurídico. Cuando es resolutoria, resuelve los efectos del negocio jurídico; cuando es suspensiva suspende los efectos del negocio jurídico hasta su eventual aparición.
39. CONDOMINIO; COPROPIEDAD (vid. PROPIEDAD; DERECHOS REALES): concurrencia de dos o más derechos de propiedad sobre una misma cosa.
40. CONDONACIÓN (vid. EXTINCIÓN DE LAS OBLIGACIONES): forma de extinción de las obligaciones consistente en el perdón de deuda.
41. CONFEDERACIÓN (vid. UNIÓN DE ESTADOS; DERECHO INTERNACIONAL): unión de Estados, manteniendo estos su soberanía, pero otorgando a una organización común determinadas atribuciones de poder.
42. CONFUSIÓN (vid. EXTINCIÓN DE DERECHOS): forma de extinción de las obligaciones consistente en coincidir en una misma persona la condición de acreedor y deudor.
43. CONMORIENCIA (vid. EXTINCIÓN DE LA PERSONALIDAD; DERECHO DE PERSONAS): solución jurídica basada en la presunción de fallecimiento al mismo tiempo de varias personas en accidentes conjuntos, cuando quienes fallecen poseen derechos de sucesión recíproca y resulta difícil la prueba de quién falleció antes.
44. CONSANGUINIDAD (vid. PARENTESCO; DERECHO SUCESORIO): parentesco de sangre o natural.
45. CONSENTIMIENTO (vid. VOLUNTAD; NEGOCIOS JURÍDICOS): aquiescencia que vincula al que la presta.
46. CONSOLIDACIÓN (vid. EXTINCIÓN DE DERECHOS): en materia de derechos reales, forma de extinción consistente en coincidir en una misma persona la condición de propietario y de titular del derecho real sobre cosa ajena. Así, cuando la condición de propietario y de usufructuario coinciden en una misma persona.
47. CONSUMICIÓN O CONSUNCIÓN DE LA ACCIÓN (vid. EXTINCIÓN DE ACCIONES; DERECHO PROCESAL): en el derecho romano era el resultado del efecto extintivo que, en el procedimiento formulario, operaba la *litis contestatio* con respecto a la acción ejercitada por el demandante. Da origen al principio *non bis in idem*, según el cual, no puede volver a intentarse por segunda vez una acción ya ejercitada judicialmente antes.

48. CONSTITUCIÓN; CONSTITUCIONALIDAD;

CONSTITUCIONALIZACIÓN (vid. DERECHO CONSTITUCIONAL): ley suprema de un Estado que regula la organización de los poderes públicos y establece las garantías de los derechos; jerárquicamente superior a las demás normas y solo reformable según los procedimientos establecidos (*ex* DRAE).

49. CONTRATO / CLASES DE: según la acepción tradicional del derecho común europeo, el contrato es todo acuerdo de voluntades dirigido a crear, modificar, extinguir o transmitir una relación obligacional entre las partes.

— BILATERALES O SINALAGMÁTICOS: PERFECTOS E IMPERFECTOS: esta clase de contratos consiste en que las obligaciones surgen para ambas partes. Los imperfectos son inicialmente unilaterales, pero pueden acabar siendo bilaterales en el curso de la vida de la obligación en el seno del contrato.

— CONSENSUALES: aquellos que se perfeccionan por el consentimiento.

— DE BUENA FE: aquellos caracterizados por la lealtad recíproca de los contratantes. Conceden al juez amplia discrecionalidad para valorarlos en caso de conflicto entre las partes.

— FORMALES O SOLEMNES Y NO FORMALES O NO SOLEMNES: los primeros son aquellos en los que la forma es esencial para su validez; no así los segundos, para los que la forma se utiliza para asegurar su prueba.

— INNOMINADOS: atípicos, aquellos surgidos por la autonomía de la voluntad de las partes para adecuarse a las nuevas necesidades del comercio o tráfico jurídico y cuya regulación no se ajusta a un modelo típico contractual. Por esa razón, inicialmente no poseen un nombre determinado.

— REALES: aquellos que se perfeccionan por la entrega una cosa.

— UNILATERALES: aquellos que hacen surgir obligaciones para una de las partes.

50. CONVALIDACIÓN DE LOS NEGOCIOS JURÍDICOS: en el ámbito del negocio jurídico, modo de sanar el defecto o vicio no esencial de un negocio basado en la conducta de la persona interesada en su impugnación, consistente, por ejemplo, en no ejercitar la acción de anulabilidad por su parte o en dejar pasar el plazo para su ejercicio; también, si el negocio ha sido realizado a través de representante, por la ratificación llevada a cabo por el representado o *dominus negotii*.

51. CONVERSIÓN DE LOS NEGOCIOS JURÍDICOS: mediante este procedimiento interpretativo, un negocio afectado por un determinado vicio es calificado de otro modo para conservar así su validez. Por ejemplo, un legado de cosa ajena dispuesto en un testamento, afectado de invalidez, puede mantenerse con vigencia si se interpreta como legado obligacional.

52. CORPORACIÓN (vid. PERSONAS JURÍDICAS; DERECHO DE PERSONAS): en el derecho romano, asociación de personas a las que el derecho reconocía

la existencia de *corpus*; así, por ejemplo, los municipios o las sociedades de publícanos (es decir, empresas). Origen de la teoría de la persona jurídica.

53. COSA JUZGADA (*RES IUDICATA*) (vid. EXCEPCIÓN DE COSA JUZGADA; DERECHO PROCESAL): efecto que produce la sentencia judicial que determina que el asunto no pueda plantearse por segunda vez ante los tribunales (*non bis in idem*).

54. COSAS (*RES*) (vid. DERECHOS REALES): bienes apropiables y susceptibles de tráfico jurídico.

— ABANDONADAS (*RES DERELICTAE*): aquellas de las que se despoja voluntariamente su titular. Se hacen *res nullius* o cosas de nadie.

— ACCESORIAS Y PRINCIPALES: las primeras sirven funcionalmente a las segundas, llamadas «principales», sin que por lo general se unan a estas. Cuando lo hacen, pierden su identidad como cosa y, si el propietario de la cosa principal es otro, este se hace dueño también de la cosa accesoria por «accesión».

— COMUNES A TODOS: en el derecho romano, aquellas cosas que pertenecen a todos los seres humanos; por ejemplo, enumera el jurista Marciano como tales, el aire, el agua corriente, el mar y los litorales.

— CONSUMIBLES E INCONSUMIBLES: las primeras son aquellas que se consumen por su primer y único uso; las segundas permiten ser usadas sin que se produzca su extinción.

— CORPORALES E INCORPORALES: las primeras son bienes perceptibles por los sentidos; las segundas son derechos que pueden ser apropiadas y trasmisibles; por ejemplo, un derecho de crédito.

— DIVISIBLES E INDIVISIBLES: las primeras son aquellas que pueden dividirse sin perder su función económico-social las partes resultantes; lo contrario las segundas.

— FUNGIBLES Y NO FUNGIBLES: aquellas sustituibles objetivamente por otras; lo contrario las segundas. Por ejemplo, el dinero.

— GENÉRICAS Y ESPECÍFICAS: las primeras son aquellas pertenecientes a un género, concebidas así en el seno de un determinado negocio jurídico. Las segundas se caracterizan por los rasgos que determinan la individualidad de cada una de ellas. Respecto de las primeras rige el principio romano *genus numquam perit* (el género nunca perece).

— MUEBLES E INMUEBLES: las primeras son aquellas que pueden ser trasladadas sin detrimento de un lugar a otro; lo contrario las segundas.

— PÚBLICAS Y PRIVADAS: en el derecho romano, las primeras son aquellas cosas pertenecientes al pueblo romano y las segundas a los particulares. Las públicas, destinadas a uso público, estaban fuera del comercio jurídico, no así los bienes patrimoniales del pueblo romano (*in pecunia populi*) que podían ser objeto de negocio jurídico.

— SIN DUEÑO (*RES NULLIUS*): cosas que no pertenecen a nadie.

55. COSTAS PROCESALES (vid. DERECHO PROCESAL): gastos ocasionados por un proceso judicial, cuyo pago determina el juez que corra a cargo de una de las partes, normalmente, de acuerdo con lo establecido por la ley.
56. COSTUMBRE (vid. FUENTES DEL DERECHO): en su acepción tradicional, prácticas reiteradas de una cierta comunidad con la convicción de su obligatoriedad. Es fuente del derecho y rige en defecto de ley, según el Código Civil español.
57. CUASICONTRATOS (vid. FUENTES DE LAS OBLIGACIONES): denominación creada en el derecho justinianeo a partir de determinadas figuras semejantes a ciertos contratos, pero sin que haya consentimiento previo entre las partes.
58. CUASIDELITOS (vid. FUENTES DE LAS OBLIGACIONES): denominación creada en el derecho justinianeo para englobar ciertos supuestos de responsabilidad por hechos ajenos, como el hecho de verter líquidos o arrojar sólidos desde una terraza, que hacen responsable al que habita en esa casa de los daños producidos. En otros casos, se trata de supuestos de negligencia, como en el caso del juez que hace suyo su litigio, es decir, que se retrasa en la emisión de la sentencia.
59. CUASIUSUFRUCTO (vid. USUFRUCTO): figura creada en el derecho romano para admitir la posibilidad de que el usufructo recayese sobre cosas consumibles, en especial, el dinero, mediante la oportuna garantía por parte del destinatario de mantener íntegra la sustancia al término del usufructo.
60. CUESTIÓN PREJUDICIAL (vid. ÓRGANO JURISDICCIONAL COMPETENTE; DERECHO COMUNITARIO): en el ámbito del derecho de la Unión Europea es un incidente procesal en el que un órgano jurisdiccional de un Estado miembro formula una pregunta al Tribunal de Justicia de la Unión Europea para resolver un asunto sustanciado en sede interna (*ex* DEJ).
61. CULPA, RESPONSABILIDAD POR (vid. INCUMPLIMIENTO DE LAS OBLIGACIONES): en el ámbito de las obligaciones, es un criterio de imputación de responsabilidad del deudor basado en la desviación de su conducta respecto de un modelo exigible que se aprecia judicialmente. En este sentido, es sinónimo de negligencia, imprudencia o impericia (esta última, en el ámbito profesional). En el derecho justinianeo, la culpa pasa a caracterizar el régimen de responsabilidad subjetiva que aún hoy rige en España, según el Código Civil español. En este sentido, culpa engloba tanto el dolo como la culpa en sentido estricto.
62. CURATELA; CURADOR (vid INCAPACIDAD DE LAS PERSONAS; DERECHO DE FAMILIA): figura creada en el derecho romano que se distinguía de la tutela en que la protección a determinados sujetos era meramente patrimonial. Así, por ejemplo, la otorgada al menor de edad, al concebido, al pródigo o al enajenado mental.
63. CUSTODIA, DEBER DE (vid. CONTRATOS; INCUMPLIMIENTO DE LAS OBLIGACIONES): en el derecho romano, constituía un tipo de responsabilidad objetiva por el que determinadas partes de un contrato asumían ciertos riesgos en el curso de la relación obligacional; así, por ejemplo, el co-

modatario respecto del hurto o determinados daños producidos en la cosa dada en comodato, con independencia de su diligencia en la conservación de la cosa.

64. DAÑO, RESARCIMIENTO DEL; DAÑO EMERGENTE (vid. INCUMPLIMIENTO DE LAS OBLIGACIONES): el daño es un perjuicio que se ocasiona a otro y que puede tener una naturaleza patrimonial o bien afectar a su estimación social. Cuando se trata de un daño injusto, quien lo ha producido está obligado a resarcirlo, esto es, a indemnizar a la parte perjudicada. En el ámbito de las obligaciones, el acreedor puede exigir una indemnización no solo correspondiente al valor venal o comercial de la cosa, sino también a los perjuicios producidos que tienen relación directa con el incumplimiento por parte del deudor. A estos últimos se les denomina «daños emergentes».

65. DEBER JURÍDICO: obligación exigida por el derecho.

— MORAL: obligación exigida por la moral.

66. DÉBITO (vid. OBLIGACIÓN, CONCEPTO DE): en el ámbito de las obligaciones, comportamiento exigible al deudor consistente en una prestación de dar, hacer o no hacer algo.

67. DECLARACIÓN DE FALLECIMIENTO (vid. EXTINCIÓN DE LA PERSONALIDAD; DERECHO DE PERSONAS): aquella por la que se establece la muerte presunta de la persona en el marco de un procedimiento de jurisdicción voluntaria en el que intervienen el Ministerio Fiscal (*ex* DEJ).

— DE INCAPACIDAD (vid. CAPACIDAD DE LAS PERSONAS; DERECHO DE PERSONAS): resolución judicial por la que se restringe la capacidad de obrar de una persona y se la somete a una institución de guardaduría.

— DE VOLUNTAD (vid. NEGOCIOS JURÍDICOS): manifestación del querer interno dirigida a la producción de efectos jurídicos.

68. DECRETO: en el derecho romano, orden de un magistrado para obtener un sujeto determinado comportamiento.

— DECRETOS LEYES: según la Constitución española (artículo 86), son disposiciones legislativas dictadas con carácter provisional por el Gobierno en circunstancias de extraordinaria y urgente necesidad, que no podrán afectar, sin embargo, a materias básicas que el propio artículo señala.

— DECRETOS LEGISLATIVOS (vid. LEY; FUENTES DEL DERECHO ESPAÑOL): según el artículo 85 de la Constitución española, son disposiciones del gobierno que contienen legislación delegada.

69. DEFECTOS O VICIOS OCULTOS DE LAS COSAS (vid. COMPRAVENTA): defectos graves y no aparentes de la cosa objeto de compraventa que pueden dar lugar al ejercicio de la acción redhibitoria por parte del comprador.

70. DELITO (vid. OBLIGACIONES DERIVADAS DE ACTOS ILÍCITOS): en el ámbito de las obligaciones en el derecho romano, es una fuente de las obligaciones consistente en un acto ilícito. En el derecho romano, el acto ilícito podía ser un hurto, daño injustamente causado, injurias o determinados daños y sustracciones violentas (*rapina*).

71. DEPÓSITO, CONTRATO DE: contrato, normalmente gratuito, por el que una parte se obliga a la custodia de una cosa mueble ajena que recibe y a devolverla cuando se la reclame la otra parte.
72. DERECHO
    - — CANÓNICO: rama jurídica que tiene por objeto el derecho y la organización de la Iglesia Católica (*ex* DEJ).
    - — CIVIL: derecho privado general que regulan las relaciones y situaciones jurídicas que pueden afectar a toda persona por el solo hecho de existir (Puig Brutau).
    - — COMÚN: el derecho de validez y aplicación general. En el derecho romano, el derecho común se identifica con el derecho de gentes. Se contrapone a derecho singular o derecho especial; también a derecho local y, en España, a derecho foral. En nuestro país, en el ámbito derecho civil, lo encarna el Código Civil español.
    - — COMUNITARIO: es el derecho europeo, ahora de la Unión Europea.
    - — CONSTITUCIONAL: derecho que se ocupa de la Constitución, norma suprema de un Estado.
    - — CONSUETUDINARIO: derecho basado en la costumbre.
    - — DE FAMILIA: derecho que se ocupa de la institución de la familia y de las relaciones jurídicas que la afectan.
    - — FORAL: el derecho civil especial de las comunidades forales en España.
    - — DE GENTES: según Gayo, el derecho común a todos los pueblos obtenido por la razón natural.
    - — DE PERSONAS: parte del derecho civil que se ocupa de la regulación relativa a la persona, tanto física como jurídica.
    - — HONORARIO O PRETORIO: en el derecho romano, el derecho surgido de la jurisdicción del pretor y de otros magistrados.
    - — INTERNACIONAL: se distingue entre público y privado. El primero es el relativo a las relaciones entre los sujetos de la sociedad internacional; característicamente, los Estados. El segundo se ocupa de las relaciones jurídicas entre particulares que presentan elementos pertenecientes a Estados diferentes.
    - — MERCANTIL: el derecho que tiene como objeto la regulación de los empresarios y de su actividad profesional.
    - — NATURAL: derecho surgido de la razón natural, que se adecúa a la naturaleza humana e inspirador del derecho positivo.
    - — OBJETIVO Y SUBJETIVO: conocida distinción, aunque no exenta de críticas, según la cual el derecho puede ser contemplado desde dos perspectivas: como conjunto normativo (objetivo) y como facultad o haz de facultades de una determinada persona (subjetivo).
    - — POSITIVO: el derecho vigente en un determinado momento y para una cierta comunidad política. Se contrapone derecho natural.
    - — PROCESAL: derecho relativo a los procesos judiciales (*ex* DRAE).

— PÚBLICO: derecho relativo a la organización política de un Estado de su relación con otros sujetos internacionales; PRIVADO: derecho relativo a los particulares y a las relaciones entre ellos. Según Ulpiano, la distinción entre ambos derechos no es radical y se basa en el predominio del interés público o privado respectivamente.

— SUCESORIO O HEREDITARIO: parte del derecho civil que se ocupa de la sucesión *mortis causa*, esto es, de la subrogación de un sujeto (causahabiente) en la posición jurídica de su causante fallecido.

73. DERECHOS

— ABSOLUTOS Y RELATIVOS: los primeros son oponibles a cualquier persona (*erga omnes*); los segundos, en principio, solo a la otra parte de una relación jurídica; por ejemplo, entre un acreedor y un deudor.

— DE GARANTÍA: son los que se dirigen a asegurar el cumplimiento de una obligación. Pueden ser reales (si recaen sobre cosas: *fiducia*, prenda, hipoteca) o personales (sobre el patrimonio de personas: fianza).

— DE LA PERSONALIDAD: derechos subjetivos relativos a la integridad de la persona tanto desde el punto de vista físico como espiritual.

— DE SANGRE (vid. COGNACIÓN; PARENTESCO): en virtud del derecho de sangre una persona puede obtener la nacionalidad que poseen sus progenitores con independencia de su lugar de nacimiento.

— DE USO Y DISFRUTE: derecho a utilizar una cosa según su régimen económico y adquirir sus frutos.

— HUMANOS: derechos del ser humano fundamentales e innatos.

— PATRIMONIALES Y NO PATRIMONIALES: se distinguen así los derechos que pueden entrar en el patrimonio de alguien y, por tanto, pueden ser enajenables, de los que no lo son (característicamente, los derechos de la personalidad).

— PERSONALES, DE OBLIGACIÓN O DE CRÉDITO: se trata de las obligaciones o relaciones obligacionales desde la perspectiva del acreedor, es decir, del titular del derecho de crédito. Su nombre deriva de las acciones *in personam* del derecho romano, que dan lugar asimismo a la denominación moderna de acciones personales.

— REALES: derechos que recaen sobre cosas y que tradicionalmente se definen, aunque de forma impropia, como relaciones inmediatas de su titular con la cosa oponibles a todos (*erga omnes*).

— SOBRE COSA AJENA: aquellos derechos reales que recaen sobre cosas pertenecientes a otros; por ejemplo, el usufructo.

74. DEROGACIÓN DE LAS LEYES: acto por el que se les deja sin vigencia a las leyes.

75. DESHEREDACIÓN (vid. DERECHO DE SUCESIONES): acto por el que se despoja a alguien de la condición de heredero forzoso por una causa prevista legalmente.

76. DEUDA, DEUDOR (vid. OBLIGACIONES): comportamiento debido por el deudor al acreedor. El deudor es el sujeto que debe algo al acreedor.

77. DILIGENCIA (Vid. NEGLIGENCIA; INCUMPLIMIENTO DE LAS OBLIGACIONES): cuidado que debe adoptar el deudor en el cumplimiento de su obligación.
78. DIRECTIVA (vid. DISPOSICIÓN COMUNITARIA; DERECHO COMUNITARIO): norma de la Unión Europea que establece los objetivos que deben alcanzar los Estados miembros, pero que deja a estos la facultad de arbitrar los medios para llegar a ellos.
79. DISPOSICIÓN (vid. NORMA JURÍDICA): medida o precepto normativo.
80. DISPOSITIVO, PRINCIPIO (vid. PRINCIPIOS DEL PROCESO; DERECHO PROCESAL): en virtud de él, en el ámbito del derecho procesal, son las partes, y no el juez, las que impulsan el proceso.
81. DIVISIÓN DE PODERES, PRINCIPIO DE (DERECHO CONSTITUCIONAL): principio constitucional basado en la célebre doctrina de Montesquieu que preconiza la separación del poder legislativo, del ejecutivo y del judicial, que deben atribuirse respectivamente a órganos diferentes.
82. DOCTRINA JURÍDICA: saber o ciencia de los expertos en derecho.
    — PANDECTÍSTICA DEL NEGOCIO JURÍDICO (vid. NEGOCIOS JURÍDICOS): saber o ciencia característica de los estudiosos alemanes de las Pandectas sobre la base de la Escuela Histórica de Savigny del siglo XIX.
83. DOGMÁTICA JURÍDICA: otro modo de denominar la jurisprudencia o ciencia del derecho.
84. DOLO (vid. VICIOS O DEFECTOS DE LA VOLUNTAD; NEGOCIOS JURÍDICOS): en el derecho romano, según el jurisconsulto Labeón, toda maquinación o falacia dirigida a engañar a otro. Para el jurista Servio era preciso que hubiera simulación.
85. DOMINIO (vid. PROPIEDAD): forma usual y técnica en derecho de denominar el derecho de propiedad.
86. DONACIÓN: en el derecho romano, es, por un lado, una justa causa de adquirir la propiedad a través de tradición basada en la liberalidad del que da la propiedad de la cosa donada; también, acaba configurándose como un negocio jurídico o modo de adquirir independiente que da lugar a que hoy aparezca en el Código Civil español como contrato entre dos partes, donante y donatario, de carácter lucrativo.
    — *MORTIS CAUSA* (vid. LEGADO): donación realizada por causa de muerte regida por la regla fundamental de que si el donante sobrevive al donatario, lo donado debe reintegrársele a él de nuevo.
87. DOTE (vid. MATRIMONIO): o patrimonio de la mujer casada, que se entregaba al marido por la mujer (o de parte de ella por otro) para contribuir al sostenimiento de las cargas matrimoniales, pero que debía devolvérsele a ella una vez extinguido el matrimonio.
88. EFECTO DIRECTO: en el derecho de la Unión Europea, principio básico consistente en que los particulares pueden alegar una norma europea para reclamar la tutela de sus derechos ante un tribunal nacional o europeo.
    — ÚTIL: según la doctrina del Tribunal de la Unión Europea, se trata de la efectividad real de una directiva, y, por tanto, de su susceptibilidad

de ser invocable por un particular, cuando un Estado miembro ha incumplido con su obligación de trasponerla o lo ha hecho de manera completa al derecho interno.

89. EJECUCIÓN DE LA SENTENCIA (vid. DERECHO PROCESAL): procedimiento judicial por el que se lleva a la práctica el contenido de la sentencia.

90. EMANCIPACIÓN (vid. CAPACIDAD DE OBRAR; DERECHO DE FAMILIA): en el derecho romano, liberación del hijo de familia respecto de la *patria potestas.*

91. EMBARGO (vid. EJECUCIÓN DE LA SENTENCIA; PROCEDIMIENTO EJECUTIVO; DERECHO PROCESAL): en el derecho romano, uno de los recursos extraordinarios de la jurisdicción pretoria consistente en la puesta en posesión de los bienes del embargado en manos de la otra parte para garantizar los eventuales derechos de esta última dilucidados en el procedimiento.

92. ENAJENACIÓN (vid. TRANSMISIÓN DE DERECHOS): despojamiento del derecho de propiedad en favor de otro.

93. ENFITEUSIS, DERECHO DE (vid. DERECHOS REALES): derecho real sobre cosa ajena procedente del derecho romano y consistente en un arrendamiento a largo plazo que dota de amplias facultades a su titular, el enfiteuta, y que tiene como finalidad asegurar el cultivo de las respectivas tierras.

94. ENRIQUECIMIENTO INJUSTO (vid. PAGO INDEBIDO; RETENCIÓN SIN CAUSA; FUENTES DE LAS OBLIGACIONES): principio general del derecho que surge de derecho romano y que se basa en la idea general de que nadie puede enriquecerse injustamente a costa de otro.

95. EQUIDAD (*AEQUITAS*): en el derecho romano, encarna la idea de justicia objetiva. También, en una segunda acepción, la idea de la benevolencia en la aplicación del derecho.

96. ERROR DE DERECHO: el que comete quien desconoce el derecho aplicable al asunto concreto o negocio jurídico que le afecta; - DE HECHO (vid. NEGOCIOS JURÍDICOS): representación mental falsa de una circunstancia de la realidad que induce a quien la sufre a la celebración de un negocio jurídico.

97. ESTADO: nación soberana e independiente con poder ejercido por sus propios órganos sobre un territorio determinado.

— AUTONÓMICO: es el establecido en España por la Constitución de 1978 según comunidades autónomas.

— DE BIENESTAR: modelo de Estado que tiene como finalidad la igualación de la renta y de las condiciones de vida de sus ciudadanos a través de prestaciones sociales.

— CIVIL: cualidad de la persona que determina su posición ante el derecho (Díez-Picazo y Gullón).

— DEMOCRÁTICO: Estado organizado según los principios propios de las democracias occidentales. En la Constitución española de 1978, España aparece como un Estado social y democrático de derecho.

- FEDERAL: Estado en el que las distintas competencias constitucionales se distribuyen entre un gobierno central y los Estados particulares que lo conforman (DRAE)
- SOCIAL: Estado que admite, en el marco de la economía capitalista, mayor intervencionismo estatal y una actividad planificadora. En la Constitución española de 1978 España aparece como un Estado social y democrático de derecho.

98. ESTIMACIÓN DEL LITIGIO (*LITIS AESTIMATIO*) (vid. DERECHO PROCESAL): en el derecho romano, la valoración pecuniaria del asunto litigioso con la finalidad de determinar la condena judicial.

99. ESTIPULACIÓN, CONTRATO: negocio creador de obligaciones, formal y oral romano, por el que el acreedor o estipulante formula una pregunta al promitente deudor sobre si este se obliga a una determinada cosa, seguida de la respuesta de este último, congruente con la pregunta formulada por el acreedor. También pasa a significar cada una de las cláusulas de un determinado contrato.

100. EVICCIÓN, RESPONSABILIDAD POR (vid. COMPRAVENTA): también denominada de saneamiento por evicción, consistente en la responsabilidad del vendedor ante el comprador por haber sido este último vencido juicio por el verdadero propietario o por el titular del derecho real sobre cosa ajena; o lo que es lo mismo, por haber incumplido el vendedor su obligación de garantizar al comprador la pacífica posesión de la cosa comprada.

101. EXCEPCIÓN (*EXCEPTIO*) (vid. DERECHO PROCESAL): en el derecho romano, remedio procesal que favorece al demandado consistente en alegar un hecho que, sin negar lo aducido por el demandante, paraliza su pretensión.

102. EXTINCIÓN DE ACCIONES: consunción de la posibilidad de ejercitar el remedio procesal típico del demandante. En el derecho romano, la *litis contestatio* produce ese efecto bajo el principio de *non bis in idem.*
    - DE DERECHOS: efecto consistente en el cese de su existencia.
    - DE LA PERSONALIDAD: cese de la persona física por muerte o declaración legal de fallecimiento. Si se habla de personalidad jurídica, se refiere a la extinción de la capacidad jurídica y puede también referirse a la extinción de una persona jurídica.
    - DE LAS OBLIGACIONES: cese de su existencia por las causas establecidas legalmente.

103. FACULTAD JURÍDICA (vid. DERECHO SUBJETIVO; CONCEPTO DE DERECHO): esfera de actuación atribuida por el derecho a su titular. Por ejemplo, la facultad de disponer de una cosa en el marco del derecho de propiedad.

104. FIANZA; FIADOR (vid GARANTÍA DE LAS OBLIGACIONES): la más típica garantía personal para asegurar el cumplimiento de una obligación. Se trata de un negocio jurídico por el que una persona, el fiador, se obliga a pagar o cumplir por un tercero, en el caso de no hacerlo este (v. art. 1822 del Código Civil español).

105. FICCIÓN JURÍDICA (*FICTIO IURIS*): en el derecho romano, instrumento jurídico por el que el derecho considera como producido un hecho o como no producido, al margen de lo sucedido realmente. A diferencia de la presunción *iuris et de iure* (que no admite prueba en contrario), la ficción no conecta con ninguna circunstancia cierta de la que se haga depender la solución jurídica adoptada.

106. FIDEICOMISOS (vid. LEGADOS): en cargos de confianza *mortis causa* realizados por una persona (fiduciante) a otra (fiduciario) para que esta última entregue o haga algo en favor de un tercero (fideicomisario).

107. FÓRMULA DE LAS ACCIONES (vid. PROCEDIMIENTO FORMULARIO; DERECHO PROCESAL): en el derecho romano, modelo de escrito redactado al final de la primera fase del procedimiento formulario en el que se reflejaban los términos del conflicto entre las partes siguiendo un esquema jurídico prefijado.

108. FRAUDE DE ACREEDORES: concepto originado en el derecho romano para calificar aquellos actos realizados por los deudores con respecto a su patrimonio con la intención de frustrar el derecho de los acreedores a cobrar sus créditos.; -DE LEY: concepto originado en el derecho romano y que el Código Civil español en su artículo 6.4 define como propio de «los actos realizados al amparo del texto de una norma que persigan un resultado prohibido por el ordenamiento jurídico, o contrario a él»; y añade que «no impedirán la debida aplicación de la norma que se hubiere tratado de eludir».

109. FRUTOS: los productos periódicos de una cosa matriz sin detrimento de esta. - CIVILES: los que produce una relación jurídica que tiene por objeto una determinada cosa; por ejemplo, las rentas del alquiler de una casa; - NATURALES (vid. COSAS; DERECHOS REALES): los que producen los seres vivos, animales o plantas.

110. FUENTES DEL DERECHO: hechos jurídicos productores de normas jurídicas. El artículo 1.1 del Código Civil español declara que las fuentes del ordenamiento jurídico español son la ley, la costumbre y los principios generales de derecho.

111. FUNDACIÓN (vid. PERSONAS JURÍDICAS): agrupación de bienes dotada de personalidad jurídica para el cumplimiento de un fin social sin ánimo de lucro.

112. GARANTÍA DE LAS OBLIGACIONES: instrumento jurídico para asegurar el cumplimiento de la obligación; - PERSONALES: es decir, a través del patrimonio de la persona; - REALES: mediante la constitución de un derecho real de garantía.

113. GASTOS

— DE ADORNO, EMBELLECIMIENTO O VOLUPTUARIOS: son los gastos superfluos.

— NECESARIOS O DE ORDINARIA CONSERVACIÓN: aquellos que precisa la cosa para su mantenimiento.

— ÚTILES O DE MEJORA: los que aumentan de valor la cosa.

114. GESTIÓN DE NEGOCIOS AJENOS (vid. FUENTES DE LAS OBLIGACIONES): tipo de cuasicontrato similar al mandato, pero sin previa existencia de encargo entre el gestor y el afectado por la gestión.

115. GRUPO DE PRESIÓN (vid. DERECHO CONSTITUCIONAL): conjunto de personas influyente en la sociedad para beneficio propio.

— GRUPO PARLAMENTARIO (vid. DERECHO PARLAMENTARIO; DERECHO CONSTITUCIONAL): conjunto de diputados o senadores que pueden constituirse así respectivamente en cada una de las Cámaras y que obtiene reconocimiento en ellas tanto desde el punto de vista organizativo como de funcionamiento.

116. HABITACIÓN, DERECHO DE (vid. DERECHOS REALES): derecho real sobre cosa ajena surgido en el derecho romano y que permite a su titular habitar una casa o una pieza de esta normalmente a título vitalicio.

117. HECHOS JURÍDICOS (vid. NEGOCIOS JURÍDICOS): en sentido amplio, aquellos fenómenos, acontecimientos o actuaciones humanas que producen efectos jurídicos. En sentido estricto, únicamente aquellos acontecimientos independientes de la voluntad humana productores de efectos jurídicos.

118. HEREDERO: el sucesor a título universal de una herencia / HERENCIA (vid. DERECHO SUCESORIO): punto de vista dinámico, es el propio fenómeno de sucesiones *mortis causa*; desde un punto de vista más estático, el caudal relicto o patrimonio dejado por el causante a su fallecimiento.

119. HIPOTECA (vid. GARANTÍA DE LAS OBLIGACIONES): derecho real de garantía sobre cosa ajena que no prevé desplazamiento de la posesión de manos del deudor al acreedor.

120. HURTO (vid. OBLIGACIONES DERIVADAS DE ACTOS ILÍCITOS): en el derecho romano, una figura de delito privado. De alcance más amplio que el delito de hurto actual, aunque diferenciado también del robo por la violencia que caracteriza a este último, abarcaba actos de «manejo» (*contrectatio*) doloso de una cosa ajena (sustracción), pero también de su uso o de la posesión de esa cosa. Así, por ejemplo, el comodatario que se excedía del uso de la cosa permitido por el comodante cometía «hurto de uso».

121. INCAPACIDAD: falta de capacidad de obrar plena por la presencia de alguna de las circunstancias que legalmente la restringen; INCAPACITACIÓN (vid. DECLARACIÓN DE): resolución judicial que declara el estado de incapacidad de alguien.

122. INEFICACIA DE LOS NEGOCIOS JURÍDICOS: falta de producción de efectos jurídicos de un negocio.

123. INICIATIVA LEGISLATIVA (vid. PROCEDIMIENTO LEGISLATIVO; DERECHO CONSTITUCIONAL): potestad para iniciar el procedimiento de elaboración de las leyes, que corresponde ordinariamente al Gobierno, al Congreso y al Senado (DEJ).

124. INQUISICIÓN, PRINCIPIO INQUISITIVO: principio presente en el procedimiento penal por el que el juez puede indagar la verdad de lo sucedido y re-

cabar las pruebas que estime necesarias, aunque no sean presentadas por las partes.

125. INSTITUCIONES COMUNITARIAS (vid. DERECHO COMUNITARIO): son los órganos decisorios europeos previstos por los tratados fundacionales de las anteriormente denominadas «Comunidades Europeas», inspirados en el principio de división de poderes.

126. INSOLVENCIA: estado de incumplimiento de las obligaciones por parte del deudor por falta de liquidez; INSOLVENTE (vid. INCUMPLIMIENTO DE LAS OBLIGACIONES): deudor que incurre en insolvencia.

127. *INTER VIVOS* (vid. ACTOS; NEGOCIOS JURÍDICOS): se dice del negocio en el que la muerte no opera como causa.

128. INTERPRETACIÓN DE LA VOLUNTAD (vid. NEGOCIOS JURÍDICOS): atribución de sentido de la intención de quien interviene en un negocio jurídico.

129. INTERPRETACIÓN DEL DERECHO (vid. DERECHO, CONCEPTO DE)

- ANALÓGICA: atribución de sentido basada en la similitud de una situación o caso ya resuelto con el que se advierte identidad de razón o criterio con respecto al caso aún no solucionado.
- AUTÉNTICA: surgida en el derecho romano justinianeo. Es la ofrecida por el propio legislador que ha elaborado la ley cuyo sentido desea indagarse.
- DOCTRINAL Y JUDICIAL: la ofrecida, en el primer caso, por los juristas por expertos en derecho y, en el segundo, por los jueces.
- EXTENSIVA Y RESTRICTIVA: la primera, la que amplía el campo semántico de determinado término o expresión utilizado por una ley para abarcar más supuestos que los contemplados por ella; la segunda, lo contrario, pues limita el campo semántico a su sentido más estricto.
- LÓGICA Y GRAMATICAL: la primera, la que atribuye el sentido racional que debe tener un texto conforme a criterios de razonamiento y argumentación jurídica. A veces puede confundirse con la interpretación «sistemática» que alude a la colocación del texto que se desea interpretar en el marco de la ley en el que se halla; y también a que la interpretación de un texto determinado debe hacerse no de manera aislada sino en el conjunto de la ley en la que se inserta. La segunda, la que se basa en el sentido literal de los términos utilizados legalmente.

130. INTESTADA/O (vid. SUCESIÓN): tipo de sucesión que parte de la inexistencia de testamento válido otorgado por el causante.

131. INTIMIDACIÓN (vid. VICIOS O DEFECTOS DE LA VOLUNTAD; NEGOCIOS JURÍDICOS): tipo de vicio del negocio jurídico, reconocido ya por el derecho romano y calificado como estado de «ofuscación mental» (*trepidatio mentis*), que el Código Civil español define en su artículo 1267 como «el temor racional y fundado de sufrir un mal inminente y grave en su persona o bienes, o en la persona o bienes de su cónyuge, descendientes o ascendientes».

132. INVENTARIO: registro contable del patrimonio de un sujeto. (vid. *BENEFICIUM INVENTARII* / BENEFICIO DE INVENTARIO: instrumento ju-

rídico creado en el derecho justinianeo que permite al heredero no pagar a los acreedores del causante por un importe superior al que los bienes de la herencia puedan alcanzar. Para ello es preciso realizar un inventario del caudal relicto. Se dice «beneficio» por la situación ventajosa que otorga a quien acepta la herencia en esas condiciones (ACEPTACIÓN DE LA HERENCIA; DERECHO SUCESORIO)

133. IRRETROACTIVIDAD DEL DERECHO, PRINCIPIO DE: en su virtud, una ley no puede tener efecto con respecto a hechos anteriores a su promulgación. La Constitución española, en su artículo 9.3, sanciona el principio de irretroactividad de las disposiciones sancionadoras no favorables o restrictivas de derechos individuales. Es un principio básico en el derecho penal.

134. *IURISPRUDENTIA* (vid. FUENTES DEL DERECHO ROMANO): es la ciencia del derecho. Ulpiano la define como el conocimiento de lo divino y de lo humano, la ciencia de lo justo y de lo injusto.

135. *IUS* (DERECHO) (vid. FUENTES DEL DERECHO ROMANO): es la denominación romana del derecho que, al ser casuístico, consiste primordialmente en soluciones justas dadas a casos por parte de los jurisprudentes. Se contrapone así a la *lex* o ley.

136. IUSNATURALISMO: doctrina filosófico-jurídica que, en su versión más común, defiende la existencia de un derecho, compuesto de preceptos inmutables de acuerdo con la naturaleza, que se halla por encima del derecho positivo y debe ser respetado por este último.

137. *IUSTA CAUSA* (vid. *TRADITIO* O ENTREGA; USUCAPIÓN): situación jurídica objetiva que fundamenta la adquisición de la propiedad en la *traditio* y en la usucapión.

138. JURISDICCIÓN (vid. DERECHO PROCESAL): función de administración de la justicia que se atribuye a los órganos legalmente establecidos.

139. JURISPRUDENCIA: ciencia del derecho. Por derivación posterior de esta última acepción, doctrina consolidada de tribunales, especialmente de los jerárquicamente superiores.

140. JUSTICIA

    - CONMUTATIVA: Según Aristóteles, es una especie de justicia particular que establece los tratos en las relaciones entre individuos. Puede referirse, a su vez, al intercambio de bienes en los tratos voluntarios o a la reparación o restitución de algo en los tratos involuntarios.
    - DISTRIBUTIVA: según Aristóteles, es una especie de justicia particular y de lo justo que se aplica en la distribución de honores, dinero o cualquier cosa compartida entre los miembros de una comunidad.
    - GENERAL O LEGAL: según Aristóteles, la orientada a la virtud total, la conformidad del comportamiento de un sujeto con respecto a la ley moral en su relación con los demás.
    - PARTICULAR: según Santo Tomás, siguiendo a Aristóteles, es una virtud moral, especie de la justicia general, que inclina a dar a cada uno lo suyo según una cierta igualdad y una razón perfecta de débito.

141. LEGADO (vid. DONACIÓN TESTAMENTARIA; TESTAMENTO): disposición testamentaria *mortis causa* de un bien o de una porción de bienes de la herencia hecha por el testador en beneficio de alguien.

142. LEGÍTIMA (vid. HERENCIA): porción de la herencia que, en principio, debe legalmente corresponder a ciertos herederos llamados forzosos.

143. LEGITIMACIÓN ACTIVA; -PASIVA (vid. ACCIONES; DERECHO PROCESAL): posibilidad de una persona para ser parte activa o pasiva en un proceso o procedimiento por su relación con el objeto litigioso (DRAE). Si es activa, se refiere al demandante; si es pasiva, al demandado.

144. LEY (vid. FUENTES DEL DERECHO ESPAÑOL): el jurisconsulto Gayo la define como «lo que el pueblo ordena y establece». En general, es, según el DRAE, el precepto dictado por la autoridad competente, en que se manda o prohíbe algo en consonancia con la justicia y para el bien de los gobernados. En el régimen constitucional, disposición votada por las Cortes y sancionada por el jefe del Estado.

— ETERNA: según el iusnaturalismo, la impuesta por Dios al mundo, al universo y a la sociedad orientada al bien.

— NATURAL: según el iusnaturalismo, la basada en la inclinación natural del hombre hacia el bien.

— POSITIVA: según el iusnaturalismo, la establecida por la comunidad política pero conformada a la ley natural.

145. LIBERTADES COMUNITARIAS / LIBRE CIRCULACIÓN (vid. DERECHO COMUNITARIO): se refiere a las libertades establecidas en el seno de la Unión Europea. Las cuatro fundamentales creadas por el Tratado de Roma de 1958 son las siguientes: libre circulación de mercancías, libre circulación de personas, libre prestación de servicios y libre circulación de capitales.

146. LITIGAR; LITIGIO (vid. PROCEDIMIENTO; DERECHO PROCESAL): pleitear; pleito.

147. LUCRO CESANTE (vid. INCUMPLIMIENTO DE LAS OBLIGACIONES): en materia de cuantificación de daños para su indemnización, el beneficio dejado de obtener a resultas del daño producido.

148. MALA FE (vid. NEGOCIOS JURÍDICOS; CONTRATOS): deslealtad contractual.

149. MANDATO, CONTRATO DE: contrato consensual en virtud del cual una persona, llamada mandante, encarga algo a otra, llamada mandatario, y esta última se obliga a realizarlo por cuenta de aquella.

150. MANIFESTACION DE VOLUNTAD (vid. NEGOCIOS JURÍDICOS): expresión del querer interno en materia de negocios jurídicos.

151. MAYORÍA DE EDAD (vid. CAPACIDAD DE LAS PERSONAS; DERECHO DE PERSONAS): en Roma, de 25 años, establecida para evitar engaños a los menores de edad, con todo, plenamente capaces de obrar. En el devenir de la propia historia del derecho romano hasta nuestros días, el menor de edad acaba siendo considerado incapaz o, más correctamente, con capacidad de obrar restringida.

152 MERCADO COMÚN / MERCADO ÚNICO (vid. DERECHO COMUNITARIO): se designa así al establecido por el tratado de Roma de 1958 para la liberalización del mercado entre los países miembros.

153. MÉTODO INTERGUBERNAMENTAL / MÉTODO COMUNITARIO (vid. DERECHO COMUNITARIO): según el DEJ, modo de obrar de una institución conforme a la negociación tradicional entre Gobiernos de Estados que defienden intereses propios de cada estado requiriendo la unanimidad o el consenso. – referencia al modo de revisión de los tratados basado en una negociación diplomática internacional y en la posterior ratificación por todos los Estados de conformidad con sus normas internacionales.

154. MINORÍA DE EDAD (vid. CAPACIDAD DE LAS PERSONAS; DERECHO DE PERSONAS): véase MAYORÍA DE EDAD.

155. MODO (vid. NEGOCIOS JURÍDICOS): elemento accidental del negocio jurídico consistente en una carga que, en los negocios de liberalidad, se impone a su destinatario y que, a diferencia de la condición, no suspende los efectos del negocio jurídico.

156. MODOS DE ADQUIRIR LA PROPIEDAD: - ORIGINARIOS; - DERIVATIVOS (vid. DERECHOS REALES): se trata de los negocios jurídicos típicos a través de los cuales se adquiere la propiedad de una cosa. Los originarios se caracterizan porque esta se produce sin necesidad de un titular o relación jurídica anterior; al contrario, en los derivativos.

157. MORA (vid. INCUMPLIMIENTO DE LAS OBLIGACIONES)

— *CREDITORIS* O DEL ACREEDOR; -*DEBITORIS* O DEL DEUDOR: modo de incumplimiento de las obligaciones que, en el caso del deudor, se caracteriza por un retraso culpable de su prestación líquida y aún exigible; en el caso del acreedor se trata de un rechazo injustificado del pago o cumplimiento por parte del deudor.

158. MORATORIA: prórroga en el plazo establecido para algo, especialmente el pago de una deuda o el cumplimiento de una obligación (DRAE).

159. *MORTIS CAUSA* (vid. ACTOS; NEGOCIOS JURÍDICOS; SUCESIÓN): se dice del negocio en que la muerte opera como causa.

160. MUTUO, CONTRATO DE: préstamo de consumo. Contrato real en virtud de la cual una parte, el prestamista o mutuante, da una cierta cantidad de cosas genéricas o fungibles a otra, llamada prestatario o mutuario, que se obliga a devolver a aquella otro tanto de la misma especie y calidad en el plazo convenido.

161. *NASCITURUS* (CONCEBIDO) (vid. PERSONAS FÍSICAS O NATURALES): es el concebido, aún no nacido.

162. NEGLIGENCIA (VID. INCUMPLIMIENTO DE LAS OBLIGACIONES): criterio de imputación de responsabilidad basado en la desviación de la conducta del deudor con respecto al modelo exigible.

163. NEGOCIOS JURÍDICOS (declaración de voluntad dirigida a la producción de efectos jurídicos); CLASES DE:

- ABSTRACTOS Y CAUSALES: en los primeros, la causa no emerge. Operan con independencia de ella; al contrario, en los segundos.
- PLURILATERALES, BILATERALES Y UNILATERALES: clasificación según el número de partes intervinientes.
- FORMALES Y NO FORMALES: en los primeros la forma es requisito de validez; en los segundos, no.
- GRATUITOS O LUCRATIVOS Y ONEROSOS: los primeros se caracterizan por ser negocios de liberalidad, esto es, que no exigen contraprestación de la otra parte (en los propiamente lucrativos, la adquisición del que recibe se hace definitiva); en los segundos, a la ventaja patrimonial que se recibe de la otra parte debe corresponderle una respectiva ventaja en favor de esta última.
- *INTER VIVOS* Y *MORTIS CAUSA*: cuando el negocio tiene por causa la muerte se dice *mortis causa*; en caso contrario, *inter vivos*.

164. NORMA; NORMA JURÍDICA (vid. DERECHO, CONCEPTO DE): precepto jurídico (DRAE).
165. NOVACIÓN (vid. EXTINCIÓN DE LAS OBLIGACIONES): modo de extinción de las obligaciones consistente en crear una nueva obligación a partir de otra ya existente, que se extingue.
166. NUDA PROPIEDAD; NUDO PROPIETARIO (vid. USUFRUCTO; DERECHOS REALES): literalmente, propiedad desnuda, propietario desnudo. Se refiere a la situación en que el derecho de propiedad queda despojado temporalmente de las facultades de uso o disfrute por concurrir en la cosa un derecho real sobre cosa ajena con esas facultades (característicamente, el usufructo).
167. NULIDAD (vid. ACTOS; NEGOCIOS JURÍDICOS): se dice del negocio afectado por un vicio esencial. Ni es válido ni produce efectos jurídicos desde el inicio.
    - *IPSO IURE* Y *OPE EXCEPTIONIS*: en el derecho romano, en el primer caso, la nulidad se produce de modo automático; en el segundo, es preciso que la parte perjudicada por el vicio oponga una excepción procesal a la otra parte invocando la invalidez.
168. OBLIGACIÓN (según las Instituciones de Justiniano, es un vínculo jurídico por el cual somos necesariamente compelidos a realizar algo conforme al derecho) / OBLIGACIONES, CLASES DE:
    - DIVISIBLES E INDIVISIBLES: las primeras son aquellas cuya prestación es divisible y las segundas, lo contrario: normalmente la consistente en un dar lo es y la consistente en un hacer no lo es, salvo que este hacer se haga divisible mediante el cómputo de unidades métricas o de tiempo.
    - GENÉRICAS Y ESPECÍFICAS: las primeras tienen que ver con prestaciones de cosas genéricas y las segundas, de cosas específicas.
    - PARCIARIAS, CUMULATIVAS Y SOLIDARIAS: las tres se inscriben en el ámbito de las obligaciones con pluralidad de sujetos, aunque en puri-

dad solo lo son las solidarias propiamente. En las primeras, la obligación se divide entre tantos sujetos como deudores haya. En las segundas, la obligación se multiplica por tantos sujetos como deudores haya. En las terceras, hay una sola obligación con diversos sujetos, deudores o acreedores, cuya satisfacción deberá realizarse de modo íntegro por el deudor elegido al correspondiente acreedor (de ahí el nombre de «solidarias»).

169. OCUPACIÓN (vid. MODOS DE ADQUIRIR LA PROPIEDAD; DRECHOS REALES): modo de adquirir originario consistente en la aprehensión de una *res nullius* o cosa de nadie con la intención de hacerla propia.

170. ONEROSO (vid. NEGOCIOS JURÍDICOS): véase NEGOCIOS JURÍDICOS.

171. ORDENAMIENTO JURÍDICO (vid. DERECHO): conjunto de normas y principios jurídicos que rigen en una sociedad (DRAE).

172. PACTOS; *PACTA SUNT SERVANDA* (vid. CONTRATOS): especie de convención que en el derecho romano clásico no solía dar lugar a una acción sino solo a una excepción. Posteriormente, sinónimo de contrato y convención, aunque se refiere en especial a las cláusulas o disposiciones de un contrato.

173. PAGO (vid. CUMPLIMIENTO DE LAS OBLIGACIONES): modo característico de extinguir las obligaciones mediante la realización del comportamiento exigido del deudor.

— INDEBIDO (vid. ENRIQUECIMIENTO INJUSTO; FUENTES DE LAS OBLIGACIONES): el realizado erróneamente por el deudor sin estar obligado a ello. Da lugar a una figura de cuasicontrato y provoca una típica situación de enriquecimiento injusto.

174. PANDECTÍSTICA (vid. DOCTRINA PANDECTÍSTICA DEL NEGOCIO JURÍDICO): en general, corriente doctrinal que estudia las Pandectas o Digesto de Justiniano. En especial, la doctrina alemana al respecto del siglo XIX.

175. PARENTESCO, GRADOS DE (vid. DERECHO DE FAMILIA; DERECHO SUCESORIO): los diferentes engendramientos con los que, desde el derecho romano, se computa el parentesco o tipo de proximidad entre dos sujetos pertenecientes a una misma familia.

176. PATRIA POTESTAD (*PATRIA POTESTAS)* (vid. DERECHO DE FAMILIA): en el derecho romano, poder del *paterfamilias* sobre los sujetos dependientes en el seno de la familia romana. Modernamente, según el DRAE, conjunto de deberes y derechos que conforme a la ley tienen los padres sobre sus hijos menores no emancipados.

177. PENA (*POENA*) (vid. OBLIGACIONES DERIVADAS DE ACTOS ILÍCITOS): en el derecho romano, es el objeto de la obligación derivada del delito.

178. PERMUTA, CONTRATO DE: trueque. Contrato innominado consistente de intercambio de una cosa por otra.

179. PERSONA (en el derecho romano, todo ser humano; hoy en día, todo ser por el mero hecho de serlo es persona y tiene capacidad jurídica); -FÍSICA O NATURAL: individuo de la especie humana (DRAE); -JURÍDICA: agrupa-

ción de personas o cosas a la que el derecho dota de capacidad jurídica. (vid. DERECHO DE PERSONAS):

180. PERSONALIDAD, DERECHOS DE LA: derechos subjetivos inherentes a la persona, en cuanto manifestaciones de la dignidad humana, irrenunciables, inalienables e imprescriptibles, que protegen frente a todos la integridad del ser humano en su vertiente física y espiritual (DEJ).

181. PLAZO (vid. TÉRMINO; NEGOCIOS JURÍDICOS): término señalado para realizar algo, o su vencimiento (DEJ). En el ámbito del negocio jurídico, periodo de tiempo señalado para la producción de efectos jurídicos.

182. PODER CONSTITUIDO (poder que la constitución ordena e instituye a través de su articulado, DEJ); - CONSTITUYENTE (poder de reforma constitucional); vid. DERECHO CONSTITUCIONAL; -EJECUTIVO (uno de los tres poderes del Estado, que tiene la potestad de ejecutar y hacer ejecutar las leyes, DRAE); - JUDICIAL (uno de los tres poderes del Estado, que ejerce la Administración de Justicia, DRAE); - LEGISLATIVO (uno de los tres poderes del Estado, en que reside la potestad de hacer y reformar las leyes, DRAE); vid. DIVISIÓN DE PODERES, PRINCIPIO DE)

183. POSESIÓN: control material de una cosa (o la tenencia de un derecho) con ánimo de tenerla para sí con exclusividad de terceros.

184 POSITIVISMO: sistema filosófico que admite únicamente el método experimental y rechaza toda noción *a priori* y todo concepto universal y absoluto (DRAE). En derecho, se opone a la concepción iusnaturalista del derecho al considerar como único objeto de estudio el derecho establecido por las leyes.

185. PRECARIO, CONCESIÓN EN; CONTRATO DE: en el derecho romano, contrato innominado por el que se concede a alguien (precarista), de manera gratuita y tolerada, la posesión y el uso o disfrute de una cosa con la obligación de restituirla en el momento en que se le reclame.

186. PRENDA (vid. GARANTÍA DE LAS OBLIGACIONES): derecho real sobre cosa ajena de garantía con desplazamiento de la posesión de la cosa en favor del acreedor.

187. PRESCRIPCIÓN DE ACCIONES (vid. ACCIONES; DERECHO PROCESAL): extinción de la eficacia jurídica de las acciones ocasionada por el transcurso de un tiempo sin ser ejercitadas que impide su posterior ejercicio (DEJ).

188. PRESTACIÓN (comportamiento exigido del deudor. El contenido de la obligación); - DE DAR (en el derecho romano, comportamiento del deudor consistente en hacer a alguien propietario o constituir a su favor un derecho real de cosa ajena; modernamente abarca también la entrega de la posesión); - DE HACER (en el derecho romano, comportamiento exigido del deudor consistente en un obrar, que no sea dar, conducente el resultado; modernamente, puede abarcar un servicio, mensurable por unidades de tiempo o de medida, sin alcanzar un resultado; vid. OBLIGACIÓN, CONCEPTO DE).

189. PRÉSTAMO, CONTRATO DE

— DE CONSUMO: vid. MUTUO.

— DE USO: vid. COMODATO.

190. PRESUNCIONES: *IURIS ET DE IURE / IURIS TANTUM* (vid. PROCEDIMIENTO; PRUEBA): la primera no admite prueba en contrario. La segunda, sí.

191. PRINCIPIOS GENERALES DEL DERECHO (vid. FUENTES DEL DERECHO): principios de derecho natural consistentes en un conjunto de verdades jurídicas establecidas universalmente por la recta razón (doctrina iusnaturalista) (DEJ). Conforme a una perspectiva más positivista, según el DEJ, valores deducidos de los propios procesos aplicativos de las normas positivas que contribuyen a orientar su aplicación ajustada a los ideales de justicia, a las convicciones sobre lo justo que mantiene la comunidad en cada momento, y que expresan los jueces y demás operadores jurídicos principales.

192. PROCEDIMIENTO; PROCESO (DERECHO PROCESAL; VID TAMBIÉN TEMA TRES: CONCEPTOS BÁSICOS DEL LENGUAJE JUDICIAL MODERNO): para Fenech, el procedimiento se refiere a la normativa aplicable a los actos procesales, y el proceso es la sucesión de actos que se dirigen a la obtención de un fin. Así, por ejemplo, el procedimiento civil recibe una determinada regulación normativa que es susceptible de ser aplicada a una multitud de procesos que se sustancian en los juzgados.

193. PROCURADOR (vid. REPRESENTACIÓN; NEGOCIOS JURÍDICOS): en el derecho romano, era quien administraba asuntos por cuenta y encargo de otro; entre ellos, se hizo usual que actuase por cuenta ajena en un proceso.

194. PROPIEDAD, DERECHO DE (vid. DERECHOS REALES): señoría más general sobre la cosa que, por lo general, reúne en acto las facultades de disponer, poseer, usar y disfrutar.

195. PRUEBA (vid. PROCEDIMIENTO; DERECHO PROCESAL): justificación de la verdad de los hechos controvertidos en un juicio, hecha por los medios que autorice y reconozca como eficaces la ley (DRAE).

196. PUPILO (vid. TUTELA; INCAPACIDAD DE LAS PERSONAS; DERECHO DE FAMILIA): en el derecho romano, persona sometida a la tutela por razón de su edad (impúber) o sexo (mujeres; esta última causa perdió sentido a través de la evolución histórica de la sociedad romana). Hoy en día, huérfano de menor edad, respecto de su tutor (DRAE).

197 RATIFICACIÓN (vid. NEGOCIOS JURÍDICOS): subsanación de la falta de autorización o representación o de la extralimitación de poder en que incurrió el representante al contratar (DEJ).

198. REFERENDUM (vid. DERECHO CONSTITUCIONAL): procedimiento por el que se someten al voto popular leyes o decisiones políticas con carácter decisorio o consultivo (DRAE).

199. REGLAS DE DERECHO *(REGULAE IURIS)* (vid. DERECHO, CONCEPTO DE; NORMA JURÍDICA): en el derecho romano, criterios generales de solución jurídica, a veces expresados mediante locuciones o máximas jurídicas, obtenido a partir de las soluciones dadas jurisprudencialmente a un grupo homogéneo de casos.

200. REGLAMENTO: norma jurídica general y con rango inferior a la ley, dictada por una autoridad administrativa (DRAE). También, norma emanada de los

órganos de la Unión Europea directamente aplicable en los estados miembros, sin necesidad de trasposición (DRAE).

201. REPRESENTACIÓN (vid. NEGOCIOS JURÍDICOS): en el ámbito de los negocios jurídicos, consiste en la sustitución en un negocio de una persona, llamada representado, por otra, llamada representante, que actúa en nombre y por cuenta de aquel.

202. RESARCIMIENTO DEL DAÑO (vid. RESPONSABILIDAD; INCUMPLIMIENTO DE LAS OBLIGACIONES): indemnización del perjuicio ocasionado injustamente.

203. RESCISIÓN (vid. ACCIÓN RESCISORIA: CONTRATOS): en el derecho romano (noción que llega hasta nuestros días), remedio procesal extraordinario y subsidiario, ejercitable en los supuestos contemplados por el derecho, que consiste en dejar sin efecto un acto jurídicamente válido que produce una lesión injusta en la parte que lo invoca.

204. RESERVA DE LEY (vid. DERECHO CONSTITUCIONAL; LEYES ORGÁNICAS): mandato constitucional en virtud del cual ciertas materias deben ser reguladas solamente por la ley, excluyendo normas de rango inferior (DRAE).

205. RESPONSABILIDAD (vid. OBLIGACIÓN, CONCEPTO DE): capacidad existente en todo sujeto activo de derecho para reconocer y aceptar las consecuencias de un hecho realizado libremente (DRAE).

- AQUILIANA O EXTRACONTRACTUAL: la derivada de una fuente distinta del contrato. Desde el derecho romano se denomina así en recuerdo de la *lex Aquilia* (s. III a. C.), que reguló los daños injustamente causados, y de la reflexión de la jurisprudencia romana a propósito de los daños en virtud de esa ley. V. art. 1902 del CC.
- CIVIL: responsabilidad no punible, que es regulada por el derecho privado o por el derecho administrativo (DEJ).
- CONTRACTUAL: la derivada del incumplimiento de un contrato.
- PENAL: consecuencia jurídica derivada de la comisión de un hecho tipificado en una ley penal por un sujeto imputable, y siempre que dicho hecho sea contrario al orden jurídico, es decir, sea antijurídico, además de punible (DEJ).

206. RETENCIÓN SIN CAUSA (vid. ENRIQUECIMIENTO INJUSTO; FUENTES DE LAS OBLIGACIONES): es la situación que se produce por efecto de un enriquecimiento sin causa que hace surgir la obligación de devolver aquello en que se haya enriquecido injustamente.

207. RETROACTIVIDAD DEL DERECHO (vid. IRRETROACTIVIDAD, PRINCIPIO DE): lo contrario de irretroactividad; véase IRRETROACTIVIDAD.

208. REVOCACIÓN DE ACTOS O NEGOCIOS JURÍDICOS: acto jurídico que deja sin efecto otro anterior por la voluntad del otorgante (DRAE).

209. SECUESTRO / DEPÓSITO, CONTRATO DE: en el derecho romano, tipo especial de depósito por el que las partes que litigan entre sí o apuestan algo ponen en manos de un tercero, secuestratario, la cosa litigiosa u objeto de apuesta, que deberá ser devuelta al vencedor del litigio o de la apuesta. Más

tarde y hasta nuestros días, se denomina así, según el DRAE, al depósito judicial por embargo de bienes, o como medida de aseguramiento en cuanto a los bienes litigiosos.

210. SENTENCIA (vid. PROCEDIMIENTO; DERECHO PROCESAL): desde el derecho romano, se denomina así al parecer del juez que resuelve un litigio y que, a diferencia de un mero dictamen, posee valor de cosa juzgada y fuerza ejecutiva.

211. SERVIDUMBRE, DERECHO DE (vid. DERECHOS REALES): derecho real consistente en el gravamen impuesto sobre un predio en beneficio de otro perteneciente a distinto dueño (DEJ).

212. SINALAGMÁTICOS (vid. CONTRATOS): bilateral perfecto, que genera obligaciones recíprocas para las partes.

213. SISTEMAS ELECTORALES (vid. DERECHO CONSTITUCIONAL): conjunto de elementos de una normativa electoral que tienen una incidencia directa en la mediación entre votos y escaños (circunscripción electoral, la fórmula electoral, la previsión o no de barrera electoral y la forma de expresión del voto) (DEJ).

214. SOCIEDAD, CONTRATO DE: contrato consensual en virtud del cual las partes, llamadas socios, se obligan a poner en común su trabajo o su capital para la consecución de un fin común y lícito.

215. SOLVENCIA, SOLVENTE (vid. CUMPLIMIENTO DE LAS OBLIGACIONES): capacidad para satisfacer las deudas (DRAE); sujeto capaz de satisfacerlas.

216. SUCESIÓN (desde el derecho romano, subrogación, a menudo *mortis causa*, del causahabiente en la posición del causante; vid. DERECHO SUCESORIO)

— LEGÍTIMA: la legal o *ab intestato*.

— INTESTADA O *AB INTESTATO*: la legal, que procede en defecto de testamento válido.

— TESTADA: la testamentaria.

— PARTICULAR, A TÍTULO: a partir del derecho postclásico romano, se denomina así a la que no procede a título universal (característicamente, a través de legado). Pasa al Código Civil español.

— UNIVERSAL, A TÍTULO: la única reconocida en el derecho clásico romano; aquella en que el causahabiente es heredero o *bonorum possessor*, es decir, se subroga en la entera posición jurídica del causante.

217. SUFRAGIO, DERECHO DE: derecho al voto. Puede ser activo (derecho a participar en unas elecciones) o pasivo (derecho a optar a la elección como cargo público) (*ex* DRAE).

218. SUPERFICIE, DERECHO DE (vid. DERECHOS REALES): derecho real sobre cosa ajena, eficaz frente a todos, creado por el derecho romano y consistente en un arrendamiento a largo plazo que otorgaba a su titular, superficiario, amplias facultades sobre lo edificado en suelo ajeno.

219. TÉRMINO (*DIES*) (vid. NEGOCIOS JURÍDICOS): véase PLAZO.

220. TESTADOR (quien otorga testamento); TESTAMENTO (vid. DERECHO SUCESORIO): negocio jurídico complejo, creado por el derecho romano, *mortis causa*, de carácter unilateral, personalísimo, solemne y esencialmente revocable, que tenía como finalidad el nombramiento de uno o varios herederos, además de otras diversas disposiciones acerca de lo que el testador deseaba que se hiciera para después de su muerte.

221. TESTIGOS (vid. PRUEBA; PROCEDIMIENTO; DERECHO PROCESAL): persona que da testimonio de algo (DRAE).

222. TITULARIDAD DE DERECHOS; (vid. CAPACIDAD JURÍDICA; DERECHO DE PERSONAS): aptitud para ser sujeto de derechos.

223. TÍTULO: en el derecho romano, justa causa de la *traditio* y de la *usucapio*. A partir de la *traditio per chartam* del derecho romano, se designa hoy también, según DRAE, el documento que refleja la existencia de un título de propiedad u otro derecho real.

224. *TRADITIO* O ENTREGA (vid. MODOS DE ADQUISICIÓN DE LA PROPIEDAD; POSESIÓN; DERECHOS REALES): en el derecho romano, acto de entrega de la posesión de una *res nec mancipi* por parte de quien tiene poder de disposición sobre ella, a favor de otro y basado en una justa causa.

225. TRANSMISIÓN

— DE ACCIONES: cesión a otro del poder de demandar a alguien. (Véase CESIÓN)

— DE DERECHOS: cesión a otro de la titularidad acerca de esas posibilidades de actuación jurídica. (Véase CESIÓN).

— DE LA HERENCIA: cesión del caudal relicto a otro. Una vez adquirida *mortis causa* puede cederse a través de compraventa.

— DE LA PROPIEDAD: acto por el que se constituye a otro como propietario de una cosa.

— DE LA POSESIÓN: cesión a otro de ella. En materia de usucapión, el tiempo de posesión del transmitente puede añadirse al del adquirente para que le compute a este último de modo ininterrumpido.

226. TRANSPOSICIÓN (vid. DIRECTIVA; DERECHO COMUNITARIO): en el ámbito del derecho internacional privado, reconocimiento de una institución jurídica extranjera, desconocida en el foro, a través del establecimiento de una equivalencia funcional con una institución existente en el sistema jurídico del foro (DEJ). En el ámbito del derecho de la Unión Europea, adaptación de las normas legislativas, reglamentarias y administrativas internas, según los casos, por las autoridades del Estado miembro para alcanzar los resultados establecidos en una directiva (DEJ).

227. TUTELA; TUTOR (vid. INCAPACIDAD DE LAS PERSONAS; DERECHO DE FAMILIA): figura creada por el derecho romano que consiste modernamente, según DRAE, en la autoridad que, en defecto de la paterna o materna, se confiere para cuidar de la persona en los bienes de aquel que, por minoría de edad o por otra causa, no tiene completa capacidad civil.

228. ÚLTIMA VOLUNTAD, DISPOSICIONES DE (vid. ACTOS *MORTIS CAUSA;* DERECHO SUCESORIO): las denominadas de *mortis causa*.

229. UNIÓN ECONÓMICA Y MONETARIA (vid. DERECHO COMUNITARIO): comunidad política y administrativa de derecho de la Unión Europea que tiene al euro como moneda única y se organiza bajo ciertas reglas comunes en materia presupuestaria (DEJ).

230. UNIÓN EUROPEA (vid. DERECHO COMUNITARIO): organización internacional de integración, basada en la doble legitimidad democrática e intergubernamental, y constituida por los Estados miembros de las Comunidades Europeas a las que ha sustituido y sucedido desde la entrada en vigor del Tratado de reforma de Lisboa (1 de diciembre de 2009) (DEJ).

231. USO, DERECHO DE (DERECHOS REALES): derecho real sobre cosa ajena que faculta a su titular, llamado usuario, al aprovechamiento de la cosa según su régimen económico.

232. USUCAPIÓN (vid. MODOS DE ADQUIRIR LA PROPIEDAD; DERECHOS REALES): modo de adquirir creado por el derecho romano y consistente en la posesión continuada durante un cierto tiempo de una cosa ajena conforme a ciertos requisitos establecidos jurídicamente.

233. USUFRUCTO, DERECHO DE (DERECHOS REALES): según el derecho romano, es un derecho real sobre cosa ajena que consiste en el derecho a usar y disfrutar de una cosa ajena manteniendo íntegra su sustancia.

234 *VACATIO LEGIS*: periodo fijado para la entrada en vigor de una ley a partir de su publicación.

235. VICIOS O DEFECTOS DE LAS COSAS (vid. COMPRAVENTA; CONTRATOS): aquellos que hacen no idóneo el objeto para el comprador, normalmente por haberle pasado desapercibidos al momento de la celebración del contrato (vicios ocultos). Se habla por extensión algo anómala de otro tipo de vicios, llamados jurídicos, que se refieren a la evicción (véase EVICCIÓN).

— DE LA VOLUNTAD (vid. NEGOCIOS JURÍDICOS): los defectos que afectan a la formación interna del consentimiento, que desde el derecho romano son el error, la violencia e intimidación y el dolo.

236. VIOLENCIA (*VIS*) (vid. VICIOS O DEFECTOS DE LA VOLUNTAD; NEGOCIOS JURÍDICOS): Vicio del consentimiento que en el derecho romano clásico acabó desapareciendo y siendo sustituido por la intimidación (*metus*), pero que en el derecho justinianeo reapareció para llegar hasta nuestros días como sinónimo de «fuerza desmedida o atroz» que anula por completo la voluntad.

237. VOLUNTAD (vid. NEGOCIOS JURÍDICO): querer interno del sujeto interviniente como parte en un negocio jurídico.

EXPRESIONES LATINAS USUALES[3]

Introducción:

Las expresiones de latinas de uso forense, en primer lugar, y las de uso editorial o las propias de la argumentación y de la lógica en general siguen siendo hoy muy útiles, sobre todo en el panorama actual de unificación de patrones culturales, y en especial, del derecho en el mundo. El latín es lengua universal y posee un indiscutible marchamo de distinción y elegancia intelectual, así como de precisión técnica obtenida a lo largo desde los siglos desde Roma.

Su cultivo debe fomentarse, pues, en las Universidades, también con el fin de la promoción profesional de nuestros estudiantes. No es ocasional el ingreso de estos en tal o cual despacho o bufete jurídico por poseer ese plus cultural y jurídico que otros no pueden exhibir. O bien, en el diálogo entre despachos de países y lenguas diferentes, el dominio de las ideas y soluciones jurídicas a través del latín puede ayudar a una comprensión más cabal del asunto de que se trate. Podemos constatarlo según nuestra modesta experiencia. Abandonar su estudio en pos de lo supuestamente moderno, es, lisa y llanamente, una necedad.

Presentamos aquí una sencilla, pero indispensable, antología de ellas.

Ab absurdo	De manera absurda
Aberratio ictus	Golpe erróneo (usado en derecho penal)
Ab irato	Acaloradamente
Ab initio	Desde el principio
Ab intestato	Sin testamento o sin testar
Absente reo	Ausente el reo
***Abusus non tollit* úsum**	El abuso no quita el uso
Accésit	Segundo premio (lit. «llegó» hasta el final de la prueba)
Ad absúrdum	A lo absurdo (tipo de razonamiento)
Ad arbítrium	A juicio de uno
Ad calendas graecas	Para nunca jamás
Ad cautélam	Por cautela

[3] Se indican tildes para la correcta pronunciación de determinados términos. No deben escribirse. Solo cuando la expresión está en letra redonda, que indica su aceptación en nuestra lengua, pueden aparecer preceptivas tildes.

Para la comprensión del contexto jurídico de cada locución, v. Blanch Nougués, Juan M. *Locuciones latinas y razonamiento jurídico. Una revisión a la luz del derecho romano y del derecho actual.* Madrid: Dykinson, 2017.

Ad gústum	A gusto
Ad hoc	Por esto, para esto
Ad hóminem	Para el hombre o Al hombre (tipo de razonamiento)
Adhuc sub iúdice lis est	El litigio está aún ante el juez
Álibi	En otro lugar
Ad líbitum	A elección
Ad lítteram (Ad pedem lítterae)	Al pie de la letra
Ad nútum	A voluntad
Ad pómpam vel ostentatiónem	Para pompa o exhibición
Ad probatiónem	A efectos de prueba
Ad pédem lítterae	Al pie de la letra
Ad quem	Instancia judicial ante la que se interpone recurso contra una sentencia de un juez inferior (v. *A quo*)
Ad solemnitátem	Para solemnidad (alusiva a la forma exigida para la validez de un acto)
A fortiori	Con mayor razón
A látere	De al lado, legado pontificio. Adlátere, subordinado
Alieni iuris	Dependiente de quien tiene potestad familiar sobre él
A límine	Desde el umbral (alusivo al rechazo de una demanda con carácter previo)
Alma máter	Madre nutricia
Álter ego	Otro yo
Ánimus contrahendi	Voluntad de contratar
Ánimus nocendi	Intención de dañar
A non dómino	De quien no es dueño (se dice de las transmisiones patrimoniales)
A nuce	Desde la nuez o núcleo
A posteriori	De lo posterior (tipo de razonamiento)
A priori	De lo anterior (tipo de razonamiento)
A prorrata	Proporcionalmente
Apud acta	En el expediente, en el registro (se dice, por ejemplo, de una declaración jurídica)

A quó	Desde el cual (instancia judicial desde la que se recurre, apelando contra ella, a otra superior)
A rádice	Desde la raíz
Arbitrio boni viri	A juicio de un hombre recto
A sensu contrario	A partir del sentido contrario (tipo de razonamiento)
A símili ad símilem	A partir de lo igual hacia lo igual (tipo de razonamiento)
Auctoritatis interpositio	Interposición de la autoridad (del tutor)
Audiátur et **áltera** ***pars***	Óigase también a la otra parte
Bona fide	De buena fe
Bónum et aéquum	Lo bueno y lo justo
Casus belli	Motivo de conflicto
Casus fortuitus	Caso fortuito
Causa cógnita	Examinado el asunto (litigioso)
Cáveat **émptor**	Que el comprador tenga cuidado
Cédant arma tógae	Cedan las armas a la toga (al derecho)
Communis opinio	La doctrina común (sobre una cuestión jurídica determinada)
Condicio iuris	Condición de derecho, requisito de validez de un negocio jurídico que forma parte de la propia naturaleza de este
Consílium fraudis	Intención fraudulenta
Contra bonos mores	Contra las buenas costumbres
Contradictio in términis	Contradicción entre los propios términos o palabras
Contra légem	Contra la ley
Contra natúram	Contra la naturaleza
Córam pópulo	Ante el pueblo
Córpore insepulto	Antes de enterrar el cuerpo
Corpus delicti	El cuerpo del delito
Cum laude	Con elogio
Currículum vítae	Carrera de la vida (méritos de una persona)
Dámnum emergens	Daño emergente u ocasionado

De cuius	El «de cuyo» o causante de la herencia, de quien se hereda (abreviación de '*is de cuius re agitur*': aquel de cuyo patrimonio se trata)
De facto	De hecho
Déficit	Lo que falta
De lege ferenda	Acerca de una ley futura
De lege lata	Acerca de una ley ya existente y vigente
Delírium tremens	locura temblorosa
De plano	De forma expedita (tipo de resolución jurisdiccional v. Pro tribunali)
Dies ad quem	Término final
Dies a quo	Término inicial
Dies festus	Día festivo
Dixi	He dicho
Do ut des	Doy para que des
Do ut facias	Doy para que hagas
Dóminus negotii	Representado, sobre quien van a recaer los efectos de un negocio
Dura lex, sed lex	Dura es la ley, pero es la ley
Eódem (Eod.)	Allí mismo
Erga omnes	Frente a todos
Ergo,	En consecuencia
Et alii	Y otros
Et caetera (= etc.)	Y el resto
Ex aequo	Con igual mérito
Ex cátedra (*ex cathedra*)	Desde la cátedra
Exceptio inadimpleti contractus	Excepción de contrato incumplido
Exempli gratia (e. g.)	Por ejemplo
***Ex libris* (exlibris)**	De los libros (alusivo a que un libro forma parte de la biblioteca de la que uno es dueño)
Ex nunc	Desde ahora (momento actual de producción de efectos jurídicos de un acto)
Ex officio	Conforme al cargo
Ex post factum	Con posterioridad al hecho
Ex profeso / exprofeso	Adrede

Ex tunc	Desde entonces (momento anterior de producción de efectos jurídicos de un acto)
Exempli gratia (e. g.)	Por ejemplo
Expressis verbis	Expresamente
Favor debitoris	A favor del deudor
Fórum	Foro
Fórum delicti	Competencia en razón del lugar donde se cometió el delito
Fórum domicilii	Competencia en razón del domicilio
Fórum prorrogátum	Competencia en razón de lo acordado por las partes
Fórum rei sítae	Competencia en razón del lugar donde se encuentra la cosa
Fórum solutionis	Competencia en razón del lugar de pago
Fumus boni iuris	Apariencia de buen derecho
Génera non péreunt (= genus númquam perit)	El género nunca perece
Grosso modo	De modo grosero (A rasgos generales)
Hábeas corpus	Que tengas el cuerpo (derecho a ser oído del detenido).
Honoris causa	Por causa de honor, honoríficamente
Ibidem (ibid.)	Allí mismo
Idem	El mismo, lo mismo (en citas bibliográficas para no repetir el nombre de autor ya citado. Abreviatura: *id.*)
Ídem	Lo mismo (para evitar la repetición de una palabra o frase ya citada o como determinante sustantivado: «un ídem»). Ídem de ídem.
Id est (i.e.)	Esto es, es decir
Impossibilium nulla obligatio est	Es nula la obligación de cosas imposibles
In abstracto	En abstracto
Incontinenti	Al instante
In dubio pro reo	En caso de duda resuélvase a favor del reo
In extenso	Por extenso, ampliamente
In extremis	En los últimos instantes
In fieri	Formándose, en proceso de formación

In flagranti delicto	Con las manos en la masa (sorprendido en flagrante delito)
In génere	Generalmente
In itínere	De camino
In medias res	En medio de las cosas
In memoriam	En memoria de alguien (ya fallecido)
In péctore	En el pecho, de forma reservada
In situ	En el sitio
In solidum	Por entero
Interpósita persona	por persona interpuesta
Inter vivos	Entre vivos
Intúitu persónae	En contemplación de una persona (personalísimo)
In utroque iure	En ambos derechos (civil y canónico)
In veritate libertas	En la verdad, la libertad
In vitro	En el vidrio (fecundación artificial)
Ipso facto	Por el hecho mismo. En el acto
Ipso iure	Por efecto del mismo derecho
Item	También, asimismo, ítem más, otrosí
Iura novit curia	El tribunal conoce el derecho
Iuris tantum	De derecho solo (presunción). Admite prueba en contrario
Iuris et de iure	De derecho y por derecho (presunción de efectos jurídicos plenos). No admite prueba en contra
Ius cogens	Derecho imperativo
Ius sánguinis	Derecho de sangre (nacionalidad)
Ius soli	Derecho del suelo (nacionalidad)
Lapsus cálami	Error de pluma (al escribir)
Lapsus línguae	Error de lenguaje (al hablar)
Lato sensu	En sentido amplio
Lex artis	Reglas del oficio
Loco citato (loc. cit.)	En el lugar citado
Lucrum cessans	Lucro cesante (dejado de obtener)
Mala fides	Mala fe

Manu militari	Por la fuerza de las armas
Mens legis	Propósito de la ley
Mens legislatoris	Propósito del legislador
Modus vivendi	Modo de vivir
Modus operandi	Modo de actuar, procedimiento
Mores maiorum	Costumbres de los antepasados
More uxorio	Dicho de la convivencia estable o al modo matrimonial
Mortis causa	Por causa de muerte
Motu proprio	De propio impulso
Mutatis mutandis	Cambiando lo que haya que cambiar
Nasciturus	El que va a nacer, concebido
Nec vi nec clam nec precario	Ni con violencia, ni clandestinamente ni en precario
Nihil obstat (n. o.)	Nada obsta (autorización eclesiástica a la publicación de un escrito)
Non bis in idem	No dos veces sobre un mismo asunto (no cabe resolver judicialmente por segunda vez un asunto ya enjuiciado)
Nota bene (n.b.)	Fíjate bien
Nullum crimen, nulla poena sine lege	No hay delito ni pena sin ley previa
Númerus clausus	Número limitado
Óbiter dicta	Cosas dichas incidentalmente
Onus probandi	Carga de la prueba
Ópere citato (op. cit.)	Obra citada. En la obra citada
Pacta sunt servanda	Los pactos deben cumplirse
Paterfamilias	Jefe de familia
Pássim	Por todas partes
Peccata minuta	Faltas leves
Pendente condicione	Estando la condición pendiente de cumplirse
Pendente lite	Estando pendiente el litigio
Per áccidens	accidentalmente
Per cápita	Por cabeza

Perpetuatio obligationis	Perpetuación de la obligación (por mora del deudor, aun después de perecimiento de la cosa)
Per se	Por sí
Persona non grata	Persona no grata
Placet	Se aprueba o autoriza *Plácet* se admite
Pluris petitio	Petición excesiva
Postdata, posdata *(p. d.)*	Después de las cosas dadas (añadido después de la firma a una carta)
Post mórtem	Después de la muerte
Post scríptum (p. scr.)	Después de lo escrito (añadido después de la firma a una carta)
Praeter légem	Al margen de la ley, en defecto de ley
Prétium doloris	Precio del dolor (indemnización a la víctima de un accidente)
Prima facie	A primera vista
Prior tempore, potior iure	Primero en el tiempo, preferente en el derecho
Probatio diabólica	Prueba del diablo (alusiva a la dificultad del propietario para demostrar su dominio cuando reclama la posesión)
Pro domo (sua)	A favor de su casa (de sus propios intereses)
Pro forma	Por la forma, formal
Pro indiviso	Sin dividir
Própter rem	Por razón de la cosa
Pro tribunali	Ante el estrado (tribunal; tipo de resolución jurisdiccional realizada según ciertas formas v. de plano)
Quaestio facti	Cuestión de hecho
Quaestio iuris	Cuestión de derecho
Quid	Punto clave
Quid pro quó	Una cosa por otra
Quorum	Número de asistentes necesario para que una votación sea válida
Quota litis	Porción del montante de un litigio
Ratio decidendi	Criterio o fundamento decisorio (de una cuestión)

Ratio iuris	Criterio o fundamento jurídico (de una decisión, norma...)
Rebus sic stántibus	Mientras las cosas estén como ahora
Reductio ad absurdum	Reducción al absurdo
Reformatio in melius	Reforma a mejor
Reformatio in peius	Reforma a peor
Res derelicta	Cosa abandonada
Res iudicata pro veritate habetur	Cosa juzgada se tiene por verdad
Res nullíus	Cosa de nadie
Restitutio in íntegrum	Restitución por entero, rescisión
Salva rerum substantia	Manteniendo íntegra la sustancia
Scílicet (scil. o s. c.)	A saber, es decir
Sic	Así. Usada entre paréntesis en textos para indicar que algo aparece en ellos redactado de forma incorrecta o inexacta
Sine die	Sin fijar fecha
Sine quá non	(Una condición) sin la cual, no (se da el resultado)
Soluti retentio	Retención de lo pagado
Solve et repete	Paga y reclama la devolución
Státu quó	La situación o estado de cosas (lit. "en el estado en que")
Stricto sensu	En sentido estricto
Sub iúdice	Pendiente de decisión por el juez
Sui géneris	Especial (lit. "de su género")
Sui iuris	De derecho suyo o propio, independiente de una potestad superior
Súmmum ius, summa iniuria	El derecho llevado hasta sus últimos extremos es injusticia máxima
Súum cúique tribúere	Dar a cada uno lo suyo
Ultimátum	Último plazo
Urbi et orbi	A todo el mundo (lit. "a la ciudad y al orbe"). Bendición papal
Usus fori	Prácticas del foro (de los tribunales)
Usus térrae	Usos de la tierra (locales)
Ut infra	Como abajo

Ut supra	Como arriba
Velis nolis	Lo quieras o no
Verbi gratia (v. g.)	Verbigracia, por ejemplo
Vox pópuli	Voz del pueblo

ABREVIATURAS Y SIGLAS

Introducción a las abreviaturas y a las siglas

Ambas son muy importantes en derecho. Aunque son abreviaciones típicas de palabras o expresiones utilizadas a menudo en el lenguaje jurídico (y en el relativo a la edición de obras; esenciales algunas para la redacción de trabajos universitarios), las siglas, a diferencia de las abreviaturas, se forman con las letras iniciales de una expresión compleja (frecuentemente una ley o un órgano u organismo jurídico de nombre prolijo, cuya frecuencia constante en un texto lo haría farragoso). Las abreviaturas pueden ser formadas también con las letras iniciales de un término o de una expresión, pero a menudo lo son con una selección típica de letras, más breve por tanto que el modelo de referencia, con la que se identifican aquellos.

A pesar de que, propiamente, ambas pertenecen más al ámbito del lenguaje escrito que al de la exposición oral, las incluimos al principio de este libro entre las «bases previas» por constituir elementos fundamentales para la comprensión de un texto jurídico, adaptado a las exigencias de un primer curso de Derecho, que deben estudiarse de inicio.

Abreviaturas

A/A	A la atención
AA. VV., VV. AA.	autores varios
ap.	*apud* (se escribe este término latino antes del nombre de un autor o de una obra de los que se ha obtenido y citado un determinado texto).
art.	artículo
cf. cfr.	*confer* (confróntese, compárese)
cit.	citado o citada (se refiere a un texto anteriormente aludido o expresado)

Const.	Constitución
D., D.ª, Dña.	don, doña; (D. también significa «decreto»)
d. a.	disposición adicional
d. d.	disposición derogatoria
depto. (también dpto.)	departamento
Dir.	directiva
Dir. (Dir.ª)	director, directora
disp.	disposición
disp. adic.	disposición adicional
disp. derog.	disposición derogatoria
disp. trans.; disp. transit., d. t.	disposición transitoria
D. L.	decreto ley (también significa «depósito legal»)
doc.	documento
Dr., Dra., Dr.ª	doctor, doctora
E. de M. (Exp. Mot.)	exposición de motivos
ed., edit.	editorial
e. g., e. gr.	*exempli gratia* (por ejemplo)
ej.	ejemplo
Emmo. (-a)	eminentísimo (-a)
eodem	allí mismo
et al.	*et alii* («y otros»: cuando hay varios autores se señala que tras el primero, que se cita expresamente, hay otros autores de esa obra)
etc.	etcétera
Excmo. (-a)	excelentísimo, -a
Exp., Expte.	expediente
f., fol., f.º	folio
Fdo.	firmado
f. j., FJ	fundamento jurídico
Gob.	Gobierno
gralm.	generalmente
ib., ibid.	*ibidem* (en el mismo lugar, referido a una cita de un mismo texto que se ha hecho con anterioridad)

id.	*idem* (el mismo, utilizada para no repetir un término o expresión justamente citada antes)
i. e.	*id est* (esto es, es decir)
Ilmo. -a	ilustrísimo, -a
ít.	*ítem*
l. c., loc. cit.	*loco citato* (en el lugar citado, para referirse a un fragmento de un autor citado con anterioridad)
Lcdo. -a; ldo., lda.; lic.	licenciado, -a
L. O., LO	ley orgánica
Mgdo. (también Magdo.), -a (también Magda.)	magistrado, -a
Mtro. -a	ministro, -a
N. del A. (N. de la A.)	nota del autor o autora
N. del T. (N. de la T.)	nota del traductor o de la traductora
n.º, nro., NÚM.	número
ob. cit.	obra citada
O. M., OM	orden ministerial
p., pág., pg.	página
párr.	párrafo
P. D., *P. S.*	posdata, *post scriptum* (respecto de un escrito, una vez que ya se ha redactado todo, para añadir algo a continuación)
p. ej.	por ejemplo
p. p.	por poder
pr.	principio
Prof., Prof.ª	profesor, -a
R. D., RD	real decreto
Reg. Civ.	registro civil
Regl.	reglamento
Reg. Prop., RProp	registro de la propiedad
rgto.	reglamento, regimiento
R. O.	real orden
RR. HH.	recursos humanos
Rte.	remitente

S. A., SA	sociedad anónima, su alteza
sc.	*scilicet* (es decir, a saber)
s. d., s. f., s/f.	*sine data* (se refiere a la publicación de una obra, o a un texto en general, que aparece sin fecha de edición o impresión)
sig., s.	siguiente
S. L., SL	sociedad limitada
s. n., s/n.	sin número (referido a un inmueble que carece de número de portal por no preverlo la vía pública en la que se halla)
Sr., Sra., Sr.ª, S.ª	señor, -a
S. S.	su santidad, su señoría
tel., teléf., tfno., tlf.	teléfono
tít.	título
U., Ud., V. Vd.	usted
ud.	unidad
Univ.	universidad
v., *vid.*	véase, véanse
v.	verso, vuelto
V.	usted, venerable
v. g., v. gr.	*verbi gratia* (por ejemplo)
Vº Bº	visto bueno
vs.	*versus*

Siglas

AN	Audiencia nacional
AP	Audiencia Provincial
BCE	Banco Central Europeo
BOCG	Boletín Oficial de las Cortes Generales
BOE	Boletín Oficial del Estado
CC	Código Civil
CCom	Código de Comercio
CE	Constitución Española, Comunidad Europea, Consejo de Europa, Consejo de Estado

CEDH	Convenio para la Protección de los Derechos Humanos y Libertades Fundamentales
CEE	Comunidad Económica Europea
CGAE	Consejo General de la Abogacía Española
CGPJ	Consejo General del Poder Judicial
CNMV	Comisión Nacional del Mercado de Valores
CP	Código Penal
CSIC	Consejo Superior de Investigaciones Científicas
DD	Disposición derogatoria
DF	Disposición final
DGRN	Dirección General de los Registros y del Notariado
DLEG	Decreto legislativo
DLey	Decreto ley
EM	Exposición de motivos
ET	Estatuto de los Trabajadores
FAO	Organización De Las Naciones Unidas para la Alimentación y la Agricultura
FEDER	Fondo Europeo de Desarrollo Regional
FJ	Fundamento jurídico
FMI	Fondo Monetario Internacional
INE	Instituto Nacional de Estadística
IMSERSO	Instituto de Mayores y Servicios Sociales
IRPF	Impuesto sobre la renta de las personas físicas
IVA	Impuesto sobre el valor añadido
LAR	Ley de Arrendamientos Rústicos
LAU	Ley de Arrendamientos Urbanos
LEC 1881	Ley de Enjuiciamiento Civil de 1881
LECiv, LEC	Ley de Enjuiciamiento Civil de 2000
LECrim	Ley de Enjuiciamiento Criminal
LGP	Ley General Presupuestaria
LGSS	Ley General de la Seguridad Social
LGT	Ley General Tributaria
LH	Ley Hipotecaria
LO, (L. O.)	Ley Orgánica

LOMCE	Ley Orgánica para la Mejora de la Calidad Educativa
LOPD, LOPDCP	Ley Orgánica de Protección de Datos de Carácter Personal
LOPJ	Ley Orgánica del Poder Judicial
LOTC	Ley Orgánica del Tribunal Constitucional
LPA	Ley de Procedimiento Administrativo
LPI	Ley de Propiedad Intelectual
LPJDF	Ley de Protección Jurisdiccional de los Derechos Fundamentales de la Persona
LRJAE	Ley de Régimen Jurídico de la Administración del Estado
OCDE	Organización para la Cooperación y el Desarrollo Económico
OIT	Organización Internacional del Trabajo
OM, (O. M.)	Orden ministerial
OMC	Organización Mundial del Comercio
OMS	Organización Mundial de la Salud
OMT	Organización Mundial del Turismo
ONU	Organización de las Naciones Unidas
OTAN	Organización del Tratado del Atlántico Norte
PE	Parlamento Europeo
PGE	Presupuestos generales del Estado
RD, (R. D.)	Real decreto
RDGRN	Resolución de la Dirección General de los Registros y del Notariado
RDL	Real decreto ley
RDLeg	Real decreto legislativo
RH	Reglamento hipotecario
RM	Registro Mercantil
RRC	Reglamento del Registro Civil
RRM	Reglamento del Registro Mercantil
SAN	Sentencia de la Audiencia Nacional
SAP	Sentencia de la Audiencia Provincial
SS	Seguridad Social
STC	Sentencia del tribunal constitucional

STJUE	Sentencia del tribunal de justicia de la Unión Europea
STS	Sentencia del Tribunal Supremo
STSJ	Sentencia del Tribunal Superior de Justicia
TC	Tribunal Constitucional
TCEE	Tratado Constitutivo de la Comunidad Económica Europea
TEDH	Tribunal Europeo de Derechos Humanos
TIJ	Tribunal Internacional de Justicia
TJ	Tribunal de Justicia
TJUE	Tribunal de Justicia de la Unión Europea
TL	Tratado de Lisboa
TPI	Tribunal Penal Internacional
TS	Tribunal Supremo
TSJ	Tribunal Superior de Justicia
TUE	Tratado de la Unión Europea
UE	Unión Europea
UNESCO	Organización De Las Naciones Unidas para la Educación, Ciencia y Cultura
UNICEF	Fondo de Naciones Unidas para la Infancia

Primera Parte

Bloque I. Introducción

Tema 4
La expresión oral y escrita y la interpretación en derecho. Retórica clásica (*Rhet. Her.* 1.11-13)

EL LENGUAJE JURÍDICO[1]

Es la lengua empleada en los textos correspondientes a las diferentes prácticas del derecho. Así, en las normas jurídicas de naturaleza legal, en las sentencias y demás actos judiciales, en la práctica del derecho administrativo, en la confección de documentos de carácter notarial o en el ámbito profesional de la abogacía.

La lengua jurídica es un tecnolecto (cfr. *Libro de Estilo de la Justicia* citado en este libro, en adelante, LEJ), esto es, un modo característico de habla del ámbito jurídico con una terminología propia. Pero la lengua jurídica es más que eso: históricamente surge del derecho romano y experimenta una evolución doctrinal y normativa a través de los siglos hasta la actualidad. Es peculiar del lenguaje jurídico que sus textos poseen una finalidad *normativa* y función *apelativa* (es decir, la perseguida por los mandatos u órdenes que deben ser cumplidas por sus destinatarios a quienes se apela), frente a la función meramente *referencial* de los textos científicos (que expresan contenidos de saber).

RASGOS DEL LENGUAJE JURÍDICO (LEJ)[2]

Un rasgo general característico del lenguaje jurídico es el de su tradicionalismo (que nada tiene que ver con conservadurismo, por cierto) al servicio de su estabilidad y consecuente seguridad jurídica:

— Términos y expresiones arcaizantes. Empleo de formas verbales en desuso (como el futuro de subjuntivo: *si hubiere lugar*). Expresiones latinas (*rebus sic stantibus, in dubio pro reo*...).

[1] Hemos seguido de cerca aquí Real Academia Española – Consejo General del Poder Judicial. (2017). *Libro de estilo de la Justicia (dirigido por Santiago Muñoz Machado).* Barcelona: Espasa, Capítulo 1 (*e-book* pos. 908 y ss.).

[2] Cotéjese para este apartado la lista de impropiedades que presentamos en este libro.

— Términos más complejos por sus sufijos y prefijos: -izar (*valorizar, concretizar*...), -on /-ión (*contradicción, autorización, tramitación*...), -dad (*fiabilidad, inadmisibilidad*...), -al (*procedimental*), -encia (*sentencia, diligencia*...), -miento (*pronunciamiento*), -ario (*arrendatario*). -Palabras derivadas innecesarias (*problemática, influenciar, temática*...) -Entre los prefijos destacan los que remiten a otro lugar del texto (*antedicho*).

— Estilo ampuloso: párrafos y frases largas. Abundancia de oraciones subordinadas. Pluralidad de adjetivos (*obstrucción legal arbitraria*). Hipérbaton (orden diferente al usual de las partes de la oración) Uso de adverbios terminados en -mente. Construcciones perifrásticas.

— Frecuentes formulismos y sintagmas preposicionales a menudo redundantes con estructura lingüística de dos miembros (*se personen y comparezcan, daños y perjuicios, el abajo firmante, por esta mi sentencia, en aras de, en base a* —esta última incorrecta—, *en tiempo y forma, a la mayor brevedad, para su conocimiento y efectos, en su defecto, debemos rechazar y rechazamos, debo absolver y absuelvo* ...).

— Impersonalidad: el uso de los verbos se omite el sujeto y se utilizan formas impersonales; frecuente utilización de las formas verbales de infinitivo, participio y gerundio. Uso de los apelativos absolutos (*visto y oído el caso, conclusas las actuaciones*...).

— Enunciados performativos (*fallo, dispongo*...).

— Siglas, (ej. *STS*, Sentencia del Tribunal Supremo) y acrónimos (si las siglas se pueden leer como una palabra. Ejemplo, *BOE*, Boletín Oficial del Estado).

— Abreviaturas (*op. cit.*, en la obra citada).

— Importancia de las definiciones (explicación de algo). El *definiendum* es lo que hay que definir. El *definiens* es lo que define. Tradicionalmente se decía que la definición podía ser nominal o real: la primera era la explicación de un término. La segunda, la explicación de la cosa.

EFICACIA COMUNICATIVA

Estos son los fines que debemos perseguir en la redacción de textos o en toda exposición oral (a la que tantos esfuerzos dedicó la retórica clásica):

- Fines de la expresión oral y escrita: *coherencia, adecuación y claridad.*
- En derecho, lo encarna el ideal romano de la *simplicitas legum* (sencillez jurídica). La retórica latina se define como *ars recte dicendi* (arte de expresarse con corrección).
    - *Leges intellegi ab omnibus debent* (las leyes deben ser comprensibles por todos), tomada del Código Justiniano (C. 1.14.9, una constitución de los emperadores Valentiniano y Marciano del año 454 d. C. = Nov. Marc. 4); *in legibus magis simplicitas quam difficultas placet* (en

las leyes es preferible la sencillez a la complejidad) tomada de las Instituciones de Justiniano (I. 2.23.7); *simplicitas legibus amica* (la sencillez es amiga de las leyes) de I. 3.2.3ª.

- *Oratio* y *ratio*: lit. discurso y argumentación. Esta expresión ciceroniana encierra escuetamente el fin de nuestro cuidado a la hora de expresarnos: la forma (*oratio*) y el fondo (*ratio*).

Hay que poner atención, pues, en estos dos aspectos de la comunicación:

- Aspecto positivo: El humanista español Jiménez Patón habla de las virtudes que hay que cultivar para ofrecer la lengua con corrección y elegancia:

  Virtud gramatical: pureza o corrección.

  Virtudes retóricas: claridad –*perspicuitas*–, contra la *oscuritas anfibología*, ornato, elegancia, y decoro –interno y externo–.

  Nebrija, el gran humanista español del s. XVI, insiste en poner atención a dos cosas: las palabras (significante, significado y referente) y la oración (resultado de la unión sintáctica entre palabras con sentido propio).
- Aspecto negativo: No se debe incurrir en errores lingüísticos: barbarismo (incorreción de la palabra) y solecismo (incorrección en la oración por la construcción defectuosa de sus sintagmas).
- Es conveniente que tengamos en cuenta las iniciativas oficiales que ponen en marcha a menudo los Ministerios de Justicia de muchos países, por ejemplo, España, y que pueden consultarse en sus páginas web.

RETÓRICA Y SU HISTORIA

Sepamos, aunque de modo muy resumido, algo del origen y desarrollo de la retórica en la Antigüedad:

- La voz griega tiene que ver con el verbo «fluir». Consiste en el arte de expresarse bien para persuadir al auditorio. Las voces latinas *eloquentia, facundia* son más limitadas en su alcance semántico (como sostenía el filósofo italiano Giambattista Vico). En latín, quizás la más representativa sea *oratoria*, aunque parece aludir solo al arte de hablar bien en público.
- Tiene su origen en el siglo V en Siracusa (Sicilia) a través de un personaje denominado Córax, casi mítico.
- La retórica adquiere un gran desarrollo a través del impulso que recibió de los sofistas (Gorgias, Protágoras) y, particularmente, de Isócrates uno de los más célebres logógrafos (escritor de discursos por encargo).
- A los sofistas hizo frente Sócrates, como refleja Platón en sus diálogos: especialmente en el de titulado *Gorgias*, en el que Platón denomina la

retórica «adulación» frente al verdadero arte de pensar que consiste en la «dialéctica». Esta opinión la suaviza luego en obras posteriores.

- Aparece tratada en dos obras célebres: La *Retórica a Alejandro*, de carácter práctico, y la *Retórica* de Aristóteles, el «teorizador» por antonomasia de la retórica.
- La retórica latina es objeto de estudio por Cicerón (*La Invención de la Retórica, El Orador, Bruto, Tópicos...*) y por otros tratadistas latinos. El más importante es el hispanorromano Quintiliano a través de su obra fundamental: *Institutio Oratoria*.
- *Rethorica ad Herennium*: para nosotros, un modelo posible de enseñanza de la retórica. Frente a otras obras latinas, esta ofrece una claridad indispensable para su enseñanza y aprendizaje. En efecto, es la obra que vamos a seguir aquí hasta el punto de que se va a proponer su lectura íntegra con la oportuna guía y actualización que facilitamos al estudiante en este libro. En algún extremo, podrá confrontarse con las de otros autores, particularmente con la de Quintiliano, mucho más prolija y ambiciosa.
- La retórica alcanza un gran predicamento en la Edad Media. Su estudio se encuadra en el famoso *trivium*, junto con la gramática y la dialéctica. Siguiendo el modelo romano, el derecho, no obstante, no se confunde con la retórica.
- Con el auge de las ciencias experimentales, la retórica pierde vigencia. Vico intenta rescatarla del olvido a comienzos del siglo XVIII frente al pensamiento demasiado rígido propio de la geometría o de las matemáticas. El siglo XX aflora de nuevo a través de la llamada *Nueva Retórica* (Perelman y Olbrechts Tyteca) y su estudio es renovado (Laugsberg).
- La retórica es utilizada hoy, por ejemplo, en el ámbito empresarial para llevar a cabo una comunicación efectiva entre los directivos y los empleados, así como entre el la empresa y el público al que van dirigidos sus productos. Su estudio no debe ser descuidado en las universidades.

La interpretación

Interpretar es atribuir sentido a un texto, oral o escrito. Es tarea esencial en el derecho. La labor jurídica difiere de la retórica por cuanto su finalidad es la hallar la solución más justa a una cuestión o controversia jurídica, más que la convencer a un auditorio.

Retórica y derecho. Herramientas jurídicas básicas de la interpretación, aunque usadas también por la retórica:

- La equidad, entendida como expresión de la justicia objetiva, a lo que tiende el derecho, se logra superando en pocas ocasiones la letra de la ley. Existe a menudo un conflicto entre las palabras con su sentido literal y el sentido que debe tener el texto a la vista de su finalidad normativa. Se trata del conflicto de los *verba* (literalidad del texto) frente a la *voluntas* (voluntad o intención del que ha redactado el texto), analizado también en retórica.

- Modernamente, el sistema de derecho romano o derecho civil vigente en buena parte del mundo actual se sigue rigiendo por un criterio subjetivo de en la interpretación, es decir, que se atiene a la voluntad de los que han llevado a cabo el acto normativo. El derecho del *Common Law*, por el contrario, tiende a dar mayor relevancia a lo escrito o declarado según el sentido objetivo que tenga con independencia de la intención de las partes.
- Celso (26 *dig.* D. 1.3.17) declara que «aprender las leyes no consiste en retener sus palabras, sino su espíritu y vigor». Descubrir la *ratio iuris*, el criterio racional que decide un caso (esto es, la *ratio decidendi* o criterio decisorio) es tarea inexcusable de un verdadero jurista, y no memorizar absurdamente normas, una tras otra. Para hacerlo hay que utilizar correctamente los criterios de interpretación que son los instrumentos con los que el jurista halla el significado y sentido que ha de otorgarse a una disposición, a una norma jurídica o a un acto negocial (contrato, testamento, ...). Se distinguen modernamente los siguientes:
    - Gramatical (de naturaleza lingüística).
    - Lógico (referido al juicio que expresa ese texto jurídico).
    - Sistemático (de colocación en el conjunto del texto o cuerpo legal del fragmento concreto).
    - Histórico (o de las circunstancias históricas de creación de ese texto).
    - Teleológico o finalista (atendiendo al espíritu del texto o finalidad que persigue —*mens legis*—. Celso se refería a él en su máxima antes enunciada).
    - Social (atendiendo a la realidad social a la que se aplican).

De esta acepción de equidad hay que distinguir aquella otra que se refiere a la benevolencia en la aplicación del derecho, es decir, a la mitigación del rigor del derecho conforme a las circunstancias especiales del caso. Cicerón, haciéndose eco de un viejo aforismo, escribe en su Tratado *De officiis* (De los deberes) el famoso '*summum ius, summa iniuria*' que tiene que ver tanto con esta acepción como con la primera.

Confrontación práctica del derecho y la retórica a propósito de la interpretación

Se propone ahora el estudio de algunas de las más conocidas reglas romanas en materia de interpretación que forman parte de la tradición jurídica denominada «sistema de derecho civil o romano-germánico», que pueden encontrarse en la mayor parte de los códigos civiles de todo el mundo. Se exhorta a su lectura y estudio en el Código Civil español. Se proponen al final, también para su posible reflexión y debate público en el aula, ciertos casos –algunos célebres– del derecho romano al final.

Este ejercicio nos permitirá luego cotejar el uso que de los tópicos y argumentos hace la retórica clásica al respecto[3].

La interpretación de los contratos

(siguiendo el orden e integrando las reglas de Pothier[4])

Introducción:

Nos ha parecido instructivo seguir el orden de exposición de este eminente jurista francés del s. XVIII, considerado «padre» intelectual del famoso «Código Napoleón» de 1804. Pothier pone nombre a una buena parte de las reglas, enumerándolas, añadiendo el texto romano del que se extrae, junto con un comentario cuya lectura recomendamos vivamente, que no incluimos aquí. Las últimas reglas, son, a nuestro juicio, menos interesantes y algo más oscuras o al menos difíciles de aprender. La mayor parte de ellas han sido analizadas en nuestra obra de *Locuciones latinas*[5].

1ª Regla: *Voluntas spectanda*

D. 50.16.219 (*Papinianus libro secundo responsorum*):

In conventionibus contrahentium voluntatem potius quam verba spectari placuit. Cum igitur ea lege fundum vectigalem municipes locaverint, ut ad heredem eius qui suscepit pertineret, ius heredum ad legatarium quoque transferri potuit.

> En las convenciones entre contratantes se sigue la opinión de que hay que atender más a la voluntad que a las palabras. Cuando por consiguiente los munícipes arriendan un fundo con canon vectigalicio admitiendo que el derecho pase al heredero de aquel que tomó el fundo en arriendo, se admite también que el derecho de los herederos pueda pasar a legatario.

---

[3] Sería conveniente repasar lo que de derecho privado se ha estudiado en Derecho Romano: Fernández de Buján, A. *Derecho Romano*. Navarra: Aranzadi, 2020.

[4] POTHIER, R. J. *Traitè des Obligations selon les regles tant du for de la conscience que du for extèrieure.* Vol. Tome Premier. Paris: Debure l'aîné, 1764. Puede cotejarse en español en la edición de Barcelona de 1839 que puede consultarse fácilmente en internet, págs. 63 y ss.

[5] Blanch Nougués, Juan M. *Locuciones latinas y razonamiento jurídico. Una revisión a la luz del derecho romano y del derecho actual.* Madrid: Dykinson, 2017.

2ª Regla:

D. 45.1.80 (*Ulpianus libro 74 ad edictum*)

Quotiens in stipulationibus ambigua oratio est, commodissimum est id accipi, quo res, qua de agitur, in tuto sit.

> Siempre que en las estipulaciones haya una declaración ambigua, ha de aceptarse como mejor lo que proteja el asunto de que se trate.

3ª Regla: 'Quae aptior rei gerendae'; 'Quod verissimilius, quod plerumque'

D. 50.17.67 (*Iulianus libro 87 digestorum*)

Quotiens idem sermo duas sententias exprimit, ea potissimum excipiatur, quae rei gerendae aptior est.

> Cuando una misma declaración expresa dos significaciones, ha de preferirse aquella que sea más adecuada al negocio que se realice.

D. 50.17.114 (*Paulus libro nono ad edictum*)

In obscuris inspici solere, quod verisimilius est aut quod plerumque fieri solet.

> En caso de duda ha de contemplarse lo que es más verosímil o lo que suele realizarse generalmente.

4ª regla: 'Id quod actum', 'quod in regione', 'quod minimum'

D. 50.17.34 (*Ulpianus libro 45 ad Sabinum*)

Semper in stipulationibus et in ceteris contractibus id sequimur, quod actum est: aut, si non pareat quid actum est, erit consequens, ut id sequamur, quod in regione in qua actum est frequentatur. Quid ergo, si neque regionis mos appareat, quia varius fuit? Ad id, quod minimum est, redigenda summa est.

> Siempre en las estipulaciones y los demás contratos observamos aquello que, en la comarca en la que se ha realizado, se suele hacer.

5ª Regla: 'Quae sunt moris et consuetudinis'

D. 21.1.31.20 (*Ulpianus libro primo ad edictum aedilium curulium*)

Quia adsidua est duplae stipulatio, idcirco placuit etiam ex empto agi posse, si duplam venditor mancipii non caveat: ea enim, quae sunt moris et consuetudinis, in bonae fidei iudiciis debent venire.

> Puesto que es normal la estipulación del doble, ha parecido bien que se pueda asimismo demandar con la acción de compra si el vendedor no ha previsto la doble del esclavo; pues aquellas cosas que son de los usos y costumbres deben ser comprendidas en los juicios de buena fe.

6ª Regla: Interpretación no aislada de las cláusulas

D. 1.3.24 (*Celsus libro nono digestorum*)

Incivile est nisi tota lege perspecta una aliqua particula eius proposita iudicare vel respondere.

No es correcto juzgar u opinar acerca de una parte determinada de una ley, si no se contempla la ley entera.

7ª Regla: 'in dubio contra stipulatorem'; 'fere secundum promissorem'

D. 45.1.38.18 (*Ulpianus libro 49 ad Sabinum*)

In stipulationibus cum quaeritur, quid actum sit, verba contra stipulatorem interpretanda sunt.

Cuando nos preguntamos en las estipulaciones por el <negocio> que las partes han hecho, las palabras han de interpretarse en contra del estipulante (acreedor).

D. 45.1.99 pr. (*Celsus libro 38 digestorum*)

Quidquid adstringendae obligationis est, id nisi palam verbis exprimitur, omissum intellegendum est: ac fere secundum promissorem interpretamur, quia stipulatori liberum fuit verba late concipere. (...)

Todo lo que tiene por objeto restringir la obligación se ha de considerar que se omitió, si no se expresa claramente con las palabras; lo interpretamos prácticamente a favor del promitente (deudor), porque el estipulante fue libre de emplear con amplitud las palabras. (...)

D. 34.5.26 (*Celsus libro 26 digestorum*)

Cum quaeritur in stipulatione, quid acti sit, ambiguitas contra stipulatorem est.

Cuando se pregunta en una estipulación qué se ha llevado a cabo, la ambigüedad va contra el estipulante.

8ª Regla:

D. 2.15.9.3 (*Ulpianus libro primo opinionum*)

Ei qui, nondum certus ad se querellam contra patris testamentum pertinere, de aliis causis cum adversariis pacto transegit, tantum in his interpositum pactum nocebit, de quibus inter eos actum esse probatur. His tantum transactio obest, quamvis maior annis viginti quinque eam interposuit, de quibus actum probatur. *Nam ea, quorum actiones competere ei postea compertum est, iniquum est peremi pacto.* Id de quo cogitatum non docetur.

A aquel que no sabiendo aún que le competía la querella contra el testamento de su padre transigió sobre otras causas con los adversarios mediante pacto, le perjudicará el pacto interpuesto tan solo respecto de las cosas sobre las que se prueba haberse tratado entre ellos. La transacción, aunque mayor de veinticinco años el que la interpuso, perjudica únicamente sobre aquello de que se prueba haber sido tratado; *pues es injusto que se invaliden por un pacto aquellas cosas cuyas acciones se descubrió después que le competían*, lo cual no se demuestra haberse tenido en mente.

9ª Regla:

CI. 2.4.29 (*Imperatores Diocletianus, Maximianus*). *Sub praetextu specierum post repertarum generali transactione finita rescindi prohibent iura.* Error autem circa proprietatem rei apud alium extra personas transigentium tempore transactionis constitutae nihil potest nocere. * DIOCL. ET MAXIM. AA. ET CC. MARCIAE. *<A 294 S. IIII K. OCT. CC. CONSS.>

El derecho prohíbe que, bajo pretexto de haber sido hallados después ciertos particulares, se rescinda lo terminado por transacción general. Pero el error sobre la propiedad de una cosa, constituida al tiempo de la transacción en poder de otra persona diferente de las que transigen, en nada puede perjudicar.

10ª Regla:

D. 50.17.81 (*Papinianus libro tertio responsorum*)

Quae dubitationis tollendae causa contractibus inseruntur, ius commune non laedunt.

Lo que se inserta en los contratos para evitar dudas no perjudica el derecho común.

La regla anterior ha sido tomada de:

D. 17.1.56 (*Papinianus libro tertio responsorum*)

pr. Qui mutuam pecuniam dari mandavit, omisso reo promittendi et pignoribus non distractis eligi potest: quod uti liceat si litteris exprimatur, distractis quoque pignoribus ad eum creditor redire poterit: *etenim quae dubitationis tollendae causa contractibus inseruntur, ius commune non laedunt.*

El que encargó por mandato (mandante) que se diera dinero en préstamo <a alguien> puede ser elegido <por el acreedor para reclamarle a él la deuda>, omitido el deudor y aún no vendidas las prendas; aunque así se expresara en las escrituras, esto será lícito de modo que una vez vendidas las prendas pueda el acreedor dirigirse contra él: *porque lo que se inserta en los contratos para eliminar dudas no perjudica al derecho común.*

Explicación del caso: A encarga a B que dé en préstamo una suma a C y la deuda se garantiza con una prenda o hipoteca. B puede dirigirse contra A sin elegir antes a C y sin que se vendan las garantías, según las escrituras del contrato. Pero ha de interpretarse que antes deben venderse las prendas. El principio del *ius commune* declara que en caso de fianza debe el acreedor dirigirse contra el deudor principal para luego, si no se ha cobrado totalmente, hacer lo propio con el fiador (es decir, el mandante). La facultad concedida en las escrituras del contrato al acreedor de dirigirse contra el mandante-fiador ha de interpretarse así.

11ª Regla: En los contratos y en los testamentos una cláusula redactada en plural es susceptible de ser distribuida en cláusulas singulares.

Ej. Argumento extraído de D. 36.2.80.7 (Quinto Cervidio Scaevola 21 dig.): la cláusula testamentaria por la que dos herederos, a su muerte, deben restituir a otros, nombrados por el testador, la mitad de lo recibido por el testamento se entiende dividida en dos cláusulas: una relativa a uno de los herederos y otra al otro. Si el primero muere antes no ha de esperarse a la muerte del otro para efectuarse la entrega de la mitad de lo que se atribuyó al primero.

12ª Regla: El inciso final de una frase se debe relacionar con toda la frase y no solo con lo inmediatamente anterior al inciso.

Ej. Si en un contrato se dice que «se vende todo el grano, frutos y vinos que se hayan recolectado ese año», el inciso «que se hayan recolectado ese año» se refiere a todo y no solo a los vinos.

INTERPRETACIÓN EN MATERIA DE TESTAMENTOS

Introducción

Dejando a un lado las reglas básicas de Pothier en materia de interpretación, los negocios jurídicos *mortis causa* se rigen por reglas especiales. Es característica la de Marcelo abajo que pasa a nuestro código civil (art. 675). La retórica clásica presta también mucha atención a este tipo de actos.

D. 32.69 pr. (*Marcellus libro singulari responsorum*)

Non aliter a significatione verborum recedi oportet, quam cum manifestum est aliud sensisse testatorem.

No debemos apartarnos de la significación de las palabras solo si resulta manifiesto que fue otra la voluntad del testador.

Derecho actual:

Así, por ejemplo, el Código Civil español declara:

Artículo 3.

1. Las normas se interpretarán según el sentido propio de sus palabras, en relación con el contexto, los antecedentes históricos y legislativos, y la realidad social del tiempo en que han de ser aplicadas, atendiendo fundamentalmente al espíritu y finalidad de aquellas.

2. La equidad habrá de ponderarse en la aplicación de las normas, si bien las resoluciones de los Tribunales solo podrán descansar de manera exclusiva en ella cuando la ley expresamente lo permita.

Artículo 4.

1. Procederá la aplicación analógica de las normas cuando estas no contemplen un supuesto específico, pero regulen otro semejante entre los que se aprecie identidad de razón.
2. Las leyes penales, las excepcionales y las de ámbito temporal no se aplicarán a supuestos ni en momentos distintos de los comprendidos expresamente en ellas.
3. Las disposiciones de este Código se aplicarán como supletorias en las materias regidas por otras leyes.

Artículo 6.

1. La ignorancia de las leyes no excusa de su cumplimiento. El error de derecho producirá únicamente aquellos efectos que las leyes determinen.
2. La exclusión voluntaria de la ley aplicable y la renuncia a los derechos en ella reconocidos solo serán válidas cuando no contraríen el interés o el orden público ni perjudiquen a terceros.
3. Los actos contrarios a las normas imperativas y a las prohibitivas son nulos de pleno derecho, salvo que en ellas se establezca un efecto distinto para el caso de contravención.
4. Los actos realizados al amparo del texto de una norma que persigan un resultado prohibido por el ordenamiento jurídico, o contrario a él, se considerarán ejecutados en fraude de ley y no impedirán la debida aplicación de la norma que se hubiere tratado de eludir.

Artículo 7.

1. Los derechos deberán ejercitarse conforme a las exigencias de la buena fe.
2. La Ley no ampara el abuso del derecho o el ejercicio antisocial del mismo. Todo acto u omisión que por la intención de su autor, por su objeto o por las circunstancias en que se realice sobrepase manifiestamente los límites normales del ejercicio de un derecho, con daño para tercero, dará lugar a la correspondiente indemnización y a la adopción de las medidas judiciales o administrativas que impidan la persistencia en el abuso.

Pero debe verse en materia de testamentos el siguiente artículo:

Artículo 675.

Toda disposición testamentaria deberá entenderse en el sentido literal de sus palabras, a no ser que aparezca claramente que fue otra la voluntad del testador. En caso de duda se observará lo que aparezca más conforme a la intención del testador, según el tenor del mismo testamento.

El testador no puede prohibir que se impugne el testamento en los casos en que haya nulidad declarada por la ley.

De la interpretación de los contratos

Artículo 1281.

Si los términos de un contrato son claros y no dejan duda sobre la intención de los contratantes, se estará al sentido literal de sus cláusulas.

Si las palabras parecieren contrarias a la intención evidente de los contratantes, prevalecerá esta sobre aquellas.

Artículo 1282.

Para juzgar de la intención de los contratantes, deberá atenderse principalmente a los actos de estos, coetáneos y posteriores al contrato.

Artículo 1283.

Cualquiera que sea la generalidad de los términos de un contrato, no deberán entenderse comprendidos en él cosas distintas y casos diferentes de aquellos sobre que los interesados se propusieron contratar.

Artículo 1284.

Si alguna cláusula de los contratos admitiere diversos sentidos, deberá entenderse en el más adecuado para que produzca efecto.

Artículo 1285.

Las cláusulas de los contratos deberán interpretarse las unas por las otras, atribuyendo a las dudosas el sentido que resulte del conjunto de todas.

Artículo 1286.

Las palabras que puedan tener distintas acepciones serán entendidas en aquella que sea más conforme a la naturaleza y objeto del contrato.

Artículo 1287.

El uso o la costumbre del país se tendrán en cuenta para interpretar las ambigüedades de los contratos, supliendo en estos la omisión de cláusulas que de ordinario suelen establecerse.

Artículo 1288.

La interpretación de las cláusulas oscuras de un contrato no deberá favorecer a la parte que hubiese ocasionado la oscuridad.

Artículo 1289.

Cuando absolutamente fuere imposible resolver las dudas por las reglas establecidas en los artículos precedentes, si aquellas recaen sobre circunstancias accidentales del contrato, y este fuere gratuito, se resolverán en favor de la menor transmisión de derechos e intereses. Si el contrato fuere oneroso, la duda se resolverá en favor de la mayor reciprocidad de intereses.

Si las dudas de cuya resolución se trata en este artículo recayesen sobre el objeto principal del contrato, de suerte que no pueda venirse en conocimiento de cuál fue la intención o voluntad de los contratantes, el contrato será nulo.

CASOS:

Instrucciones:

Con ayuda del anterior material intentemos dar ahora solución a los casos propuestos en estos textos, piezas básicas del pensamiento jurídico en materia de interpretación.

- *Primer caso:*

El legado de ropas de mujer del senador que vestía ciertas ropas de mujer como si fueran de hombre

D. 34.2.33 (*Pomponius libro quarto ad Quintum Mucium*)

Inter vestem virilem et vestimenta virilia nihil interest: sed difficultatem facit mens legantis, si et ipse solitus fuerit uti quadam veste, quae etiam mulieribus conveniens est. Itaque ante omnia dicendum est eam legatam esse, de qua senserit testator, non quae re vera aut muliebris aut virilis sit. Nam et Quintus Titius ait scire se quendam senatorem muliebribus cenatoriis uti solitum, qui si legaret muliebrem vestem, non videretur de ea sensisse, qua ipse quasi virili utebatur.

No hay diferencia entre decir «traje de hombre» y «trajes de hombres». Pero la mente del que hace un legado dificulta el entendimiento cuando él mismo ha acostumbrado a usar ropa que es también de mujer. Así pues ha de decirse ante todo que se ha legado aquella cosa que el testador ha tenido en mente; no la que sea en verdad de mujer o de hombre, pues también Quinto Ticio (¿o Mucio?) afirma que conocía a cierto senador que acostumbraba a sentarse a la mesa (comía) vestido con ropas de mujer, el cual, si hiciese un legado de ropa femenina, no se entendería que había pensado en aquella que él mismo usaba como si fuera de hombre.

Fijémonos ahora en la diferencia de razonamiento del caso cuando se trata de un acto *inter vivos*:

D. 45.1.110.1 (*Pomponius libro quarto ad Quintum Mucium*)

Si stipulatus fuero de te: *vestem tuam, quaecumque muliebris est, dare spondes?*, magis ad mentem stipulantis quam ad mentem promittentis id referri debet, ut quid in re sit, aestimari debeat, non quid senserit promissor. Itaque si solitus fuerat promissor muliebri quadam veste uti, nihilo minus debetur.

Si te he estipulado: «¿Prometes darme tu ropa, toda la que sea de mujer?», ha de interpretarse referido más a la mente del estipulante que a la del promitente de modo que se tenga que estimar lo que sea en realidad, no lo que haya creído el promitente. Así pues, si el promitente ha tenido por costumbre llevar puesto algún vestido femenino, no hay duda de que se debe.

- *Segundo caso: arrendamiento de terreno para tala de árboles (encinas), pero sin especificar de quién debía ser la bellota.*

D. 18.1.80.2 (*Labeo libro quinto posteriorum a Iavoleno epitomatorum*)

Silva caedua in quinquennium venierat: quaerebatur, cum glans decidisset, utrius esset. Scio servium respondisse, primum sequendum esse quod appareret actum esse: quod si in obscuro esset, quaecumque glans ex his arboribus quae caesae non essent cecidisset, venditoris esse, eam autem, quae in arboribus fuisset eo tempore cum haec caederentur, emptoris.

Se había concedido la tala de un bosque por un quinquenio y se preguntaba de quién sería la bellota que se separase. Sé que Servio ha respondido que, en primer lugar, ha de observarse aquello que resulta manifiesto que se ha realizado en el contrato; pero que si fuera dudoso, toda la bellota que hubiese caído de aquellos árboles que no hubiesen sido talados sería del vendedor y aquella otra en cambio que estuviese en los árboles al momento de ser talados, del comprador.

- *Tercer caso: venta de terreno con derecho a agua, ¿incluye el paso al lugar donde el agua puede obtenerse?*

D. 18.1.40.1 (*Paulus libro quarto epitomarum Alfeni digestorum*)

In lege fundi aquam accessuram dixit: quaerebatur, an etiam iter aquae accessisset. Respondit sibi videri id actum esse, et ideo iter quoque venditorem tradere oportere.

En una cláusula de venta de un fundo se consideraba incluida el agua por accesión. Se preguntaba si el paso hasta el agua se consideraba también incluido por accesión. Respondió que le parecía que esto es lo que se había hecho y que por tanto el vendedor debió también entregar el paso.

- *Cuarto caso: las cañerías se entienden incluidas en la venta del fundo, ¿pero también el depósito central de agua?*

D. 18.1.78 pr. (*Labeo libro quarto posteriorum a Iavoleno epitomatorum*)

Fistulas emptori accessuras in lege dictum erat: quaerebatur, an castellum, ex quo fistulis aqua duceretur, accederet. Respondi apparere id actum esse, ut id quoque accederet, licet scriptura non continetur.

En una cláusula de venta se había declarado que las cañerías habían de acceder al comprador. Se preguntaba si el depósito central, desde el cual el agua era conducida a través de las cañerías, accedía también. Respondí que resultaba manifiesto que se había actuado para que esto también accediese, aunque en la escritura no se previera.

- *Quinto caso: venta de fundo con cláusula ambigua sobre las conducciones de agua.*

D. 18.1.33 (*Pomponius libro 33 ad Sabinum*)

Cum in lege venditionis ita sit scriptum: 'flumina stillicidia uti nunc sunt, ut ita sint', nec additur, quae flumina vel stillicidia, primum spectari oportet, quid acti sit: si non id appareat, tunc id accipitur quod venditori nocet: ambigua enim oratio est.

Cuando una cláusula de venta se ha escrito esto: *las conducciones de agua gruesas y estrechas, que se conserven en el estado actual*, y no se añade de qué conducciones se trata, primero ha de observarse lo que se ha realizado y si esto no es manifiesto entonces se acepta lo que perjudica el vendedor, pues la declaración es ambigua.

- *Sexto caso: la «Causa Curiana». ¿La sustitución vulgar incluye la pupilar?*

El testador Marco Coponio, creyendo que su mujer estaba encinta, instituyó heredero al hijo que debía nacer, si nacía antes de transcurridos diez meses después de su muerte. Para el caso de que el heredero muriese antes de alcanzar la pubertad, el testador dispone su sustitución con Manlio Curio. Muere el testador y el hijo que se esperaba no nace. Manlio Curio pretende la herencia y a él se oponen los parientes agnados de Coponio que tenían derecho a la sucesión ab intestato. (Cic. *De oratore*. 1.39.57; *Brutus* 39.52; *Topica* 10.44; *Pro Caecina* 18).

Cfr. el caso con este texto del jurista Modestino:

D. 28.6.4pr. (*Modestinus l.s. de heuremat.*)

Iam hoc iure utimur ex divi Marci et Veri constitutione, ut, cum pater impuberi filio in alterum casum substituisset, in utrumque casum substituisse intellegatur, sive filius heres non exstiterit sive exstiterit et impubes decesserit.

Aplicamos la solución de la constitución dada por los divinos Marco Aurelio y Vero: Cuando un padre nombra un sustituto del hijo impúber para un supuesto, se considera que lo nombró para los dos supuestos:

tanto si el hijo no llegó a ser heredero como si habiendo llegado a serlo murió impúber.

PERSPECTIVA DE LA CUESTIÓN DE LA INTERPRETACIÓN A TRAVÉS DE LA RETÓRICA. ANÁLISIS DE LA OBRA *RETHORICA AD HERENNIUM* (1.11-13)

Introducción

Pasemos ahora a analizar el modo de considerar la interpretación por parte de la retórica a través de la obra propuesta, la *Rethorica ad Herennium*, que vamos a seguir a partir de ahora hasta el final del bloque temático dirigido al estudio de la exposición oral. La hemos escogido por su claridad y porque es lo suficientemente amplia como para abordar de manera completa la retórica y para aplicarla a la actualidad.

Los casos que se exponen en ella deben ser discutidos con los estudiantes.

Antes de empezar...

Marco histórico y relevancia para el estudio de la *Rethorica ad Herennium*

Esta obra, que se sitúa temporalmente hacia el año 90 a. C., supuso una ruptura en Roma con la enseñanza de la retórica en lengua griega, destinada esta última a la instrucción de las clases más elevadas socialmente y con posibilidades de acceso al idioma culto por excelencia de entonces. El éxito del estudio de la *Ad Herennium* proviene quizás del elogio y de la recomendación de su estudio por parte de san Jerónimo.

Su autoría sigue siendo discutida. Se atribuyó a Cicerón durante mucho tiempo y después a otros autores (por ejemplo, Cornificio). Junto con el tratado *De inventione* de Cicerón, que nosotros hemos utilizado también de vez en cuando en nuestras lecciones, ha constituido la base de la enseñanza de la retórica durante toda la Edad Media y el Renacimiento.

Algunos temas expuestos en ella, como la elocución en el último libro, se cuentan entre lo mejor y más original que atesora. Nos parece sorprendente también la actualidad de los consejos en el uso de la memoria y los trucos que emplea para poder aplicarla a los discursos y desarrollar las dotes naturales de cada uno. Otras partes, como la relativa a la argumentación –algo mejor la correspondiente a las argumentaciones defectuosas o falacias, a nuestro juicio– han precisado por nuestra parte de las oportunas adaptaciones.

Para que el estudiante pueda seguir estos materiales debe hacerse con una edición, al menos en español, de la obra. Recomendamos sobre todo estas (la primera puede hallarse, de manera fácil y a un precio muy asequible, en formato *ebook*; la segunda, bilingüe, por desgracia está agotada y solo puede encontrarse en libreros de libro antiguo):

Cicerón, M. T. *Retórica a Herenio*. Rev. J. Mª Núñez González. Introducc., trad. y notas de S. Núñez. Madrid: Gredos, 1997.

—. *Rhetorica ad Herennium*. Ed. J. F. Alsina. Barcelona: Bosch. Erasmo Textos Bilingües, 1991.

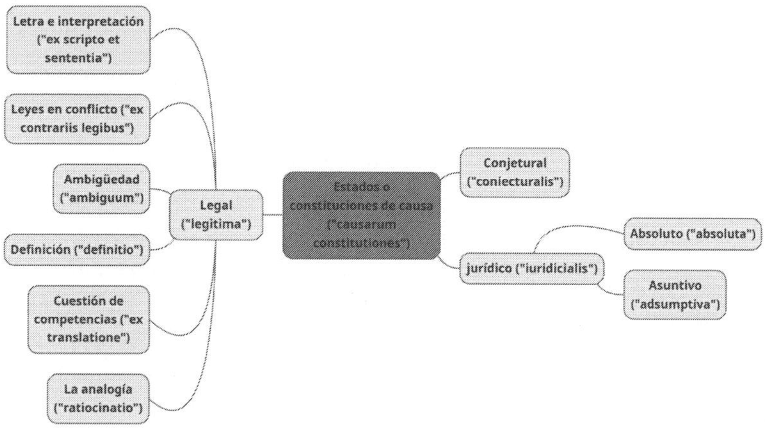

Estado de causa conjetural

- *Cuando la controversia es acerca del hecho en sí.*

  Ejemplo: ¿Es Ulises el autor de la muerte de Áyax? (1.11.18).

Estado de causa legal

- *Cuando el conflicto es entre el tenor literal y la intención del texto.*

  Ej.: Texto de la ley: «quienes abandonen una nave en una tormenta pierden la propiedad de ella y de su cargamento en favor de quienes permanezcan en ella, en caso de que se salve». ¿Y si se quedó en ella una persona enferma sin posibilidad de salir de la nave, y esta se salvó finalmente? (1.11.19).

- *Cuando la ley ordena o permite hacer algo que otra prohíbe*

  Ejemplo: se prohíbe por una ley que quien es condenado por extorsión ejerza su cargo, pero por otra ley se establece que si fallece una persona con un determinado cargo sea otra de ese mismo cargo la que anuncie el sucesor de la persona fallecida. ¿Y si el que lo anuncia ha sido condenado por extorsión? (1.11.20).

- *Si el texto admite varias interpretaciones, pero es única la intención del redactor*

  Ejemplo: «Mi heredero deberá dar a mi esposa una vajilla por valor de treinta libras de plata, la que quiera». ¿La que quiera quién? (1.12.20).

- *Si lo que se discute es la denominación de los hechos*

  Ejemplo: El magistrado Cepión impide con violencia que se celebre una votación a propósito de un proyecto de ley ideado por otro magistrado, Saturnino, cuyas medidas estima el propio Senado contrarias a la república. ¿Ha habido traición por parte de Cepión al usar medios violentos? (1.12.21).

- *Cuestión de competencias*

  Ejemplo: si uno sustrae bienes públicos de un lugar privado, ¿ha cometido hurto o apropiación de bienes públicos? Los órganos jurisdiccionales competentes y el procedimiento (de juicio privado y juicio público respectivamente) son diferentes (1.12.22).

- *Controversia basada en la analogía*

  Ejemplo: Maleolo mata a su madre y es condenado a muerte. Poco antes de sufrir el suplicio, es decir, en situación de inestabilidad emocional grave, otorga testamento: ¿es válido? Si no lo es, heredan sus parientes agnados más próximos, según la ley. Hay otra ley que se refiere a los enajenados mentales: ¿se puede aplicar aquí? (1.13.23).

Estado de causa jurídico

- *Absoluto: se alega que los hechos son conformes a derecho*

  Ejemplo: la representación teatral satírica de un mimo ¿es injuriosa respecto del poeta Acio o es lícita? (14.24).

- *Asuntivo: la defensa es débil y, por eso, se adoptan argumentos externos*

  Ejemplos: V. en 1.14.24 y 1.15.25 siguiendo el esquema *infra*.

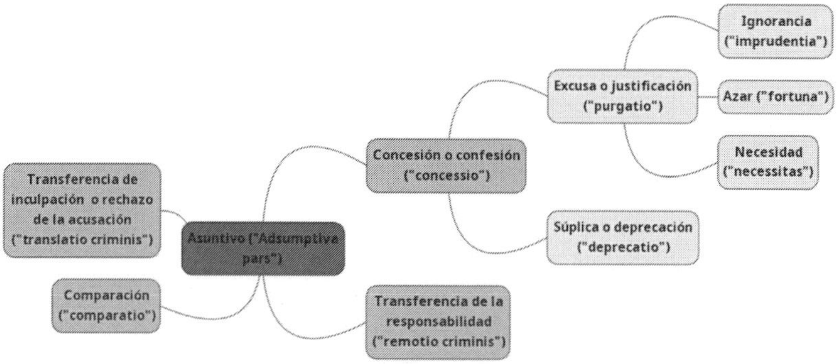

Concesión o confesión (1.14.24): suplico perdón por el hecho cometido e intento justificar mi acción afirmando que no obré deliberadamente, o pido simplemente clemencia en atención a mis cualidades o méritos.

Transferencia de inculpación o rechazo de la acusación (1.15.25): obré como lo hice por culpa de otros.

Transferencia de la responsabilidad (1.15.25): no soy responsable, aunque haya cometido la acción. La culpa es de otra persona o de una circunstancia determinada.

Comparación (1.15.25 *in fine*): ante dos posibles acciones alternativas, opté por la mejor.

Primera Parte

Bloque II. Elementos de oratoria forense (Según la *Rethorica ad Herennium*)

Tema 5
Tareas o facultades del orador

INTRODUCCIÓN

Este tema es breve. Nos proporciona el marco general que va a ser desarrollado a continuación con todo detalle. Nos detenemos algo en la invención y disposición en el estado de causa legal y en el jurídico.

Respecto de las tareas o cualidades que debe poseer un orador (1.2), una primera advertencia: las tareas del orador no deben ser confundidas con las partes del discurso (v. 1.3). Aquellas son las siguientes:

Invención (*inventio*): búsqueda y elección de argumentos para el discurso.

Disposición (*dispositio*): ordenación de argumentos hallados.

Estilo o elocución (*elocutio*): verbalización del discurso.

Memoria (*memoria*): retención del discurso en la mente.

Pronunciación, representación o acción (*pronuntiatio*): la declamación y puesta en escena.

Modos de lograrlas: arte (*ars*), imitación (*imitatio*) y ejercicio (*exercitatio*).

ESPECIAL REFERENCIA A LA INVENCIÓN Y DISPOSICIÓN EN EL ESTADO DE CAUSA LEGAL (2.9-12) Y JURÍDICO (1.14-15 Y 2.13-17)

Léanse los diferentes «lugares comunes» (*loci*) o argumentos en sentido amplio que suelen aparecer en ambos estados de causa: en el legal, distribuidos según las seis categorías analizadas en el tema anterior; en el jurídico, según las dos contempladas.

Legal:

- Letra e intención (2.9.13 y 2.10.14): hagamos un recuento de los argumentos en favor de la literalidad y argumentos en favor de la intención procurando identificar los más importantes.
- Leyes en conflicto (2.10.15): especial atención a la posible derogación de alguna de las leyes. Interpretación de ambas leyes.
- Ambigüedad (2.11.16): la tarea consiste en averiguar por todos los medios si de verdad hay ambigüedad. No se preste por ahora atención a la cuestión de las anfibologías.
- Definición (2.12.17): véase el modo de enfocar la causa y extraer argumentos en el ejemplo de Cepión ya expuesto en el tema anterior acerca del delito de alta traición (*crimen maiestatis*).
- Cuestión de competencias (2.12.18): los argumentos, que deben encontrarse en las fuentes del derecho, se refieren al modo de incoar o iniciar el procedimiento y a su tramitación.
- Analogía (2.12.18): los argumentos surgen de la comparación con casos o regulaciones análogas.

Jurídico:

- Absoluto (2.13): la conformidad con el derecho se hace interpretando y aplicando el propio derecho, para lo que hay que recurrir a las diferentes fuentes del derecho (*cfr.* la diferente perspectiva que adopta un jurista romano o el propio derecho actual): derecho basado en la naturaleza (*natura ius*), derecho basado en la ley (*lege ius*), derecho basado en la costumbre (*consuetudine ius*), precedente o fallo judicial (*iudicatum*), derecho emanado de la equidad (*ex aequo et bono ius*), derecho que surge de lo pactado (*ex pacto ius*).
- Asuntivo:
    - Excusa o justificación:
        - Comparación (2.14.21-22): argumentos en torno a cuál de las dos posibilidades de actuación era la más útil.
        - Rechazo de la acusación (2.15): argumentos sobre si se puede trasladar la responsabilidad a otros o, al contrario, si al hacerlo todo delito quedaría impune.
        - Confesión o concesión (2.16): argumentos de necesidad (*¿me vi obligado a cometer el delito?*); ignorancia (*no estaba informado, pero ¿debí estarlo?*); azar (*caso fortuito o fuerza mayor: ¿hasta qué punto lo ha sido?*).

    - Transferencia de la responsabilidad (2.17 *in fine*): se busca transferir la responsabilidad a una persona o a una circunstancia que me forzó, o indujo al menos, a cometer un delito. La cuestión es si fue tan determinante como para no poder oponerme o resistirme a ella. De ahí surgen los argumentos al respecto.
- Súplica (2.17): los argumentos surgen de la propia persona del acusado, sus méritos, su utilidad futura para el Estado o para la sociedad, etc.

Tema 6
Tipos de discurso oral. Partes del discurso y la invención, preferentemente en el género judicial

INTRODUCCIÓN

En este tema se exponen los diferentes tipos de discurso oral y las partes del discurso que, como ya dijimos, no deben ser confundidas con las tareas del orador. En la obra se habla de la invención, que es una tarea que afecta a todas las partes del discurso. En este tema, ciñéndonos a la obra que seguimos, la vamos a ver aplicada al género que quizás nos interesa más en derecho, a saber, el judicial.

Tipos de discurso oral: judicial, deliberativo y demostrativo (1.2). Son los tres géneros de causas (1.2): demostrativo o epidíctico (*demostrativum*), deliberativo (*deliberativum*) y judicial (*iudiciale*).

- Demostrativo o epidíctico: aplicado a la alabanza o crítica de una persona determinada.
- Deliberativo: utilizado para persuadir a un auditorio determinado de la conveniencia de adoptar una decisión o disuadirle de seguir otra.
- Judicial: relativo a las causas de derecho ante los tribunales, tanto para acusar a alguien o reclamarle algo como para defenderle.

La invención afecta a las seis partes del discurso (1.3.4): exordio (*exordium*), narración (*narratio*), división (*divisio*), demostración o confirmación (*confirmatio*), confutación (*confutatio*)y conclusión (*conclusio*).

- Exordio: inicio del discurso y preparación del oyente. Cuatro tipos de causas: digna (*honestum*), deshonrosa (*turpe*), dudosa (*dubium*) e insignificante (*humile*).
- Narración: desarrollo del discurso.
- División: se manifiesta acuerdo o desacuerdo con una idea y se enumeran puntos que se van a tratar.
- Demostración: exposición y justificación de argumentos.
- Confutación: rechazo de los argumentos contrarios.
- Conclusión: se impone fin al discurso según los principios de la retórica.

EXORDIO (1.4-7)

Distinción entre exordio directo (*principium*) e indirecto o por insinuación (*insinuatio*). Con el primero logramos la atención inmediata del auditorio (1.4.6). El segundo lo reservamos a una causa deshonrosa, o cuando el auditorio parece haber estado persuadido por las palabras de nuestros oponentes anteriores a las nuestras, o cuando el auditorio muestra signos de cansancio en la escucha (1.6.9).

La diferencia entre ambos es el disimulo que se utiliza en el segundo para lograr la atención del auditorio (1.6.11).

Lea el contenido de estos párrafos e intente extraer, de los consejos que ofrece el autor de esta obra, alguna enseñanza para ponerla en práctica al comienzo de un discurso en función de la dificultad y del riesgo que corre en su defensa ante un auditorio más o menos bien dispuesto a escucharle.

NARRACIÓN (1.8-9)

El autor realiza una discutible clasificación de la narración en tres tipos de los cuales nos interesa especialmente el primero, dado que el segundo es confuso y el tercero se refiere a las obras literarias (relato legendario, historia y ficción). El primero es aquel en el que se exponen los hechos y se presentan todas aquellas circunstancias que nos son favorables para resultar victoriosos en el debate.

Son interesantes las cualidades que requiere una buena narración (1.9.14): *brevedad*, *claridad* y *verosimilitud*.

- La narración es breve (*brevis*) si parte de un punto preciso, es decir, sin remontarse demasiado lejos hasta perder el hilo de lo que se está describiendo; si se resume para quedarse con lo esencial; si no se pierde en digresiones inútiles; si se presenta de manera que pueda entenderse lo que ha sucedido con anterioridad (1.9.14).
- La narración será clara (*dilucida*) si se describen los acontecimientos por su orden cronológico y si se hace de una forma no embrollada o liosa, si no se alude a aspectos o circunstancias irrelevantes, y si se prefiere, en general, la brevedad antes que la prolijidad en el modo de hablar (1.9.15).
- La narración será verosímil (*veri similis*) si es creíble en atención a lo que suele hacerse, a lo que comúnmente se opina de las cosas, o a la realidad de las cosas de acuerdo con la naturaleza. Por ejemplo, si se alude

correctamente a los lugares en los que se ha desarrollado un acontecimiento, o se describe a los personajes y a sus acciones de acuerdo con lo que se espera de ellos en atención a su profesión o estimación social, o se refleja adecuadamente el tiempo de realización de los hechos que se describen (1.9.16).

La división distingue dos partes (1.10.17):

- En primer lugar, se anuncia aquello en lo que se está de acuerdo o en lo que se está en desacuerdo con lo que los oponentes en el debate han declarado.
- En segundo lugar, se procede a la distribución (*distributio*), que a su vez tiene dos partes: la enumeración (*enumeratio*) y la exposición (*expositio*).
    - En la enumeración se declara el número de argumentos que se van a tratar. Estos no deben ser ni muchos ni pocos, pero es preciso adecuar el discurso a esos argumentos sin dejarse ninguno de los enumerados o sin tratar más que estos.
    - En la exposición se alude a los temas a los que se va a referir nuestro discurso, citados brevemente.

DEMOSTRACIÓN Y REFUTACIÓN

El autor deja de tratar en este primer libro estas dos partes en las que interviene la invención porque se verán más adelante. Sin embargo, es importante que ahora se repasen los estados de causa que se han visto con anterioridad para poder disponer adecuadamente la demostración y la refutación. En 1.16 habla de los medios que deben utilizarse para afrontar los diferentes estados de causa: justificación (*ratio*), es decir, lo que sustenta lo que se defiende en juicio; fundamento (*firmamentum*) de la acusación, es decir, lo que se presenta contra la defensa; y asunto objeto de enjuiciamiento (*iudicatio*), es decir, la cuestión que resulta del choque de los anteriores factores entre sí.

CONCLUSIÓN (2.30-31)

Comprende tres partes: recapitulación, amplificación y apelación a la misericordia.

- La recapitulación consiste en la cita breve y ordenada de los puntos tratados en el discurso tal y como aparecen en la división realizada al principio (30.47).

- Mediante la amplificación se busca conmover al auditorio escogiendo algunos de los lugares comunes que se utilizan en esta parte del discurso (30.48-49). El autor cita hasta diez lugares que tienen que ver con el procedimiento penal. No deben aprenderse de memoria, aunque sí leerse con detenimiento. En general, son propios de la retórica como arte de la persuasión y menos del derecho como ciencia que busca distinguir entre lo justo lo injusto. Así, por ejemplo, la apelación al interés mostrado por personas sabias en el hecho que se enjuicia (lugar 1); a la necesidad del castigo por su carácter ejemplar y para que los jueces observen uniformidad en sus sentencias (lugares 3, 4, 5); la apelación a la naturaleza del crimen, a su atrocidad, a si se cometió intencionada o negligentemente, a su comparación con otros hechos delictivos o a las circunstancias del crimen, a las personas a las que afecta etc. (lugares 2, 6, 7, 8, 9, 10).
- La apelación a la misericordia (31.50) es un recurso de la retórica, si cabe, aún más típico: es lo que se ha denominado «peroración» (*peroratio*) tradicionalmente. La finalidad es la de «llegar al corazón» de los oyentes recurriendo a su piedad o benevolencia suscitada en torno a las circunstancias personales de la persona que puede sufrir por la sentencia un severo castigo, para intentar mitigar sus efectos. Cae en principio fuera de los objetivos que persigue el derecho, dejando a un lado la equidad (*aequitas*), entendida como benevolencia o benignidad no caprichosa o arbitraria y desde luego no al margen de la ley, que todo juez debe manejar con prudencia en su tarea de administrar la justicia rectamente.

Tema 7
Los otros tipos de discurso oral. Tareas del orador (continuación): disposición, representación y memoria

INTRODUCCIÓN

Después de analizar en los temas anteriores diferentes aspectos del género judicial, ahora corresponde hablar de los otros dos géneros del discurso oral: el deliberativo (3.1-5) y el demostrativo (3.6-8).

En la segunda parte de este tema se estudiará también lo relativo a las siguientes tareas del orador: disposición (3.9-10), representación (3.11-15) y memoria (3.16-24). Naturalmente, la invención ha sido tratada ya en los temas anteriores. Más llamativo es que no aparezca aquí la elocución. Como venimos diciendo, uno de los rasgos sobresalientes de esta obra es la atención puesta en ella que obliga al autor a extraerla de este lugar, que sería su sede más lógica, para tratarla de modo especial en el último libro. La veremos, por tanto, en el tema siguiente.

EL GÉNERO DELIBERATIVO (3.1-5) Y EL GÉNERO DEMOSTRATIVO (3.6-8)

Después de un breve comentario sobre el tratamiento que, hasta el libro tercero, el autor ha ofrecido de la retórica a sus lectores (3.1), se propone tratar inicialmente los discursos deliberativos (3.2.2 y siguientes). En ellos se delibera acerca de una decisión que, respecto de un determinado asunto de trascendencia para la vida de la comunidad cívica, debe tomarse en un sentido o en el contrario. Así, por ejemplo, declarar la guerra o no a otro país.

El concepto clave aquí es el de *utilidad*, que el orador debe poner de manifiesto conforme al siguiente esquema (3.3.3):

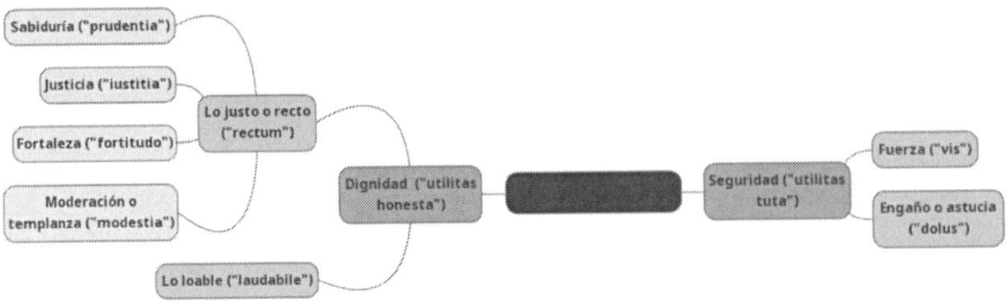

A continuación (3.4-6 y 4.7), habla de los lugares comunes de lo justo o recto y de lo loable. En los discursos políticos, casi diríamos de todos los tiempos, han sido y seguirán siendo muy utilizados. Como es natural, carece de sentido intentar aprenderlos de memoria, pero conviene que los leamos con detenimiento intentando ponerlos en relación incluso con las deliberaciones políticas más recientes que recordemos.

Género demostrativo (3.6-8)

También denominado «epidíctico». Sirve para elogiar a una persona o, por el contrario, criticarla en atención a sus circunstancias externas, atributos físicos o cualidades morales.

En cuanto a las partes de este discurso, se caracterizan por lo siguiente:

- El exordio (3.7.11-12) es directo (no por insinuación o disimulado) y parte de nuestra persona en relación con la que tomamos de referencia, para luego hablar de ella, después de nuestros oyentes y finalmente del tema mismo. El autor dedica varios párrafos respectivos a cada uno de estos cuatro subtemas distinguiendo entre si lo que hacemos es elogiar a esa persona o censurarla y describiendo algunos de los lugares comunes más frecuentes.
- No precisa de narración (3.7.13).
- La división consiste en una exposición breve de las virtudes o defectos que vamos a destacar y después los hechos ordenados que vamos a describir, tanto si se trata de un elogio como si es una censura.
- Las conclusiones serán breves.

Aunque el autor opina que este tipo de discurso puede no ser frecuente, hoy, sin embargo, lo es, por ejemplo, en el ámbito universitario; así, cuando deseamos presentar a un conferenciante en un congreso científico o como moderadores de la mesa integrada por varios participantes de un coloquio o debate, a los que debemos presentar ante el público. Aludiremos a esto de nuevo más adelante.

DISPOSICIÓN (3.9-10), REPRESENTACIÓN (3.11-15) Y MEMORIA (3.16-24)

Después de tratar los dos géneros de discurso hasta ahora descritos en este tema, el libro tercero finaliza con el análisis de las siguientes tres cualidades o tareas del orador a la hora de confeccionar su discurso: disposición, representación y memoria.

Disposición (3.9-10)

Esta cualidad o tarea del orador consiste en la ordenación de los materiales que han sido obtenidos a través de la invención.

El autor habla de dos tipos de disposición:

- uno, el que se adapta a las reglas de la retórica (exordio, narración, división, demostración, refutación, resumen);
- y dos, el propio de la argumentación (*proposición, demostración, confirmación de la demostración, prueba, ornato* y *conclusión*). Este segundo tipo será tratado en el tema de la argumentación, que el autor describe en el libro segundo.

Es consciente el autor de que el orden puede cambiar si la causa lo precisa: por ejemplo, si el auditorio está fatigado, quizás sea aconsejable suprimir el exordio.

En 3.10.18 ofrece buenos consejos a propósito de las argumentaciones: así, por ejemplo, habla de colocar los argumentos más sólidos al inicio y al término de la causa; o que después de finalizada la narración, se refuerce la confirmación con alguna prueba, para que de ahí que la argumentación final deba ser sólida. Esto último, por una apreciación de tipo psicológico muy interesante y actual, a saber, que lo dicho en último lugar se recuerda más fácilmente que lo anterior. Tengámoslo en cuenta cuando preparemos nuestro discurso o intervención oral.

Representación (3.11-15)

Es la *pronuntiatio* y *actio*; es decir, tiene que ver, respectivamente, con la voz y con el movimiento corporal o gestos que pensamos emplear en el discurso («kinésica»).

Veamos el siguiente esquema:

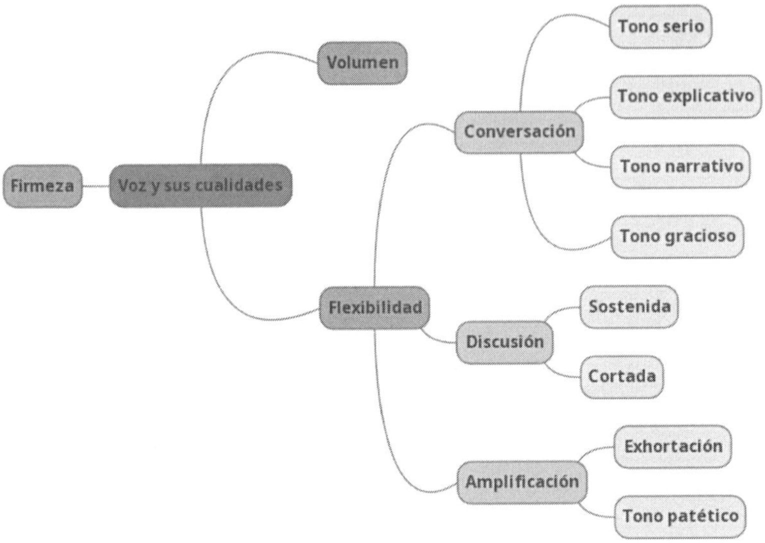

Lea detenidamente los consejos que el autor suministra para cada tipo de intervención oral. En términos generales, debe graduarse oportunamente el volumen y el tono para que no sea excesivo al principio uno y otro y la voz resulte estruendosa o estridente. Además, hay que evitar el agotamiento de las cuerdas vocales que de este modo se produciría en breve espacio de tiempo. La modulación de la voz según los diferentes tonos, en atención a las diversas clases de intervención oral, resulta también de interés. Así, por ejemplo, la conveniencia de una voz tranquila y grave tratándose de una conversación seria, o la adaptación al tipo de narración, más rápido o más lento, de la voz.

En cuanto al movimiento del cuerpo (3.15.26-27), de nuevo son de interés los consejos que el autor ofrece para cada tipo de intervención oral en atención al tono que debe emplearse en cada caso, según el esquema que hemos visto anteriormente.

Ejemplos actuales y ejercicios[1]

- La voz: ámbito segmental (en relación con los fonemas o los sonidos o alófonos: pronunciación correcta o incorrecta de sonidos), supraseg-

[1] Seguimos aquí, aunque combinándola con nuestras observaciones, la siguiente obra: Instituto Cervantes. *Saber hablar*. Ed. A. Briz. Madrid: Aguilar, 2008, págs. 119 y ss.

mentales (acento y entonación) y paralingüístico (alusivo a ciertas alteraciones vocales que reflejan un cierto estado psicológico del que habla; por ejemplo, vacilación al alargar una vocal de manera llamativa).

- La emisión correcta de la voz: el cuidado de la voz y la buena pronunciación. Esta última en relación con el volumen, velocidad, tono, pausas y flexibilidad (modulación). Siguiendo los consejos de la obra de retórica clásica analizada aquí, podemos obtener estos resultados.
- Técnica de respiración en relación con el volumen. Respiración de diafragma (esta es la practicada en el canto y es útil para todo orador. Logra liberar los músculos de la garganta y consigue más volumen de aire que se apoya en el diafragma a través de los pulmones).
- Cualidades de una voz agradable. La suma de todas ellas, la entonación. La intencionalidad del discurso y el auditorio. V. lo que nos propone la obra de retórica analizada.
- Ejercicios para el logro de la emisión de la voz correcta de la pronunciación adecuada. ¿Qué significa «hablar de garganta»? Es hablar con técnica defectuosa, haciendo incidir el aire en la garganta, en vez de que «salga fuera» repercutiendo más bien en el paladar, lo que provoca daños en las cuerdas vocales.
- Tipos de presentación: de memoria (analícense con los estudiantes sus ventajas e inconvenientes), discurso leído (lo mismo: ventajas e inconvenientes) y mixto (lo mismo: ventajas e inconvenientes).

  Hoy en día se practica sobre todo el discurso leído y se ha perdido con él mucho de la naturalidad del que podríamos llamar «sin papeles», siempre que este último no acabe convertido en una exposición mecánica de palabras y frases. El tercer tipo es quizás la opción más correcta para la mayor parte de los casos.
- Ejercicios de ensayo del discurso: búsqueda de la fluidez, ausencia de errores, control del tiempo. La práctica de todo orador antes de representar su discurso ante el público es fundamental en relación con estas tres cuestiones.
- Espacio en el que se desarrollará el discurso: la sala del discurso y la posición del orador ante el auditorio: de pie, sentado y mixta. hay ventajas y desventajas en cada una de estas disposiciones. Deben analizarse separadamente.
- Acústica (el micrófono etc.). Medios técnicos propios del discurso (informáticos, proyector, aparato reproductor de sonido etc.). El ejemplario (mal llamado *handout*): la prudencia de todo orador debe llevar a comprobar todos estos elementos antes de realizar la presentación. El ejemplar u hoja-resumen de la exposición oral debe ser claro, breve y ordenado. (Es conveniente que los estudiantes se ejerciten con esto ante sus propios compañeros).

La presentación en PowerPoint: los frecuentes abusos en su utilización, por la opinión errónea de que debía albergar el contenido entero de la presentación, han provocado su rechazo incluso en el ámbito empresarial, donde desde hace décadas había tenido un gran auge. Sin embargo, bien utilizada es una herramienta ideal de apoyo. (Debe proponerse su ejercitación correcta a los estudiantes).

- Aspecto del orador: Imagen inicial (la que obtiene el auditorio desde el inicio), global (impresión de conjunto que el público extrae del orador a partir de sus rasgos externos) y relativa (la que resulta de una situación o de un momento particular). Debe cuidarse al máximo.
- Kinésica y proxémica: –Los gestos y su significado. Hacia la naturalidad. Las manos, la mirada y las posturas el cuerpo. – La distancia entre las personas (orador y auditorio). Zona íntima, personal y social.
- La vestimenta. Debe ser adecuada al tipo de acto según sea más formal o menos y en atención al auditorio. La conciencia social y el sentido común son guías indispensables aquí.

El auditorio

Cualidades y valores reclamadas socialmente: naturalidad, autenticidad, sinceridad y transparencia. Seguridad y firmeza, coherencia, humildad. Seriedad profesional, actitud entusiasta, esperanzadora y optimista a la vez que realista, comprometida (asume los errores).

- Utilización adecuada del léxico para estos fines. En general, pulcritud.
- Respeto a los demás.
- Discursos que amenazan la imagen del orador: aquellos cuyo contenido puede molestar al auditorio. Depende también de la relación entre el emisor y el receptor, el grado de proximidad de esta y si es jerárquica o no. Pueden suponer ataques a la dignidad de los demás o ser humillantes. Pueden también ser positivos, es decir, pueden consistir en órdenes. La cortesía verbal opera mediante la atenuación de la dureza de las palabras o en su caso la renuncia al ataque, decisiones que el orador debe tomar.
- La cortesía verbal puede ser protocolaria y estratégica. La primera es la utilizada en los actos de saludos formales. La segunda sirve para atenuar declaraciones demasiado severas (estrategias de atenuación) o bien para ensalzar al auditorio o receptor (estrategias de intensificación).
- Se pueden atenuar palabras, peticiones, ruegos y órdenes, afirmaciones o declaraciones.
- Atenuación de palabras: cuantificadores minimizadores, eufemismos y lítotes.

- Atenuación de ruegos, órdenes y peticiones: evita la dureza de los verbos imperativos a través del uso del futuro o del condicional, o utilizando otros verbos de significación más suave, o admitiendo la posibilidad del rechazo de la otra parte etc.
- Atenuación de afirmaciones: se logra mediante su rebajamiento a opiniones sujetas a discusión. La utilización del futuro en vez del imperativo, la apelación a la mayoría, la utilización del plural mayestático, la admisión de la posibilidad de errar, frases hechas que son marcadores discursivos etc.
- Estructuras lingüísticas para ensalzar al auditorio:
  - De modo directo: mediante la elección de palabras, giros, de sonoridad positiva, utilización de sufijos superlativos, frases hechas etc.
  - De modo indirecto: apoyando indirectamente de la opinión del interlocutor con giros o adverbios que lo demuestren. Incluso son válidas las marcas de retroalimentación de tipo paralingüístico.
- Las seis máximas de Geoffrey Leech (1983): tacto (sobre lo que pueda agradar o molestar al oyente), generosidad (sobre lo que pueda beneficiar a la gente aun a costa propia), aprobación (sobre lo que puede elogiar al oyente evitando hacer posible la crítica), modestia (sobre lo que puede apreciar al oyente aun a costa de un menor a aprecio propio), acuerdo (es preferible todo lo que puede contribuir al acuerdo antes que al desacuerdo) y simpatía (resulta preferible obtener simpatía antes que antipatía).
- En general, la atención al auditorio debe estar presente en la entera construcción del discurso de manera que todas las partes de la retórica deben confluir en él a través de la capacidad de observación del orador con respecto a su público: el discurso debe ser el que el auditorio necesita oír o conviene que oiga, el nivel del idioma debe ser el apropiado, el tiempo y la voz deben ajustarse a lo que se espera oír.

Aplicación de las reglas anteriores a diferentes tipos de intervención oral

Examen oral

Algunos consejos básicos

- Debe alcanzarse el dominio de la materia para poder exponerla oralmente. Aconsejable la previa realización de ejercicios orales individuales o ante otro. Técnicas de relajación o ayudas leves de infusiones que ayuden a moderar los nervios.
- Correspondencia de epígrafes con contenido. Se debe saber lo que le preguntan a uno: es diferente escribir algo que analizarlo, enumerar, poner ejemplos...

- Si la pregunta es compleja o amplia, se puede pedir algo de tiempo para ordenar ideas, incluso escribiéndolas en una hoja, si se le permite. Es fundamental guardar un orden en la exposición y no divagar.
- Hay que recordar las exigencias del discurso: pureza, claridad, concisión, elegancia y eficacia.
- El control del tiempo es fundamental, así como la puntualidad.
- Entre las fórmulas iniciales, una característica es «con la venia del tribunal...». Entre las fórmulas finales: «así concluyo mi respuesta. Muchas gracias». Tratamiento de usted preceptivo si el ámbito de del discurso es formal.
- Apariencia externa correcta. Respeto al tribunal en todo momento. Debe mirar al examinador o al tribunal, o, en su caso, al grupo.
- Control de movimientos corporales exagerados y continuos.

Reunión de trabajo

Algunos consejos básicos

Un tipo muy usual en derecho y de gran importancia es la negociación:

- Se deben aplicar las normas generales de la retórica analizadas aquí. El respeto a través del lenguaje y de los gestos es fundamental.
- Búsqueda de soluciones de compromiso entre partes enfrentadas.
- Elaboración de un orden del día que será seguido en la negociación.
- Conocimiento del tema de fondo, de los argumentos y contra argumentos de cada una de las soluciones que puedan adoptarse.
- Conocimiento de la otra parte. Necesidad de empatía para evitar que la otra parte se sienta como rival y eventual perdedor.
- Intentos de acercamiento a través de soluciones intermedias de transacción.
- Posición no subordinada frente a la otra parte.

Conferencia

Algunos consejos básicos

Normas generales de la retórica aplicadas también aquí: pureza, claridad y concisión, elegancia y eficacia del lenguaje. Partes del discurso.

- El tiempo máximo de duración es de una hora. Probablemente sea menos: 40 minutos o incluso media hora o 20 minutos en las comunicaciones.

- Debe comenzar por un saludo a quien le haya presentado y al auditorio y debe aludir a la ocasión o motivo de la conferencia que se dispone a pronunciar. Los agradecimientos pueden venir ahora o al final, pero son preceptivos.
- Previamente habrá organizado todo el material y puede incluso haber escrito a la conferencia. Sin embargo, nunca o casi nunca debe ser leída. Debe realizar un esquema que permita saltar diversos temas secundarios, para no excederse del tiempo concedido. se debe identificar el núcleo de las ideas principales que deben ser expuestas.
- La pretensión de agotar el tema es errónea y no contará con el favor del público.
- En una conferencia, la división de los temas que se piensan tratar es muy recomendable.
- Se debe preparar una fase frase de conclusión para evitar el efecto de interrupción o finalización en falso.
- Puntualidad y previsión en la utilización de los medios complementarios de la voz.
- El tipo de conferencia (divulgativa o científica) dependerá del auditorio
- Preparación ante un posible turno de preguntas.

Coloquio y mesa redonda

Algunos consejos básicos

Las normas generales de la retórica deben aplicarse aquí también.

- Preparación del tema y de las preguntas que el moderador pueda realizar. A veces las anticipa y a veces no. Usted es la autoridad.
- Normalmente, se comienza con una primera intervención más larga a propósito de una pregunta que lanza el moderador. No debe sobrepasar la intervención los cinco o diez minutos como mucho. Procure sorprender.
- Importancia de la elocución y de la pronunciación. Si es a través de un medio de comunicación, dada la natural inmediatez, los elementos esenciales de la intervención deben ser muy bien memorizados previamente.
- Los papeles otros instrumentos de apoyo que se lleven son absolutamente secundarios. • Debe ser respetuoso. La interrupción constante de los demás intervinientes es perjudicial para su imagen.

Entrevista de trabajo

Algunos consejos básicos

Tipos de discurso

Normas generales de la retórica: en especial, corrección y, a ser posible, elegancia en la expresión.

- Elaboración correcta de un *curriculum vitae*.
- Apariencia externa correcta y actitud de respeto. Por regla general, tratamiento de usted, al menos inicialmente preceptivo para el entrevistado hasta tanto el entrevistador no permita el tuteo.
- Se debe pensar previamente en las preguntas posibles: si no ha obtenido trabajo antes, piense en una respuesta ante la pregunta correspondiente; experiencia anterior de trabajo; expectativas de trabajo en la empresa a la que se solicita acceder; aptitudes de trabajo individuales y de trabajo en grupo; algún defecto que se tenga.
- Se debe demostrar brillantez sin pedantería o narcisismo. Deben contestarse las preguntas del entrevistador sin avasallarlo. No le interrumpa.
- La descortesía es un grave error. Una actitud distraída con respecto al entrevistador ocasiona casi siempre consecuencias fatales.
- Asimismo reprochables son las respuestas excesivamente lacónicas.
- Puntualidad, fundamental.

Memoria (3.16-24)

Es el «tesoro de las ideas proporcionadas por la invención». Dice Juan José Alcina (nota 22 página 212) que esta parte constituye el ejemplo doctrinal más antiguo que conocemos sobre el arte de la memoria.

Distingue entre memoria natural y artificial y dedica a esta última atención preferente. Es destacable la utilidad perenne del método que aconseja para perfeccionar la memoria. Distingue para ello entre «lugares» o «entornos» (*loci*) e «imágenes» (*imagines*). Fijémonos en que los primeros son cosas, que concebimos mentalmente de un modo gráfico, en las que podemos ir colocando espacialmente las ideas; por ejemplo, una casa o una habitación. Por su parte, las imágenes son «las formas, marcas o representaciones de lo que queremos recordar». Añade que, por ejemplo, si queremos recordar un águila debemos colocar su imagen en un lugar determinado.

A continuación, proporciona consejos de cómo utilizar esos lugares, que permiten que las imágenes no se borren, y de elegir los más adecuados. También

(20.33) hace lo propio con las imágenes para las que recomienda el uso de semejanzas con los objetos y con las palabras. Las primeras se obtienen cuando formamos una imagen que compendia el asunto de que se trata. Las segundas, cuando el recuerdo de la palabra se logra a través de la imagen. (Esto último es verdaderamente sorprendente porque coincide con la técnica moderna que utilizan algunos para el aprendizaje de lenguas extranjeras).

«Con un solo signo, con una sola imagen se puede llegar a recordar un entero asunto», dice seguidamente. Véase el ejemplo del hombre que fue envenenado por el acusado. El acusador manifiesta que aquel perpetró el crimen para hacerse con la herencia, para lo que aporta testigos y denuncia la existencia de cómplices. Un segundo ejemplo (21.34), que puede leerse, expone luego.

Aconseja (21.35 y 22) que las imágenes utilizadas sean de carácter fuerte o de naturaleza extraordinaria para que no se borren en la memoria. Desaconseja (23.38) suministrar imágenes para un excesivo número de palabras, aunque (24) no rechaza la memorización de las palabras.

Insiste al final en la necesidad de ejercitarse cotidianamente en el empleo de estos medios.

Tema 8
La elocución

INTRODUCCIÓN

Vamos a abordar en este tema la que es considerada probablemente la parte más original de la entera obra que estudiamos. La distinción entre estilos –grave, medio y simple– constituye una novedad absoluta de la obra. Son también muy importantes las características que debe presentar el discurso, y que responden a los rasgos actualmente vigentes, válidos tanto para el discurso oral como para el escrito. Las figuras de dicción y de pensamiento se exponen con mucho detalle en la obra. Hemos intentado extraer de modo resumido las más importantes.

ESTILOS (GRAVE, MEDIO SIMPLE. 4.8-11) – CARACTERÍSTICAS (ELEGANCIA, CONSTRUCCIÓN Y DISTINCIÓN. 4.12).

La elocución es aquella actividad o tarea del orador que tiene que ver con la correcta elección de las palabras y, en general, de la forma del discurso. Deben distinguirse dos partes en su tratamiento: los géneros de la elocución y sus exigencias o cualidades.

1. En *Ad Herennium* (8.11) se denomina «estilos» (*figurae*) a esos géneros, que son: grave o elevado, medio y simple. El primero es evidentemente el más cuidado: utiliza palabras cultas y una forma elegante. El segundo, como su nombre indica, es intermedio. El tercero, en fin, consiste en el uso coloquial de la lengua sin que tenga que ser por necesidad vulgar o chabacano.

Véase el ejemplo que expone el autor en 8.12 de estilo grave o elevado, en 9.13 de estilo medio y en 10.14 de estilo simple.

A continuación, se exponen los defectos en los que puede incurrir el orador tras haber elegido el estilo deseado para su discurso. Así, el vicio más común en el que se incurre con el uso del estilo elevado es el de la pedantería o estilo hinchado (*sufflata figura*). Es muy frecuente este defecto entre quienes desean ocultar su ignorancia mediante el uso de palabras, expresiones o estructuras lingüísticas anacrónicas, trasnochadas o, en todo caso, inapropiadas. Véase el ejemplo breve que expone el autor.

Es común este defecto en el lenguaje jurídico, pero la utilización, por ejemplo, de locuciones latinas, tan usuales en derecho, no supondría incurrir en él, pues se trata de una herramienta básica y secular del lenguaje jurídico.

Respecto del estilo medio, el defecto más común es el de la flaccidez (*genus dissolutum*), esto es, falta de vigor; también llamada estilo fluctuante (*fluctuans*) porque el discurso va como empujado por las olas, sin rumbo cierto. Véase el ejemplo que expone a continuación.

Respecto del estilo simple, el principal defecto es el de la sequedad (*genus exile*), que consiste en la falta de la más mínima gracia que todo discurso debe tener para que sea algo atractivo. Véase el ejemplo que expone.

El orador debe también tener la suficiente ductilidad para pasar de un estilo a otro, si con ello logra evitar la fatiga del auditorio.

2. En cuanto a las exigencias o cualidades que debe poseer el estilo, el autor expone las siguientes (11.17): elegancia (*elegantia*), composición o construcción (*compositio*) y distinción (*dignitas*).

La elegancia se logra, a su vez, a través de la pureza o corrección lingüística (*latinitas*; literalmente, latinidad) y de la claridad (*explanatio*). Respecto de la primera, hay dos vicios que la afectan particularmente: el *solecismo* (falta de concordancia entre palabras de una determinada estructura lingüística común) y el *barbarismo* (producido por el uso incorrecto de una palabra). Por su parte, la claridad se logra a través del uso de términos el lenguaje común y de lenguaje técnico.

A nuestro juicio, la utilización de unos u otros dependerá, naturalmente, del tipo de discurso y del auditorio al que va dirigido. No debe confundirse, además, el lenguaje técnico con el lenguaje oscuro. El primero se dirige a los especialistas en la materia de que se trata o, aunque no sea así, puede ser el único utilizable, aun a riesgo de no ser entendido por todos, si no se desea incurrir en equivocidades o ambigüedades. En definitiva, la claridad precisa de exactitud, aunque esto suponga reclamar del auditorio un esfuerzo adicional para su comprensión. Esto tiene mucho que ver con el lenguaje jurídico en relación con las propuestas de clarificación del estilo que desde diversos sectores de la profesión jurídica o ministeriales se vienen realizando desde hace algunas décadas.

La composición o construcción consiste en ordenar las palabras de manera que haya una uniformidad perfecta entre todas las partes de la oración, sin rupturas o hiatos, o sin la excesiva recurrencia de una misma letra, o de una misma palabra o palabras que finalizan de la misma manera, o sin un uso excesivo del hipérbaton (defecto recurrente en el lenguaje jurídico), o utilizando periodos excesivamente largos (defecto también común en el lenguaje jurídico).

FIGURAS DE DICCIÓN Y DE PENSAMIENTO (4.13-56)

La distinción proporciona ornato al discurso mediante la variedad. Se obtiene a través de las figuras de dicción (*exornatio verborum*) y las figuras de pensamiento (*exornatio sententiarum*). Las primeras se refieren a las palabras que se ponen al servicio de una expresión pulida, por así decir, del discurso. Las segundas se refieren al asunto propio del que tratan las palabras del discurso.

La distinción, como el propio autor de la obra de retórica percibe, no es absolutamente nítida, y en algunos casos las figuras pueden encuadrarse en una categoría como en la otra.

Entre todas las que se citan en esta obra extraemos las siguientes aprovechando buena parte de los ejemplos propuestos en ella y añadiendo otras por nuestra parte:

Figuras de dicción

Recursos fónicos

Aliteración: repetición de una o más sonidos. Ejemplo: *Oh, Tito Tacio, tirano, tú te has traído tantas tragedias* (12.18).

Onomatopeya: imitación de sonidos o ruidos de la naturaleza o de los animales. Ejemplo: *rebuznar* (*rudere*), *mugir* (*mugire*), *murmurar* (*murmurare*), *silbar* (*sibilare*); (31.42). Todos estos verbos tienen un origen onomatopéyico.

Paranomasia: uso de palabras fonéticamente similares. Véanse los ejemplos en 21.29. Para entenderlos, tómese inicialmente el modelo latino como en el supuesto siguiente: *Hic sibi posset temperare, nisi amori mallet obtemperare* (*este hombre podría dominarse si no prefiriera someterse al amor*). Es también un recurso semántico.

Calambur: agrupación de las sílabas de palabras vecinas de modo diferente con un fin lúdico. Ejemplo: *En botella. En bote ya* (conocido anuncio publicitario). Esta figura puede valer también como recurso semántico.

Recursos léxicos

Extranjerismo: palabra extranjera que se usa en su forma original. Ejemplo: *aggiornamento* (italianismo por *actualización*), *Weltanschauung* (término de la lengua alemana por *visión del mundo*).

Cultismos: palabra o expresión tomada de las lenguas clásicas. Ejemplo: *in dubio pro reo.*

Neologismo: palabras de nueva invención. Ejemplo: *culturizarse.*

Siglas: término nuevo formado con las iniciales de las palabras que lo designan. Ejemplo: *BOE, CE, CC*... Véase la lista de siglas en derecho en el presente libro.

Acrónimo: término nuevo, pronunciado como palabra, formado a través de las voces que lo constituyen. Ejemplo: *wifi, radar, bit.* Véase la lista de acrónimos en derecho en el presente libro.

Recursos de dicción por adición de palabras

Sinonimia: colocación concatenada de sinónimos en ciertos términos. Véase su relación e interés en el discurso con respecto a la *interpretación* (28.38) y a la llamada *expolición por cambio de palabras* (42.54). En el ejemplo propuesto de esta última obsérvense las siguientes expresiones: *salvación de la patria, seguridad permanente del Estado, en interés del Estado*; *sabio, persona de buenos sentimientos*; *no hay peligro tan grande, por grandes y peligrosos que sean esos riesgos.* Véase también su relación con la *corrección* (26.36) y compárese también con la *catácresis* (33.45).

Paráfrasis: reproducción libre de un texto modelo. Véase *infra.*

Epíteto: adjetivo de cualidad de una cosa. Añadido por nosotros. Es aconsejable no utilizar adjetivos demasiado comunes para expresar la cualidad de cosas a los que se refiere. Ejemplo: *el duro acero, la blanca nieve.* Véanse los ejemplos de hipérbole que también valen como epítetos en 33.44.

Pleonasmo: redundancia por el uso de términos superfluos. Ejemplo: *ser humano racional.*

Recursos de dicción por supresión de palabras

Elipsis: supresión de una palabra en una frase sin que se altere su significado que acentúa el laconismo. Ejemplo: *el contrato, bilateralidad de obligaciones.*

Asíndeton: Supresión de conjunciones para aligerar un enunciado. Ejemplo: *Complace a tu padre, obedece a tus parientes, atiende a tus amigos, cumple las leyes* (30. 41).

Zeugma: colocado al principio se sobreentiende en los demás enunciados que siguen. Ejemplo: *Lo vi gesticular, reír, llorar y gritar.*

Recursos de dicción por repetición de palabras

Anáfora: repetición de una palabra al principio de varias frases. Ejemplo: *A vosotros se debe atribuir el mérito, a vosotros debemos estar agradecidos, a vosotros esta acción proporcionará la gloria* (13.19).

Anadiplosis: repetición de una palabra al final de una frase y el principio de la siguiente. Ejemplo: *Esta es la verdad. La verdad es...*

Cfr. en la obra las siguientes figuras: *conversión, complexión, transposición* (13.19-14.20).

Gradación o *concatenación*: repetición de términos siguiendo una serie o cadena, de manera que la palabra final de un enunciado pasa a ser el inicio del siguiente y así sucesivamente. Ejemplo: *Al Africano su esfuerzo proporcionó méritos, sus méritos gloria, su gloria rivales* (25.34).

Polisíndeton: repetición de conjunciones que retrasan el ritmo del enunciado. Ejemplo: *No solo comenzó, sino que siguió y siguió y siguió haciéndolo.*

Quiasmo: construcción sintáctica de varios grupos de palabras con sus miembros dispuestos de forma entrecruzada. Ejemplo: *El banco del futuro. Su futuro banco.*

Paralelismo: reiteración de la misma estructura sintáctica en varias frases. Ejemplo: *Todos son buenos, todos son adecuados, todos son útiles.*

Recursos semánticos

Hipérbole: exageración. Ejemplo: *Tan grande era el resplandor de sus armas que los rayos del sol parecían más oscuros* (33.44). Algunos de los ejemplos aquí expuestos valen también como epítetos.

Metáfora: identificación de un término real con otro por su similitud. Ejemplo: *La inmediata llegada de un ejército extinción de repente el fuego de la ciudad* (34.45). Proponemos el siguiente ejemplo: *Los escudos que dispuso la abogada defensora no fueron suficientes para desnivelar la balanza de la justicia en favor de su cliente.*

Símil o *comparación*: relación de dos palabras similares a través del enlace *como*. Ejemplo: *En la Edad Media, el derecho romano fue como el cuerpo del derecho común europeo y el derecho canó-*

nico como el alma. Véase 45.59-48. *Cfr.* también la *alegoría por comparación* (34.46).

Alegoría: transformación del entero sentido del texto a través de una metáfora continuada. Ejemplo: *el Señor de los Anillos* (alegoría del cristianismo en su lucha contra el mal). Véase 34.46.

Metonimia: cambio de un vocablo por otro en razón de su cercanía o asociación natural. Ejemplo: *No se puede vencer a Italia en el combate y a Grecia en la ciencia* (32.43). Proponemos los siguientes ejemplos: *La cruz y la medialuna no deberían entrar en conflicto. Cedan las armas a la toga.*

Sinécdoque: Figura consistente en tomar la parte por el todo o al género por la especie, o viceversa. Ejemplo: *El púnico fue ayudado por el hispano y el feroz transalpino. También en Italia algún ciudadano tuvo el mismo sentimiento* (33.44-45).

Aforismo, paremia o *máxima*: Se trata de un refrán que condensa en pocas palabras determinado pensamiento. Ejemplo: *debemos considerar libre a quien no es esclavo de ninguna pasión vergonzosa* (17.24); *prior tempore, potior iure*. V. *sentencia* (17.24) y *periodo* (19.27).

Paradoja: oposición simultánea de dos ideas contradictorias. Ejemplo: *Vivo sin vivir en mí.*

Oxímoron: oposición de dos palabras de significado contrario. ejemplo: *ruido silencioso*.

Antítesis: en la obra aparece tanto como figura de dicción como de pensamiento. Es identificable «cuando el discurso se configura sobre la base de contrarios». Ejemplo: *La adulación tiene principios agradables, pero termina en amargos finales* (15.21). Cfr. 45.58.

Lítotes: afirmación de algo negando lo contrario. Se define en la obra analizada como la figura que «consiste en señalar que existe en nosotros o en las personas que defendemos algo extraordinario debido a la naturaleza, el azar o el esfuerzo, pero que debemos minimizar o atenuar en la expresión para evitar presentar un aspecto arrogante». Ejemplo: *Tengo, en efecto, jueces, el derecho de decir que con mi trabajo y esfuerzo he procurado dominar el arte de la guerra sin ser en ello de los peores* (38.50). Proponemos este ejemplo: *No hay nadie que no sepa*... (Todo el mundo sabe).

Ironía: insinuar lo contrario de lo que se dice con intención de burla. Ejemplo: *Eres un hacha* (eres muy torpe).

Sarcasmo: ironía cruel. Ejemplo: *Érase un hombre a una nariz pegado* (dirigido a Góngora por Quevedo).

Eufemismo: consiste en sustituir una palabra tabú o dura por otra más suave o que suena mejor. Ejemplos: *indigente* (por hombre), *artefacto explosivo* (por bomba).

Reticencia: consiste en dar por sobreentendido el sentido de una frase que no se termina. Ejemplo: *Te atreves ahora a hablar así, tú que hace poco, en una casa ajena... No me atrevo a decirlo, no sea que al hablar como te mereces parezca que empleo palabras indignas de mí* (30.41). Proponemos el siguiente ejemplo: *Dime con quién andas...*

Paráfrasis: reproducción libre de un texto que se toma como modelo. Puede ser todo uso para fines propios que se hace de una parte reconocible de un texto célebre sin repetir exactamente sus palabras. Proponemos el siguiente ejemplo: *El sujetó pasó aquella tarde en un lugar horrendo de cuyo nombre no quiero acordarme* (paráfrasis del comienzo de *El Quijote*).

Conmutación o retruécano: se produce en repetir un enunciado, pero invirtiendo el orden de sus miembros. Ejemplo: *Se debe comer para vivir, no vivir para comer* (28.39).

Exclamación: en la obra analizada se define como «la figura que permite expresar dolor o indignación mediante la invocación a un hombre, ciudad, lugar u objeto cualquiera». Ejemplo: *Te hablo ahora a ti, Africano, que con tu nombre incluso muerto las luz y gloria nuestra ciudad. Tus celebraremos nietos saciaron con su sangre la crueldad de sus enemigos* (15.22). En la obra analizada aparece más como recurso de dicción.

Interrogación: Interrogación emotiva y persuasiva que en la obra aparece con la finalidad de «confirmar lo dicho anteriormente después de enumerar todo lo que opone a la causa contraria». Ejemplo: *En definitiva, mientras decías, hacías y arreglabas todo eso ¿intentabas o no apartar y alejar de nuestra república la confianza de los aliados? ¿Y fue o no necesario encargar a alguien que impidiera tus propósitos y se opusiera a su realización?* Proponemos el siguiente ejemplo célebre de Cicerón: *¿hasta cuándo abusarás Catilina de nuestra paciencia?* En la obra analizada aparece más como recurso de dicción (15.22).

Primera Parte

Bloque III.
Elementos de razonamiento y argumentación jurídica

Tema 9
El razonamiento jurídico, construcción del discurso y técnicas de argumentación (1.10.18 y 1.11-17; 2.2-19)

EL RAZONAMIENTO EN LA *RETHORICA AD HERENNIUM*

Como propias de la tarea fundamental del razonar asigna el autor (1.10.18) las de la demostración y la refutación que, como precisa, conducirán al orador al resultado apetecido por el discurso al lograr presentar los argumentos propios y refutar los de la parte contraria. Desde 1.11.18 hasta el final del libro primero, el autor analiza los estados de causa que ya fueron descritos en otro tema, pero que resultan fundamentales para la tarea presente del razonamiento. Conviene repasarlos.

Es en el libro segundo donde se aborda el razonamiento y también el tema de las falacias. Se agrupan por causas. Así, en el 2.3 habla de la *causa conjetural* y de sus seis partes: *probabilidad, comparación, indicio, demostración, consecuencia* y *prueba*. Nos interesa menos, aunque es la empleada hoy en criminología para el esclarecimiento de hechos delictivos y su autoría. En cuanto a la *probabilidad*, dividida en *motivo* y *vida*, nos resulta especialmente actual.

Los argumentos de las demás causas, a partir del número 9, han sido tratados ya, aunque superficialmente en otro tema; es oportuno que los leamos ahora porque tienen que ver con las causas judiciales. Son los argumentos tópicos que suelen aparecer en ellas: cuando la intención del redactor está en desacuerdo con las palabras del texto o parece estarlo (9.13); cuando dos leyes discrepan entre sí (10.15); cuando un texto es ambiguo (11.16); cuando se utiliza la definición (12.17); en una cuestión de competencias y en las causas que se basan en la analogía (12.18); en el estado de causa jurídico absoluto conviene leer los argumentos que son eminentemente jurídicos: se trata de los fundamentos del derecho: la naturaleza, la ley, la costumbre, los precedentes jurídicos, la equidad y los pactos. Los desarrolla en los párrafos siguientes (13.19); cuando se emplea la comparación (14.21); cuando el rechazo de la acusación (15.22); en la confesión (16.23); ignorancia y azar (16.24); súplica (17.25); transferencia de responsabilidad (17.26).

Son interesantes las *partes de la argumentación* (18.28): *proposición, demostración, confirmación de la demostración, ornato* y *resumen.* Define la *proposición* como lo que se quiere probar; la *demostración*, como la verdad de la causa que afirmamos mediante una breve explicación; la *confirmación de la demostración* con la presentación de nuevos argumentos; el *ornato*, como el adorno de la causa y, en fin, el *resumen*, como un breve compendio del razonamiento empleado.

Se expone a continuación un instructivo ejemplo (19).

ELEMENTOS DEL RAZONAMIENTO

1. Ensayemos ahora, al margen de la obra tratada, una exposición lo más ordenada posible, aunque elemental, de lo que consideramos las bases del razonamiento jurídico.

Cuando se habla de razonamiento aplicado al derecho y de la conveniencia del estudio de la lógica para su correcto aprendizaje, por un lado, se afirma algo con lo que no podemos estar más de acuerdo; por otro, debe tomarse en su justa medida. La construcción del derecho históricamente, al menos con respecto a la civilización occidental, posee un origen cierto en la reflexión casuística operada por los juristas romanos. La propia categoría de «jurista es una creación romana. La mole de conceptos, principios y soluciones del llamado «derecho común europeo», luego trasplantado a otros continentes, es el resultado de una actividad secular iniciada por los romanos, que legaron al porvenir la mayor parte del instrumental jurídico que aún hoy utilizamos en la solución de controversias jurídicas, en la redacción de dictámenes y sentencias, o en la elaboración de contratos y demás actos jurídicos, así como en la redacción de leyes. Los juristas romanos admitieron la posibilidad incluso, en determinadas ocasiones, de abandonar la lógica para dar a una cuestión determinada una solución más pragmática.

Sigue en pie, no obstante, la cuestión del posible influjo de la retórica griega en la jurisprudencia romana, aunque sus efectos no parezcan del todo relevantes. El célebre romanista del s. XX, Max Kaser[1], lo consideraba un influjo en todo caso superficial. Esto significa que el estudio del derecho como un edificio construido en nuestro pensamiento de forma abstracta y constituido por un conjunto de inferencias lógicas es un mero constructo intelectual carente de vida. Eso fue lo que intuyó a principios del s. XVIII el filósofo Giambattista Vico cuando, al exponer su «nuevo método de aprender derecho», propuso no seguir los postulados de la *Académie de Port Royal* que pretendía fundamentar el derecho en rígidos principios de razonamiento matemático o geométrico, siguiendo los pos-

[1] Kaser, M. *En torno al método de los juristas romanos*. Universidad de Valladolid, trad. Joan Miquel, Valladolid, 1964.

tulados cartesianos vigentes en la ciencia. Vico insistía en la necesidad de verbalización de la actividad jurídica que sobrepasa en riqueza y en certeza jurídica a la fría formulación de teoremas que hacen poco dúctil, y a la postre insostenible, el quehacer jurídico cotidiano de los operadores del derecho.

Esta observación es importante porque el pensamiento nada puede hacer sin la lengua, y solo una adecuada utilización de esta a través de la precisión de los conceptos manejados, de la propiedad en el uso de los vocablos, y de la construcción coherente, consistente y sin contradicciones del discurso jurídico, a ser posible conciso, se podrá hablar de textos jurídicos correctos. Y de los juristas que los han confeccionado diremos que han sido bien formados en la ciencia jurídica.

Afirmado lo anterior, es preciso que el estudiante de Derecho tome conciencia de la necesidad de todo práctico del derecho, en su ejercicio profesional, de hablar y redactar textos jurídicos de un modo lógico para poder ser convincente. Esta es la finalidad que perseguía la retórica clásica, aunque de nuevo los juristas romanos fueron quienes marcaron el rumbo del derecho, no caracterizado precisamente como arte de la persuasión, sino como ciencia (ese es el sentido que posee propiamente el término latino *ars* en la famosa definición del jurista Celso) dirigida a discernir lo bueno y lo justo.

La actividad jurisprudencial (esto es, científica) no pretende aplicar la lógica para obtener la aprobación del auditorio (así Perelmann y Olbrechts Tyteca[2], con todos los méritos que sin duda tuvo su «Nueva Retórica», que supuso el rescate de la retórica clásica para su aplicación a la actualidad).

2. *Argumentar* no significa otra cosa que razonar[3]. El razonamiento parte, a su vez, de enunciados u oraciones (esto es, estructuras lingüísticas determinadas) que expresan contenidos de pensamiento (es decir, son *proposiciones*), que deben conducir a una conclusión. Así pues, cada argumento se sirve de *premisas* y una *conclusión*. De este modo, cuando se analiza un discurso jurídico deben identificarse los diferentes argumentos que en él se presentan. Debe tenerse en cuenta, además, que mientras que las premisas pueden ser verdaderas o falsas, según que se adecuen a los hechos o no, propiamente se dice de un *argumento* que es *válido* o no, cuando se sujeta a las reglas de la lógica o no lo hace. En el primer caso, se dice también que es *correcto*, y en el segundo, *incorrecto*.

No es difícil descubrir el modo de razonar vertido en un discurso, si aprendemos a distinguir las premisas de un razonamiento de las conclusiones. A menudo aquellas aparecen encabezadas por palabras o indicadores tales como *porque, ya que, puesto que, con base en*. Y las conclusiones con palabras como *por eso, en consecuencia, en conclusión, por consiguiente, entonces* etc.

---

[2] Perelman, Ch. y Olbrechts Tyteca, L. *Traité de l'argumentation. La nouvelle rhétorique*, Paris, 1958. (=Traducción española Julia Sevilla Muñoz, Ed. Gredos, 1989).

[3] Pizarro, F. *Aprender a razonar*. Madrid: Alhambra, 1986, 27 y ss.

Naturalmente, esto último no es tan sencillo. Decíamos antes que es necesario que el discurso sea integrado por argumentos que le doten de:

- *Coherencia* (no lo es, si los enunciados no encajan entre sí, aunque no sean del todo contradictorios; por ejemplo, si decimos asegurar la paz a los ciudadanos, pero al propio tiempo les recomendamos hacer acopio de armas);
- *No contradicción* (afirmando una cosa y la contraria a la vez);
- *Consistencia* (no lo es si el fundamento en el que apoyamos nuestra conclusión es débil o incluso despreciable por faltar al sentido común; un ejemplo del primer supuesto podría ser este: si solicitamos de los ciudadanos que no tomen medidas de seguridad para evitar los contagios en una situación de pandemia, porque ninguna de las medidas que adopten cubriría al cien por cien ese riesgo);
- *No contrariedad* (cuando las afirmaciones del discurso jurídicos son opuestas entre sí, pero no del todo contradictorias: puede suceder, que las dos sean falsas, cosa que no sucede en el caso de contradicción; por ejemplo, una conducta obligatoria y otra prohibida son contrarias entre sí, por lo que no pueden ser al mismo tiempo verdaderas, aunque sí pueden ser al mismo tiempo falsas. Así, por tratarse de una conducta permitida que no es ni prohibida ni obligatoria[4]).

Relaciónese lo anterior en el ámbito jurídico con los siguientes esquemas. El primero, tomado del filósofo Jaime Balmes, es el propio de la lógica, y los dos siguientes son aplicaciones al derecho, tomadas de Luis E. García Restrepo[5]:

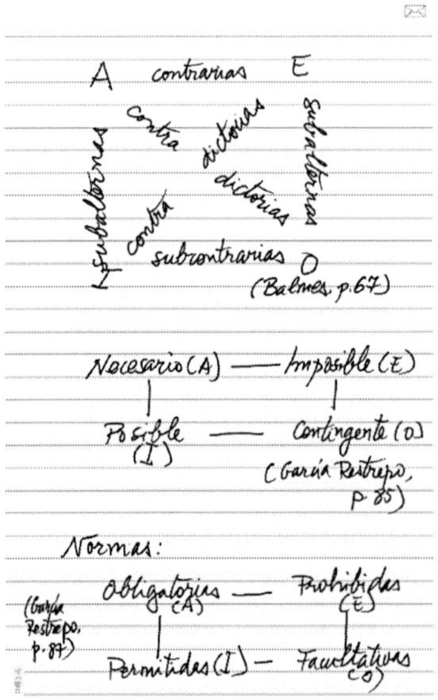

---

[4] García Restrepo, Luis E. *Elementos de lógica para el derecho*, Temis, Bogotá, 2011, 14 y ss.

[5] Balmes, J. *Curso de Filosofía Elemental, Lógica*, 5ª. ed., Barcelona, 1876.

Misión del estudiante de derecho es, por tanto, la de formarse en el razonamiento jurídico intentando evitar los vicios denunciados.

3. Del razonamiento se ocupa la *lógica*, así como de su expresión verbal, conocida como *argumentación*[6].

Hay dos tipos de razonamiento: *deducción* e *inducción*. En ambos, las conclusiones se extraen —técnicamente dicho, *se infieren*— de las proposiciones que se plantean como premisas. Dicho de otro modo: las premisas *implican* la conclusión[7].

Se suele definir la deducción como un razonamiento por el que «de una proposición más universal se llega a una proposición menos universal»[8]. Así, por ejemplo:

— *Todo hombre es mortal* (más universal).

— *Juan es hombre.*

— *Juan es mortal* (menos universal).

La inducción, a su vez, se suele definir como el razonamiento que, partiendo de lo particular o de pruebas empíricas, accede a una conclusión universal. Así, a partir de ensayos clínicos con animales puede obtenerse una fórmula con la que, por ejemplo, curar una enfermedad de modo general, esto es, aplicable a todo ser viviente animal.

De todos modos, a veces no es fácil distinguir una de otra. Se puede decir que el argumento de deducción o deductivo es más fuerte que el inductivo porque parte de la base de que si las premisas en las que se apoya son verdaderas, la conclusión también lo es necesariamente. Esto no ocurre con el argumento inductivo, en el que la conclusión solo es más probable si las proposiciones en las que se sostiene son verdaderas[9].

Analicemos brevemente el primero. A la expresión verbal de un razonamiento basado en la deducción se le denomina *silogismo*. El silogismo es a su vez de dos tipos: categórico e hipotético.

a) El *silogismo categórico* consta de tres proposiciones o juicios categóricos.

La materia del silogismo categórico es, por su parte, *remota* o *próxima*.

- La *remota* son los tres términos del silogismo (menor, el sujeto de la conclusión = S), mayor (el predicado de la conclusión = P) y medio (el que se repite en las premisas, pero luego no aparece en la conclusión = M).

---

6 Benlloch - Tejedor. *Filosofía 6º*, Ediciones SM, Madrid, 1972, págs. 44 y ss.

7 Pizarro, F. *Op. cit.*, 30-31.

8 Benlloch – Tejedor. *Op. cit.*, 45.

9 Pizarro, F. *Eod.* 30.

- La materia *próxima* son las tres proposiciones en que consiste: dos premisas (antecedente) –mayor (la que posee el término mayor P) y menor (la que posee el término menor ese)– y la conclusión (o consecuente).

  Ej.:

  *Todo **hombre** (M) es un **ser racional** (P)*
  ***Juan** (S) es **hombre** (M)*
  *Luego **Juan es ser racional**.*

El silogismo categórico se basa en los siguientes *principios lógicos básicos*. Son, en realidad, *tautologías*, esto es, proposiciones lógicamente necesarias:

1. *Principio de identidad*: *dos cosas iguales a una tercera son iguales entre sí* (si P es M y S es M, necesariamente S es P); o, dicho de otro modo, *una cosa es lo que es*.
2. *Principio de no contradicción*: *una cosa no puede ser y no ser al mismo tiempo y bajo el mismo aspecto*[10].
3. *Principio de tercero excluido*: *una cosa o es o no es, no hay término medio*.
4. *Principio de discrepancia*: *dos cosas, una de las cuales es idéntica a una tercera y la otra no, son distintas entre sí*. Si P es M y S no es M, necesariamente S no es P.
5. *Principio* según el cual *todo lo que se dice del universal hay que afirmarlo de cada individuo; y lo que se niega el universal hay que negarlo de cada individuo* (*«dictum de omni, dictum de nullo»*).

b) Por su parte, el *silogismo hipotético* es aquel cuya premisa mayor es una proposición hipotética. De entre sus clases, destacamos por su frecuencia en derecho el llamado *silogismo hipotético condicional*, basado en un antecedente, encabezado normalmente por la conjunción condicional *si*, y de un consecuente, encabezado a menudo con la palabra *entonces*. Se basa en *dos reglas* fundamentales: primera, *si se afirma la condición, se afirma lo condicionado, pero no al revés*; segunda, *si se niega lo condicionado se niega la condición, pero no al revés*.

Ejemplo:

Si llueve, las calles están mojadas.
Ha llovido,
luego las calles están mojadas.

Eso no quiere decir que si están mojadas es porque ha llovido, ya que puede suceder que lo estén porque se hayan regado artificialmente[11].

Lo propio de este tipo de argumentos es que al menos una premisa sea un enunciado condicional (*si llueve...*).

---

[10] García Restrepo, Luis E., *op. cit.*, 117.
[11] Pizarro, F. *op. cit.*, 42.

Puede ser de cuatro clases de:

- Afirmación del antecedente: si P, entonces Q. P. Q. *(modus ponens)*
- Negación del consecuente: si P, entonces Q. No Q. no P. (*modus tollens*); ej.: *si X fue el asesino, debía tener un motivo para el crimen; no tenía motivo, por tanto, no fue el asesino*; v. García Restrepo 122).
- Afirmación del consecuente: si P, entonces Q. Q. P.
- Negación del antecedente: si P, entonces Q. No P. no Q.

PRINCIPALES ARGUMENTOS EN DERECHO

Entre las formas de argumentos más utilizadas en derecho destaquemos las siguientes:

- *Analogía* (*a pari* –de lo igual–; *a simili ad simile* –lit. de lo similar a lo similar–): muy empleado por parte de la jurisprudencia romana. El artículo 4.1 del Código Civil español ofrece de ella una definición muy aprovechable: *Procederá la aplicación analógica de las normas cuando estas no contemplen un supuesto específico, pero regulan otro semejante entre los que se aprecie identidad de razón.* Si el derecho ha contemplado una solución para un supuesto determinado, es razonable que se aplique esa misma solución a otro supuesto análogo no contemplado jurídicamente.

  Cuando la analogía se aprecia en el seno de una misma ley, se habla de *analogia legis*; cuando la solución se encuentra, no en esa ley, sino que puede extraerse del ordenamiento jurídico en su conjunto, se habla propiamente de *analogia iuris*. Un ejemplo de esta última sería el siguiente del derecho romano: la similitud que aprecian los romanos entre condición del prisionero de guerra y la del concebido o *nasciturus* les lleva a garantizar los derechos de uno y otro.
- Más modesta es la interpretación llamada *extensiva* (*extensio legis* –extensión de la ley–), que consiste en, como su nombre indica, hacer llegar la solución dada a un supuesto a otro que, aunque no incluido por el legislador de manera expresa, sí puede entenderse implícitamente aludido por él: así, por ejemplo, si el legislador utiliza la palabra *arma*, este término puede aplicarse en el supuesto concreto enjuiciado a objetos, tales como piedras o palos, que en sentido propio no son considerados como armas.
- *Histórico*: es lo que el Código Civil español denomina *antecedentes históricos y legislativos*, que son fundamentales para entender cabalmente el derecho. Así, un problema o cuestión, escogida entre innumerables, como la relativa a la protección del concebido no puede comprenderse sin partir del derecho romano.

- *Sistemático*: la colocación de una norma jurídica en una ley o de una cláusula en un contrato o en un testamento (por ejemplo, al principio, al medio o al final) no es indiferente al derecho. Decía Gayo, el jurista romano, que lo que está el principio es lo más importante. Aunque puede haber excepciones, normalmente es así (véase, por ejemplo, lo que aparece al principio de la Constitución española y compárese con el resto); lo que no evita la obligación de todo buen jurista de leer por entero todo el texto jurídico correspondiente, trátese de una ley, de un contrato, de un testamento..., dado que lo dicho en una cláusula puede verse alterado por otra situada en otra parte ese mismo texto, o bien por la interpretación que en su conjunto debe obtener una cláusula en relación con las demás.

  Es fundamental, por tanto, la *sedes materiae* (la sede o ubicación en un determinado texto jurídico del concreto asunto que se analiza) y de ahí que surja un argumento llamado *a rubrica* (es decir, tomado a partir del propio enunciado del título en el que se inscribe la norma jurídica o la cláusula negocial que ayuda a interpretar correctamente estas últimas). Así, por ejemplo, compárese la diferencia en cuanto a tratamiento y tutela jurídica que reciben los *derechos fundamentales y libertades públicas* en la Constitución española con respecto a la de los *principios rectores de la economía*, que contituyen dos rúbricas de diferentes títulos de la Carta Magna española. Como decía el jurista Celso, no es correcto interpretar una norma de la ley de modo aislado. El Código Civil español parece aludir a este criterio, aunque de un modo impreciso, cuando se refiere a la necesidad de interpretar las normas *en relación con el contexto* (artículo 3.1).

- Otro argumento muy empleado en derecho es el del *ordenamiento completo y coherente*, que obliga, por un lado, a los jueces a dar siempre una solución jurídica a todos los conflictos que se les planteen (es decir, no pueden abstenerse de emitir su resolución pretextando un *non liquet!* –¡no está claro!–); y, por otro, exigen a todos los que aplican el derecho, pero muy especialmente a los que lo crean, es decir, a los legisladores, a no incurrir en *antinomias*, esto es, en contradicciones entre normas jurídicas de un cierto ordenamiento jurídico. Un mismo supuesto regulado de una forma y de la contraria implica que el derecho ha incurrido en uno de los más graves defectos de lógica que puedan plantearse, a saber, el consistente en vulnerar el principio de no contradicción.

  Argumento fundamental en el derecho con respecto a la interpretación de cualesquiera textos jurídicos es el denominado *teleológico* (relativo a la *mens legis* o espíritu de la ley o del derecho). A él alude el Código Civil español en el artículo 3.1 cuando se refiere a que las normas deben interpretarse *atendiendo fundamentalmente al espíritu y finalidad de aquellas.* El jurista Celso la refiere de un modo clásico: *saber leyes no consiste en retener sus palabras sino su vigencia y espíritu.*

- De este último argumento debe distinguirse el denominado *psicológico* (relativo a la *mens legislatoris* o intención del legislador), que conecta con el antes denominado de *antecedentes legislativos.* Se refiere a aquello que es presumible que el legislador tenía en mente cuando confeccionó la ley. Podemos preguntarnos, por ejemplo, en quiénes pensaba el legislador español cuando declaró en la Constitución española que todos tienen derecho a la vida.
- *A fortiori* (con mayor razón): argumento muy empleado en derecho y con el que conectan estas dos formas coincidentes con el tópico retórico de que «lo más incluye lo menos»: *a maiore ad minus* (ejemplo: si un general tiene acceso a las instalaciones más reservadas de un campamento, también lo tendrá a las menos reservadas. *A minore ad maius* (ejemplo: si se le reprocha a alguien su conducta por una falta leve, con mayor razón por una falta grave).
- *Ad absurdum*: se toma la afirmación de la parte contraria llevándola a un extremo absurdo y a menudo, aunque no siempre, ridículo. Ej.: cuando se pretende dar valor a una norma jurídica determinada, que la otra parte en un debate desprecia, aduciendo que si se sigue la opinión de esa parte se acusaría al legislador de ilógico o incoherente. En principio, hay que pensar que las leyes han sido convenientemente maduradas antes de su publicación; es decir, si el legislador ha previsto una determinada norma jurídica, será por alguna razón o fundamento y no por una ocurrencia suya sin sentido.
- *A sensu contrario* (lit. a partir del sentido contrario): a partir de una afirmación taxativa se puede inferir qué queda excluido del ámbito de aplicación. Ej.: el usufructo, como su propio nombre indica, es un derecho real que otorga a su titular el derecho de uso y disfrute de una cosa ajena. *A sensu contrario* no le otorga la facultad de disposición de la cosa usufructuada, por ejemplo.
- *A priori*: No es «de antemano» sino de las causas a los efectos. Es un argumento deductivo que no precisa de la experiencia sensible. Ej.: el todo de cualquier cosa es mayor que las partes que la integran.
- *A posteriori*: no significa «pasados los hechos», como se cree comúnmente. Se trata de un argumento que parte de los efectos para dirigirse a las causas de un determinado fenómeno. Por ejemplo, si las paredes de una casa están ennegrecidas, ese probablemente sea el efecto producido por un incendio, que sería la causa.
- *Argumento de equidad*: muy importante en derecho. *Aequitas* es el término que los juristas romanos utilizaban para hablar propiamente de la justicia objetiva. Mucho más empleado, y con más profundidad, que el favorito retórico: el de *iustitia*. El propio derecho se define por el jurista Celso como la ciencia de lo equitativo y de lo bueno. Recordemos también la segunda acepción de equidad como *benevolencia* o *benignidad*

en la aplicación del derecho, es decir, para evitar que este sea excesivamente riguroso; de ahí el célebre adagio *summum ius, summa iniuria* (un derecho riguroso es rigor de injusticia). El artículo 3.2 del Código Civil español habla de esta última acepción: *la equidad habrá de ponderarse en la aplicación de las normas, si bien las resoluciones de los Tribunales solo podrán descansar de manera exclusiva en ella cuando la ley expresamente lo permita.*

- *Reglas, máximas, brocardos*: no exentos de valor jurídico por cuanto albergan criterios de solución de conflictos conforme a la experiencia jurídica de los aplicadores del derecho. La mayor parte de estas máximas procede del derecho romano y fueron luego ampliadas en el derecho medieval que se fundó en aquel.
- *Definiciones*: muy importantes en derecho. Véase el tema 1, el listado de definiciones de derecho de esta obra y las figuras retóricas estudiadas en el tema anterior.

Tema 10
Las falacias (2.20-29)

FALACIAS EN LA *RETHORICA AD HERENNIUM*

El autor en 20.31 comienza a tratar lo que denomina argumentaciones defectuosas o defectos de la argumentación (*vitia argumentationis*), es decir, las falacias o paralogismos. Distingue dos clases: la que puede ser refutada por la parte contraria y que tiene que ver con la causa, y la que no necesita de refutación. Para distinguir una de otra es conveniente proponer ejemplos, como vamos a ver.

El autor expone diversos casos para cada una de las partes de la argumentación señaladas anteriormente. Por eso, comienza en 20.32 con la *proposición* (primera parte de la argumentación) para terminar en 29.46 *in fine* con el resumen defectuoso. No es preciso entrar en tanto detalle. Basta con entresacar de todos los ejemplos aquellos supuestos de falacias más conocidos:

- De la proposición son destacables los siguientes: el primero (20.32) consistente en atribuir a un todo lo que solo es predicable de una parte de un grupo de individuos. O, en segundo lugar, dar por no producido un hecho que sucede raramente (20.33). O, en tercer lugar, cuando se pretende mostrar todas las posibilidades y se pasa por alto una especialmente apropiada (21). O, en cuarto lugar, cuando se hace una enumeración inexacta (21.34). O, cuando la proposición se remonta muy lejos (22).
- Por su parte, la demostración es defectuosa por ser débil o por carecer de fundamento. Es débil cuando no muestra los hechos tal y como ocurrieron (23.35). También es débil cuando no aporta a la proposición un motivo que sea válido por necesidad (23.36). O cuando repite lo que se dijo en la proposición (24.37). O cuando la justificación que ofrece es menos eficaz que la que el asunto reclama (24.37). Carece de fundamento cuando da una razón falsa (23.35).
- Respecto de la confirmación de la demostración (24.38), son destacables las siguientes argumentaciones defectuosas: en primer lugar, el dilema. El autor alude luego hasta 22 ejemplos de razonamientos defec-

tuosos, pero que pueden ser subsumirles en categorías más simples que los aúnen a todos. En efecto, todos esos ejemplos se caracterizan por lo siguiente: o son banalidades o simplezas, o se basan en ambigüedades, o dan por demostrado lo que no lo es, o incurren en contradicción, o no prueban todo lo que debe probarse, o se salen del tema que se discute, o al comparar dos cosas no se hace adecuadamente, o se utilizan definiciones falsas o demasiado genéricas etc.

- En 29.46 alude a diversas falacias producidas en las dos últimas partes, el ornato y el resumen. Léanse.

ELEMENTOS DE FALACIAS

Intentemos ahora tratar de un modo más ordenado las falacias (o paralogismos)[1]. Hemos dicho que las falacias son argumentaciones defectuosas. A veces se utiliza el término *sofisma* para describirlas. La diferencia entre falacias y sofismas es sutil: se dice de estas últimas que lo que las caracteriza frente a las primeras es la intención de engaño por parte de quien las utiliza[2].

Son muchas las falacias, y no es fácil clasificarlas o reunirlas de modo uniforme en determinadas categorías. Aquí nos contentaremos con las que consideramos más relevantes para el mundo jurídico y las ordenaremos de la manera que hemos creído más clara, aunque perfectible.

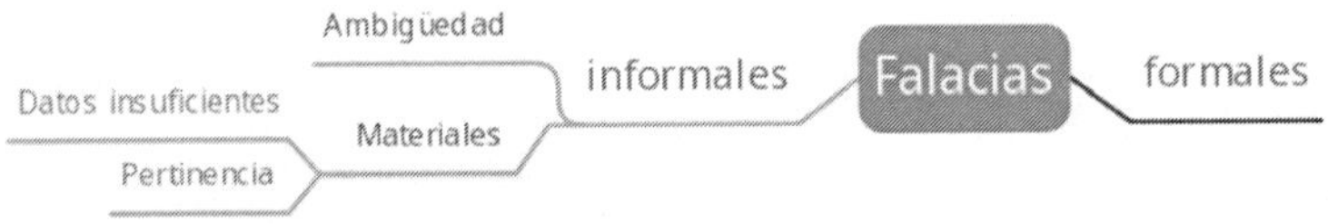

La clasificación que seguimos no es la única ni es indiscutible, pero la hemos escogido por parecernos sencilla y didáctica[3]. Por un lado, aparecen las llamadas *falacias formales*, que se caracterizan por introducir algún fallo desde el punto de vista de la lógica que impide que la argumentación sea válida. Aquí podíamos incluir la célebre falacia *de consecuente*, cuando en una argumentación deductiva de tipo condicional, en la que hay, por tanto, un *antecedente* (normalmente una oración condicional encabezada por la conjunción *si*) y un *consecuen-*

[1] De las falacias aplicadas al derecho nos hemos ocupado anteriormente: Blanch Nougués, Juan M. «Análisis de algunas falacias en derecho y su relación con el derecho romano». AA. VV. *Falacias. Perspectivas interdisciplinarias*. Madrid: CEU Ediciones, 2019.

[2] Para esta y otras muchas cuestiones al respecto: Bordes Solanas, M. *Las trampas de Circe. Falacias lógicas y argumentación informal*. Madrid: Cátedra, 2011.

[3] Pizarro, F. *Aprender a razonar*. Madrid: Alhambra, 1986, 45 y ss. Interesante también Calonje, C. *Técnica de la argumentación jurídica*. Segunda. Cizur Menor: Aranzadi-Thomson Reuters, 2009.

te. Esta falacia opera del siguiente modo: se afirma que se produce el antecedente al comprobar que existe el consecuente. Véase este ejemplo de Balmes[4]: *Si es sabio, es laborioso; es laborioso, luego es sabio.*

Las más interesantes son las falacias *no formales* que fueron ya tratadas por Aristóteles en su obra *Sobre las refutaciones sofísticas*. Se dividen en *falacias de ambigüedad* y *falacias materiales*.

Las primeras tienen que ver con uno de los defectos típicos –y enemigos acérrimos– del lenguaje jurídico ideal, a saber, la utilización de una palabra o estructura lingüística más amplia (por ejemplo, incluso, una oración) que puede adoptar sentidos diferentes. A su vez, las falacias materiales se refieren al asunto propiamente dicho, no tenido debidamente en cuenta.

Dentro de las falacias materiales pueden distinguirse las de *datos insuficientes* y las de *pertinencia*.

Como ejemplos de las *falacias de pertinencia* son los siguientes: falacia *ad hominem* (desviación del tema para centrarse en el sujeto oponente y sus cualidades o condiciones físicas o psíquicas), falacia *ad baculum* (basada en la violencia como pseudoargumento para persuadir al destinatario), falacia *ad populum* (típica de los populismos y basada en los sentimientos del público destinatario o auditorio), falacia *ad verecundiam* (o argumento débil de autoridad), falacia *ad ignorantiam* (que pretende inferir, a partir de la ignorancia de un hecho, su falsedad), falacia del *tu quoque* (que pretende difuminar aquello de lo que se acusa sosteniendo que al acusador también se le puede imputar).

En la obra de retórica presente se otorga relevancia a las falacias consistentes en *plantear posibilidades para una determinada situación como si fueran exhaustivas*, de manera que obligan a la otra parte a elegir entre una de ellas. Es un tipo de falacia común y peligrosa. Se pueden aproximar a las falacias que utilizan violencia de algún modo. No son infrecuentes en el ámbito jurídico, por ejemplo en el curso de un interrogatorio a los intervinientes en un juicio (dirigido a una de las partes, a los testigos o a los peritos). Se denomina falacia de *pregunta compleja* que, como su nombre indica, integra en una misma pregunta varias afirmaciones o datos referentes al destinatario con los que puede o no estar de acuerdo este. Tanto si el interlocutor afirma como si niega lo preguntado puede estar aceptando o rechazando alguna o algunas de esas afirmaciones, lo que le acaba comprometiendo. Así, por ejemplo, Weston[5] propone el siguiente ejemplo: *¿es usted aún tan egocéntrico como solía ser?*

Respecto de las falacias *de datos insuficientes*, son tres los supuestos más característicos, que encontramos por cierto repetidos en la presente obra de retórica: *generalización inadecuada*, *falta de pruebas* y *falsa causa*.

---

[4] Balmes, J. *Curso de Filosofía Elemental, Lógica*, 5ª. ed., Barcelona, 1876, 98.

[5] *Op. cit.* 133-134.

La primera, que también se denomina de *generalización al vapor*, esto es, la que opera mediante la formulación de una conclusión general, es decir, presuntamente válida a todos los miembros de un grupo determinado a partir de una información parcial concerniente solo a algunos de sus miembros del grupo o conjunto de referencia. En ella, por ejemplo, anidan típicamente los prejuicios que los ciudadanos de un país determinado tienen con respecto a los de otro u otros países con los que presuntamente se pretende caracterizarlos.

Es similar la llamada falacia *de accidente* consistente en tomar por esencial una cualidad en realidad accidental de un objeto o de una persona: véase el ejemplo expone Balmes[6]: «Algunos sabios han sido viciosos, luego la ciencia es dañosa».

También podría entrar en este grupo la falacia consistente en *negar que se producirá un hecho por ser infrecuente*; o también lo contrario, en *afirmar que se producirá necesariamente, aunque solo lo hace raramente* (trátese de identificar los ejemplos correspondientes en la obra de retórica que seguimos).

Podría encajar aquí la que el autor de la obra de retórica propone también como falacia que él llama de *dilema*, aunque quizás sería más preciso decir *falso dilema*. Consiste en describir una situación como si solo tuviera dos opciones, cada una de ellas en principio no asumible por la parte a la que le afectan. Se descubre mostrando una rigidez del planteamiento, que, por el contrario, puede abordarse de una manera más flexible. Así, por ejemplo, en estos tiempos de pandemia, hemos oído decir que no cabía otra opción para combatir sus males que, o escoger entre la salud obligando al confinamiento, lo que ocasionará que la economía del país se desplome, o fomentar la economía mediante el desbloqueo de medidas de confinamiento, lo que producirá el fallecimiento masivo de la población. Como se ve, se escoja una u otra opción, no parece haber salida para la crisis. Sin embargo, la adopción de medidas inteligentes que apoyen el establecimiento de la actividad económica de un país con la adecuada adopción de medidas de seguridad permite eludir el dilema planteado, aunque no sea del todo satisfactoriamente. V. los ejemplos en la obra de retórica que estudiamos (24.38).

Otra falacia peligrosa es la llamada *naturalista*, que consiste en confundir el mundo corpóreo con el de las ideas y conceptos haciendo que estos últimos se adecúen a algún modelo de la realidad o de la naturaleza. Cuando un célebre cónsul romano propuso a los plebeyos la imagen del cuerpo, con la que quería asemejar a la República, haciéndoles tomar conciencia de su deber de participar en los asuntos públicos, especialmente en la guerra, por formar parte como miembros de ese cuerpo, no dejaba de emplear este tipo de argumentación viciosa.

La segunda, de *falta de pruebas*, se produce cuando, para la demostración de un determinado hecho se omiten las pruebas determinantes y se da más relevancia a otros que no lo son. Esta falacia se utiliza para beneficiar al que la utiliza

---

[6] Balmes, J. *Op. cit.*, 98.

frente a su adversario. A veces se utiliza la expresión general *non sequitur* (literalmente, *no sigue*) para indicar que la conclusión a la que se ha llegado no se obtiene razonablemente a partir de la prueba presentada. En realidad, la expresión es tan general que puede servir para indicar cualquier falso argumento[7].

La tercera, de *falsa causa*, consiste, como su nombre indica, en presentar algo como causa de un determinado efecto sin serlo en realidad. A veces recibe el nombre de falacia *post hoc, ergo propter hoc* (literalmente, *después de esto, luego por causa de esto*) por ser característica de esa actitud mental viciosa que tiende a identificar la causa con cualquier hecho producido antes de la realización del efecto. Esa sucesión temporal de un hecho anterior y de un hecho posterior no hace sin más que el primero sea causa y el segundo efecto. Balmes[8] expone este ilustrativo ejemplo: *el enfermo se halla peor; luego, la medicina le ha dañado.*

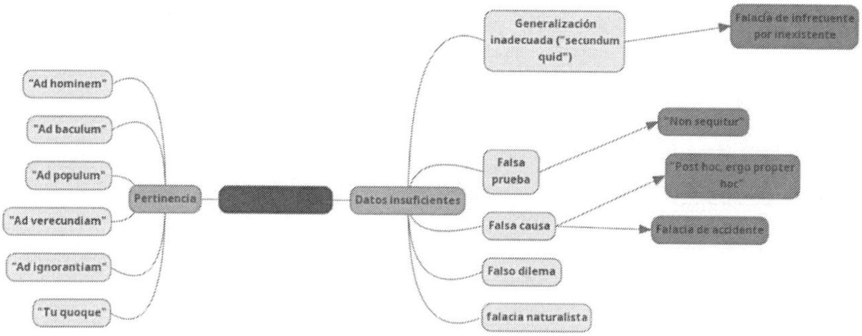

2 Muy importantes en derecho son las *falacias de ambigüedad*, citadas a menudo en esta obra de retórica. Es preciso distinguir entre ambigüedad causada por una palabra o expresión que puede adoptar diversos sentidos (falacia *por equívoco*) de la *anfibología* que es la causada por la ambigüedad de una entera oración o de una significativa estructura lingüística de una oración. Identifíquense los ejemplos a los que hemos aludido en materia de interpretación en esta obra. Balmes[9] propone como ejemplo de *equívoco* el siguiente: *el clima es dulce, luego es grato al paladar*; y como ejemplo de *anfibología*, el siguiente: *el que exponga sus caudales en la empresa, comete una locura: luego es necesario encerrarle en la casa de locos.*

Podrían entrar aquí también quizás otro tipo de falacias muy conocidas denominadas como *petición de principio* (*petitio principii*), presente en la obra de retórica que estudiamos, consistente en presentar como causa precisamente la

---

[7] Weston, A. *Las claves de la argumentación*. Trads. J. F. Malem Seña y B. Ribera de Madariaga. Barcelona: Ariel, 2006, 131.

[8] Balmes, J. *Eod.* 98.

[9] *Eod.* 97.

conclusión, aquello que se pretende demostrar. Balmes, de nuevo, propone el siguiente ejemplo: *El humo sube hacia arriba porque no tiene gravedad, ya que es de la clase de los cuerpos leves*[10].

Muy parecida a esta última es la que se llama también *argumento circular* es la falacia llamada de *círculo vicioso* que consiste en remitir la causa la conclusión y viceversa (*los precios suben porque los salarios aumentan, y los salarios aumentan porque los precios suben*).

También, concomitante con las anteriores, podría entenderse incluida la llamada *tautología*, que consiste literalmente en explicar una cosa a través de ella misma. Hállese algún ejemplo entre los propuestos en la obra de retórica que estudiamos.

También podría entrar quizás la llamada *ignorancia del elenco* o *de la refutación* (*ignoratio elenchi*), que consiste en salirse de la cuestión respondiendo, por ejemplo, a lo alegado por la otra parte con argumentos que nada tienen que ver con el asunto de que se trata. Balmes propone siguiente ejemplo: *el hombre no puede pensar sin sangre; luego la sangre piensa*[11].

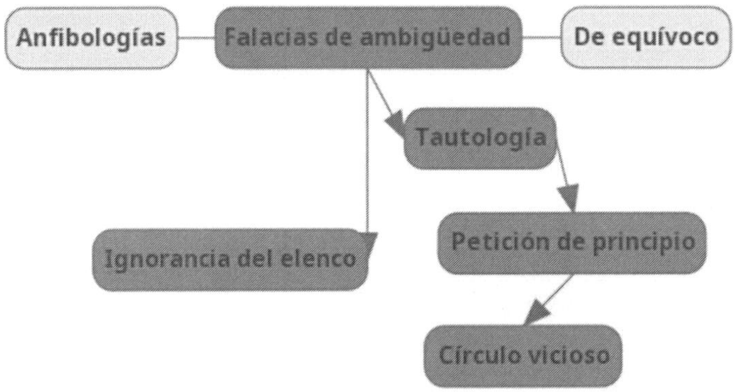

[10] *Eod.* 98.
[11] *Eod.* 98.

Segunda Parte
Práctica del lenguaje jurídico escrito

Tema 11
La redacción jurídica: principios de una buena redacción y objetivos. Modelos: demanda, sentencia, dictamen, trabajo universitario

INTRODUCCIÓN

Mucho de lo que se ha trabajado hasta aquí pertenece propiamente a la redacción escrita. Así, por ejemplo, lo relativo a la ortografía, puntuación y acentuación, pero también todo lo que se ha estudiado acerca de las impropiedades lingüísticas o de los errores gramaticales más comunes; o lo relativo a siglas y abreviaturas. Si se ha expuesto al principio es porque se ha considerado básico para poder empezar a profundizar en el lenguaje jurídico desde el inicio del curso. Aquí añadimos dos aspectos que nos parecen relevantes en cuanto a la redacción escrita: los relativos a los números y a las mayúsculas y minúsculas.

Por otra parte, al tratarse de una obra práctica, nos limitamos a dar ciertas directrices, que no son poco importantes, pero que pretenden exhortar a los estudiantes a que redacten escritos de manera frecuente para poder progresar mediante el ejercicio. Se añaden al final algunos ejemplos de modelos característicos del derecho para que, con ayuda de la retórica, aprendan a descubrir los elementos comunes entre ellos. Así pues, también mucho de lo que se ha trabajado respecto de la expresión oral en materia de retórica ayudará a comprender de un modo diferente la estructura interna de los documentos jurídicos hoy vigentes.

PRINCIPIOS DE UNA BUENA REDACCIÓN Y OBJETIVOS

- Escribir no es lo mismo que hablar: la espontaneidad de la lengua hablada, que lleva consigo una mayor facilidad de cometer errores, no es compartida por la lengua escrita. La redacción exige una tarea intelectual previa consistente en madurar las ideas que se desean expresar y la forma en que se van a verter en palabras. Además, al lector hay que ponerle en el contexto de lo que se escribe, ya que no hay entre el emisor y el destinatario esa inmediatez que es ínsita a la expresión oral.

- Escribir correctamente exige práctica. Recomendamos que se comience con la realización frecuente de ejercicios de síntesis. Los estudiantes están acostumbrados a hacer esquemas, que, por lo general, carecen de estructuras lingüísticas complejas. Sintetizar no solo es resumir un texto reduciéndolo a otro más breve, sino identificar las ideas principales distinguiéndolas de las secundarias y abstraer del texto original todo aquello que sea accidental o superfluo.

La capacidad de abstracción unida a la de la verbalización constituyen dos de las actitudes intelectuales más demandadas profesionalmente que, por desgracia, escasean en los recién graduados de Derecho. Cuanto antes se dispongan los estudiantes a desarrollarlas mediante una disciplina de trabajo dirigida a ejercitarse con ellas, podrán formarse mejor y con más posibilidades de éxito profesional. Así pues, ¡el trabajo comienza ya!

- Lo referido anteriormente es fundamental para no incurrir en el odioso plagio. La tentación, no solo de los estudiantes a la hora de redactar un trabajo universitario, es común a todos los que escribimos. En un mundo frenético como el actual, que parece abocarnos a todos a la «recolección» inmediata de méritos y distinciones a lo largo de nuestra vida profesional mediante la redacción apresurada de trabajos, es preciso oponer (y superponer) el modelo de la verdadera Universidad, que es sobre todo un espacio de reflexión y crítica serena.

Los dos antídotos que se nos antojan contra este mal son la lectura constante de buenos libros y la redacción de síntesis.

- o Leer a menudo buenos libros es esencial para escribir con el nivel que una persona culta necesita y para ir conformando el propio estilo. Las obras de la literatura universal constituyen una fiable guía de lo que significa *buenos libros*. Recomendamos, sin embargo, especialmente todas aquellas *grandes obras* propias de la ciencia política, de la filosofía (en especial, las que tienen más relación con la filosofía del derecho), que serán de más provecho para la ciencia jurídica. Además, el lector, a medida que lee, va distinguiendo las obras por su grado de dificultad, y así reserva las más difíciles para aquellas horas del día en que puede acometerlas con más energía intelectual y las más fáciles para las últimas horas de la tarde o incluso para la noche. Napoleón tenía como libro de cabecera las Instituciones de Justiniano, por ejemplo.

  También nos parece básico que, antes de leer una obra determinada, nos informemos de su finalidad, de la intención de su autor. A una persona que esté pasando por dificultades vitales o que sufra depresión, y que ansíe dar una respuesta trascendente a sus sufrimientos, no le recomendaríamos jamás que leyera el *De rerum natura* de Lucrecio, por poner un ejemplo de una magnífica obra, por otro lado. De manera que ¡cuidado!

Por supuesto, entre no leer nada y leer, es preferible esto último aun a costa de la calidad de la obra. En el ámbito universitario solemos decir que es siempre preferible un texto impreso redactado por un profesor universitario que toda esa caterva de apuntes que circulan, antes fotocopiados ahora en Internet, plagados de errores y de faltas de ortografía y puntuación, que pretenden encarnar la falaz idea del «aprobado fácil». Pero, cuidado también con esto último, porque es preciso que eduquemos adecuadamente el gusto, como sucede con todo, de manera que sigamos los buenos modelos y no los malos.

El tipo de texto al que se enfrenta normalmente un universitario no es el novelístico, teatral o poético, aunque de todos ellos también se extraen enseñanzas para el ámbito académico, sino el que tiene que ver con el que se ha estudiado aquí fruto de la retórica clásica: manual, artículo o los modelos de escritos profesionales que vamos a analizar aquí (demanda, sentencia, dictamen, reclamación). Aunque aplicadas al orador, y por tanto a la expresión oral, la ordenación del discurso y las tareas del orador también son aprovechables para el lenguaje escrito.

- La elaboración de síntesis de todo cuanto se lee, sobre todo al menos de lo más importante, fijado en fichas o cuadernos (que pueden ser virtuales) en los que, al igual que los naturalistas recogen sus observaciones en notas y dibujos, hacemos los demás lo propio anotando la obra de la que se extraen las ideas, exponiendo estas entrecomilladas cuando son literales, añadiendo nuestros comentarios u observaciones (por ejemplo, entre corchetes) para distinguirlos como reflexiones personales nuestras, y reflejando de qué página se han obtenido, nos parece fundamental para evitar la nefasta tentación de recurrir siempre a los textos de otros para copiarlos miserablemente. Cuanto antes nos dispongamos diariamente a realizar esta tarea, mejor escribiremos, con mayor fluidez y con mejor fundamentación.

• Aparte de la corrección lingüística, que se presupone perfecta en toda redacción (repásense ahora las directrices suministradas al principio de este libro relativas a la ortografía, acentuación y puntuación), un texto universitario debe poseer claridad, concisión y elegancia (que no pedantería). Cfr. de nuevo las recomendaciones al respecto de la obra de retórica de referencia.

• Esto es así también respecto de todo texto jurídico: léanse detenidamente las *Directrices de técnica normativa* (publicadas en el BOE de 29 de julio de 2005), del que extraemos el siguiente apartado de *Criterios lingüísticos generales*:

- «IV. Criterios lingüísticos generales 101. **Lenguaje claro y preciso, de nivel culto, pero accesible**. El destinatario de las normas jurídicas es el ciudadano. Por ello deben redactarse en un nivel de lengua culto, pero accesible para el ciudadano medio, de manera clara, precisa y sencilla.

Se utilizará un repertorio léxico común, nunca vulgar, y se recurrirá, cuando proceda, al empleo de términos técnicos dotados de significado propio; en ese caso, se añadirán descripciones que los aclaren y se utilizarán en todo el documento con igual sentido. **Se evitará el uso de extranjerismos cuando se disponga de un equivalente en castellano**, la utilización de palabras y construcciones lingüísticas inusuales, así como la españolización de términos extranjeros cuando en nuestro idioma tienen otro significado, y es conveniente mantener una terminología unitaria a lo largo del texto. La claridad y sencillez exigen respetar el orden normal de los elementos de la oración, **prescindiendo del hipérbaton**, y evitar todo aquello que, sin aportar precisiones de contenido, complique o recargue innecesariamente la redacción de la norma: **emparejamiento de sinónimos léxicos o sintácticos** (una actitud clara y manifiesta; exhibió e hizo ostentación); **epítetos triviales** ("fiel" en fiel reflejo, "claro" en claro exponente); **perífrasis superfluas** (ser de aplicación por aplicarse). En esa misma línea, **se evitará el uso de formas de pasiva** para aquellos casos en que el español tiene en las oraciones activas o en la pasiva con "se" su forma más adecuada de expresión: "Los solicitantes rellenarán las solicitudes con letras mayúsculas", y no "serán rellenadas las solicitudes con letras mayúsculas por los solicitantes". El decoro lingüístico de las normas jurídicas obliga, dentro de la sencillez, **a cuidar la propiedad y a huir de la pobreza de expresión**. Se incurre en ella cuando, por ejemplo, **se echa mano de verbos de sentido muy general**: hacer una queja o hacer un expediente, en vez de formular una queja o incoar un expediente; o cuando **se abusa de comodines léxicos difundidos**: paquete de medidas por conjunto de medidas o, simplemente, medidas. 102. **Adecuación a las normas lingüísticas generales de la Real Academia Española**. La redacción de los textos **seguirá las normas gramaticales y ortográficas de la Real Academia Española y su Diccionario**. Las dudas que puedan presentarse se resolverán de acuerdo con lo establecido en el Diccionario panhispánico de dudas, que la Academia Española ha consensuado con todas las Academias de América y Filipinas. La Subsecretaría de la Presidencia, con la colaboración de la Real Academia Española, elaborará unas instrucciones complementarias de tipo práctico que ayuden a aplicar los criterios lingüísticos generales en disposiciones y normas oficiales. Dichas instrucciones formarán parte integrante de estas directrices».

APÉNDICES DE REDACCIÓN: NÚMEROS Y MAYÚSCULAS

Cómo escribir correctamente los números y cómo elegir, respecto de una determinada palabra o expresión, si se debe escribir con mayúscula o sin ella es esencial en todo texto jurídico. Por eso, hemos querido que el estudiante contara con este compendio de directrices que pueda orientarle en la tarea de redacción de trabajos. Hemos seleccionado, por su claridad, la obra de Manuel Baelo Álvarez[1] de la que hemos entresacado diversas instrucciones y ejemplos.

Números

Los números se pueden representar gráficamente mediante símbolos, cifras y palabras. A continuación, estableceremos una serie de recomendaciones para incorporar números (ordinales, cardinales y romanos) en un Trabajo académico:

Es preferible escribir con letras los números cardinales que se pueden expresar en una sola palabra (*cuatro, veintitrés, setenta, ochocientos*) o en dos palabras unidas por la conjunción «y» (*treinta y siete, sesenta y cinco, noventa y nueve*); y reservar las cifras, para cantidades que deban expresarse con más de tres guarismos (*567 4568*).

Los números de cuatro cifras no se separan por puntos ni comas: *He escrito 1252 páginas de tesis.* Cuando superan las 4 cifras, se separan mediante espacios en blanco en grupos de tres empezando por la derecha: 15 250; 3 250 853€.

A la hora de escribir los ordinales de los números 11 a 19 y 21 a 29, se recomienda optar por la escritura simple en los ordinales de la primera decena (*decimoséptimo, duodécimo*) y por la grafía separada en los ordinales de la segunda (*vigésimo segundo, vigésimo noveno*). En el caso de los números del 1 al 10, se deben escribir con todas sus letras.

Los numerales ordinales también pueden abreviarse gráficamente utilizando números arábigos acompañados de letras voladas, incluyendo un punto entre la cifra y la letra volada (*1.º, 2.º, 3.º, 4.º*).

Los números negativos se deben escribir con un signo menos antepuesto al número sin espacio: *El IBEX ha perdido -7,5 puntos de rentabilidad.*

Se escriben siempre con cifras, las cantidades que van seguidas del símbolo correspondiente de una unidad de medida; o cuando se trata de precios, números de páginas, figuras, imágenes, mapas, tablas o cuadros (*12 metros, 2 Kg, $3, 12 euros, pág. 2, tabla 7*).

Los números de las Leyes y de los Decretos se escriben siempre en guarismos y sin punto (*Ley Orgánica 2/320 de 21 de agosto de 2012*).

Para las cifras redondas (unidades de millón) se desaconseja la utilización de guarismos (*dos millones* en lugar de *2 000 000*). Cuando la cantidad no es un número «redondo», se escribe íntegramente con cifras: *134 593 euros.*

[1] Baelo Álvarez, M. *Guía práctica para redactar y exponer trabajos académicos: TFG, TFM y tesis doctorales*, Tirant Humanidades, Valencia, 2018.

La numeración romana sigue vigente en el ámbito académico, debiendo utilizarse en los siguientes supuestos: identificación de los siglos (*siglo XX*), de los papas (*Benedicto XVI*), de los monarcas y emperadores (*Juan Carlos I*), de las carreteras (*Nacional VI*), de los congresos y seminarios (*XI Congreso español de Sociología*), de los periodos históricos (*II República*) y en la numeración de volúmenes, tomos, libros, etc. (*Capítulo IV*).

Mayúsculas y minúsculas

Con mayúscula inicial

— Al inicio de un escrito y después de punto. Cuando hacen las veces de punto, tras signos de exclamación e interrogación y puntos suspensivos.

— Después de dos puntos, si se escribe a continuación en renglón separado, o se trata de una fórmula de cortesía, o se expone la cita de un texto.

— Los nombres propios, apellidos, denominaciones de premios, movimientos políticos y acontecimientos históricos: *Manuel, Adolfo Díaz Bautista, Guerra Civil, Edad Media, Premio Nobel de la Paz, Premio Pulitzer, Revolución de los Claveles, Primavera de Praga, Siglo de Oro.*

— En las abreviaturas de los tratamientos: *Excmo.*, *Ilma.*, *Dra.*, *Sr.*, La denominación oficial (a excepción de los artículos, conjunciones y las preposiciones) de las entidades, instituciones, departamentos ministeriales, partidos políticos, asociaciones, cursos, seminarios, congresos, etc.: *Ministerio de Trabajo, Estado, Iglesia, Tribunal de Cuentas, Partido Popular, la Universidad, el Gobierno, el Parlamento, Ateneo de Madrid, Museo del Prado, X Congreso de Sociología, Seminario de Estadística, VII Curso de Especialización en Psicología Social.*

— Los sustantivos y adjetivos de los documentos de carácter legal, oficial, académico e histórico: *Ley de Ordenación Universitaria, Código Penal, Tratado de Lisboa, Derecho Romano, Anatomía Patológica, Fundamentos de Programación.*

— Entidades y referencias geopolíticas: *Oriente Medio, Unión Europea, Tercer Mundo.*

— Los libros sagrados junto con sus designaciones: *Biblia, Corán, Talmud, Sagrada Escritura.*

— Festividades civiles y religiosas: *Navidad, Día de la Constitución, Pentecostés, Año Nuevo.*

— Edificios, dependencias administrativas y denominaciones Oficiales: *Moncloa, Casa Blanca, Diputación Provincial de Albacete, Rectorado, Casa Rosada, Palacio de Oriente, Facultad de Medicina.*

— Apodos y sobrenombres, siempre que vayan intercalados entre el nombre y el apellido, debiendo utilizarse la cursiva: *Ernesto Che Guevara, Manuel Buenavista Ventura-López.*

Enteramente en mayúscula

— Las palabras o frases que aparecen en las portadas, capítulos, epígrafes (a partir de las normas de estilo y formato de nuestra Universidad).
— Las cabeceras de diarios y revistas, generalmente con versalitas (*EL PAÍS, THE TIMES, LA VOZ DE GALICIA*) aunque también se pueden escribir con mayúscula inicial (*El País, La Voz de Galicia, The Times*).
— Todas las siglas y abreviaturas (*TFG, TFM, LOU, CSIC*).

Con minúscula inicial

— Los nombres de las notas musicales y de los estilos artísticos: *do, re, mi, fa, sol, la, si*; *barroco, impresionismo, romanticismo, clasicismo.*
— Los nombres de los días de la semana y de las estaciones del año (*primavera, verano, lunes*) aunque si forman parte de fechas históricas, nombres propios y festividades solemnes, se escribirán con mayúscula inicial (*Primero de Mayo, Primavera de Praga, Jueves Santo, Hospital Doce de Octubre*).
— La denominación de las plantas, de los animales, de los meses, de las lenguas y de los accidentes geográficos (*martes, mayo, primavera, español, rosas, golfo, mar, océano, cordillera*).
— Las unidades de medida: *metro, voltio, amperio, kilogramo, segundo, newton, pascal, mol, hercio, vatio*, etc.
— Los nombres legales genéricos sin especificación, siempre y cuando no vayan acompañadas del título de la referencia de la norma: *ley, decreto, resolución, circular.*
— Los nombres de las religiones y sus edificaciones: *catolicismo, budismo, islamismo, judaísmo, mezquita, catedral, capilla, sinagoga.*
— Los tratamientos y formalismos (*usted, señor, don, fray, san, sor*, reverendo) salvo que se escriban en abreviatura: *Ud., Sr., D., Fr., Sto., Rvdo.*
— Los títulos, cargos, oficios, tratamientos, títulos nobiliarios y nombres de dignidad (*rey, papa, carpintero, vocal, auditor, duque, presidente, usted, excelencia, majestad, licenciado, ministro*, etc.).
— Los nombres de tribus o pueblos, de las lenguas, de las dinastías y los gentilicios: *el pueblo maya, los mapuches, los incas, el español, el catalán, los británicos, los nazaríes*, etc.

- Gentilicios que acompañan a las instituciones del Estado: *Gobierno francés, Parlamento español.*
- Las regiones naturales si son designadas por un nombre común, seguido de un adjetivo especificativo: *cuenca mediterránea*. Los puntos cardinales irán en minúscula (*norte, sur, este, oeste*) excepto cuando formen parte de un nombre propio: *Corea del Norte, América del Sur*.
- Los nombres de las calles y los espacios urbanos se escribirán con mayúscula inicial, reservándose la minúscula para el nombre genérico que se escribe delante de los mismos: *calle de Fuencarral, plaza de España, glorieta de Bilbao*. Los nombres con los que designamos de forma genérica a determinadas leyes: *ley de extranjería* (cuya denominación oficial es Ley Orgánica 4/2000, de 11 de enero, sobre Derechos y Libertades de los Extranjeros en España y su Integración Social).

MODELOS DE ESCRITOS Y EJERCICIOS

Haciendo acopio de todo lo que se ha trabajado en este curso, podemos analizar ahora diferentes modelos de textos jurídicos de carácter técnico. Hemos seleccionado como fundamentales los relativos a la demanda, sentencia, dictamen, reclamaciones y trabajo universitario. Naturalmente, puede ampliarse la muestra a otros modelos utilizados en la profesión, como, por ejemplo, formularios de contratos.

Lo sorprendente es que el patrón por el que se divide el discurso según la retórica clásica se aprecia todavía vigente en cada uno de los tipos de escritos jurídicos. Ya en el procedimiento formulario romano, que distinguía en algunos casos la *demonstratio* de la *intentio*, se aprecia la necesidad sentida en derecho de distinguir entre los «fundamentos de hecho» y los «fundamentos de derecho». Es el núcleo fundamental de todo escrito jurídico. Se corresponde, por un lado, con la narración y división y, por otro, con la demostración y refutación respectivamente, de la retórica clásica, tal y como hemos visto.

Pero, además, el escrito debe contar con un encabezamiento, que coincide con el exordio retórico, y finalizar con una conclusión (el fallo, lo que se reclama...), de nuevo como prescribía la retórica clásica. Objeto de ejercicio debe ser ahora la puesta en práctica de todo lo aprendido aplicándolo a los modelos que se sugieren y que podrán ser aprendidos de un modo más racional, aunque en sus rasgos esenciales, desde el primer año de carrera.

Comprensión de Textos

Proponemos el siguiente ejercicio siguiendo las instrucciones previas siguientes[2]:

1º *Lectura rápida*: en primer lugar deberíamos hacer una primera aproximación al texto para ver su nivel de dificultad, cuánto somos capaces de comprender, etc. Lo ideal es que en esta primera aproximación extraigamos ya una idea general acerca del tema del texto y podamos señalar cuál es su idea principal.

2º *Lectura analítica*: una vez que ya hemos tomado un primer contacto con el texto y, a grandes rasgos, sabemos de qué trata, debemos comenzar a hacer una lectura pausada del mismo. Este paso es absolutamente esencial. En él tenemos que confirmar cuál es la idea principal y comprobar si hay ideas o temas secundarios. Es muy importante establecer la relación que existe entre los distintos temas, es decir, ver en qué ideas secundarias se apoyan las principales, sin olvidar que podemos encontrar también varios temas principales yuxtapuestos. Es importante identificar cómo se produce la transición de unas ideas a otras: causas, consecuencias, ejemplos utilizados por el autor...

En esta fase debemos detenernos todo lo que haga falta para conseguir una óptima comprensión del texto. Tenemos que utilizar todos los recursos que pueden sernos útiles para entender mejor lo que estamos leyendo: notas a pie de página, búsqueda en otras partes del libro o incluso en otros libros de aquellos términos, figuras jurídicas, instituciones... que desconocemos. Deberemos acudir al diccionario para consultar los vocablos, incluyo aquellos no específicamente jurídicos, cuyo significado ignoremos.

Deberíamos poder responder con claridad a estas preguntas:

— ¿Cómo titularía este texto?

— ¿Cuál es la idea principal?

— ¿Cuáles son las ideas secundarias?

— ¿De qué forma se relacionan unas con otras?

3º *Lectura de comprobación*: una vez que hemos analizado el texto en detalle, resulta muy útil leerlo una vez más, a buen ritmo. Debemos poder ser capaces de comprenderlo íntegramente sin dificultad. Esta última lectura servirá para que evaluemos nuestra propia comprensión.

Si todos los pasos se han seguido correctamente, al terminar deberíamos poder realizar un esquema sencillo en el que queden estructuradas las ideas del

[2] El texto de este apartado está extraído de una obra de ejercicios prácticos ya agotada (*Derecho Romano. Grupos De trabajo*, dos tomos, Universitas, Madrid, 2009) de la que Blanch Nougués, Juan M. ha sido coautor.

texto, así como un resumen en el que lo esencial quede recogido en el menor número de frases posibles. El esquema puede realizarse en forma de apartados y subapartados y sirve para darnos una idea clara de la *estructura* del texto. Basta con poner las palabras esenciales que sirvan para hacernos recordar el contenido, por tanto, no se redacta. El resumen, por el contrario, *sí se redacta*, y tiene que condensar lo esencial del texto.

Ejercicio:

1. ¿Cuál es el tema principal del texto propuesto?
2. ¿Cuáles son las ideas secundarias?
3. Realice un breve resumen del texto.
4. ¿Cuáles son, a su juicio, los términos clave del texto?
5. Sintetice lo esencial del texto en un breve esquema.
6. ¿Qué términos y expresiones técnicas ha encontrado y cuál es su significado?

Analice críticamente este fragmento de una sentencia de la que conservamos su genuina redacción:

Jurisdicción: Civil

Recurso de Casación núm. 4334/1999.

Ponente: Excmo. Sr. D. Juan Antonio Xiol Ríos

CULPA EXTRACONTRACTUAL: RESPONSABILIDAD DE LA EMPRESA POR ACTOS DE SUS EMPLEADOS: improcedencia: invalidez originada por agresión de empleado despedido al gerente de la empresa: agresión con carácter inopinado e inexplicable; la contratación de personas inadecuadas no puede considerarse que tenga relevancia causal suficiente en relación con el resultado dañoso.

El Tribunal Supremo declara no haber lugar al recurso de casación interpuesto contra la Sentencia de fecha 17-06-1999 dictada por la Sección Undécima de la Audiencia Provincial de de Barcelona.

> Cuando de las actuaciones practicadas, no es posible atribuir, ni conectar siquiera sea en la más mínima dimensión de negligencia o descuido, cuál ha sido la conducta o comportamiento perturbador, antijurídico o ajeno a los más elementales deberes de atención y cuidado, no puede pronunciarse una consecuencia reparadora, por cuanto el derecho más allá de las exigencias de justicia social, en relación incluso con el "riesgo", como dato objetivo, solamente puede referirse a la valoración de "actos", es decir, toda modificación o agresión al equilibrio convivencial atribuible y derivada de una voluntad humana y la infraestructura voluntarista de este comportamiento lesivo debe ser valorado desde y a partir de una mínima demostración de su causa ya que de lo contrario representaría conectar respuestas jurídicas de culpabilidad a meros hechos que en su dimensión puramente mecánica o física, sin el más mínimo ingrediente de "espiritualidad", no pueden encajar dentro del sistema de nuestro Código Civil (LEG 1889, 27); en todo caso, la diligencia exigible no puede traspasar los límites de lo racionalmente previsible y evitable, dentro de los que una conducta pudiera resultar reprobable y no puede partirse de abstracciones o de supuestos teóricos para "descalificar **a priori**" una conducta en virtud de un resultado lesivo derivado de la misma, sino que debe partirse de la forma más profunda y meticulosa del análisis de las concretas circunstancias concurrentes (arg. 1104 CC [LEG 1889, 27]) teniendo en cuenta que el sustratum de aplicación del Derecho, una vez mas sea dicho siempre es un "acto humano", jamás un simple hecho, totalmente desconectado del concepto o entidad de aquel, toda vez que la diligencia no es un concepto abstracto, sino concreto, que sigue dentro del límite de lo humano, que no puede ser rebasado por las presiones socializantes de nuestra Era Moderna ni por los módulos de la llamada responsabilidad objetiva, siendo de reafirmar que nuestro derecho básico y fundamental sigue anclado en la llamada responsabilidad subjetiva del art. 1902, sin que en ningún caso quepa descolgarla del componente de voluntariedad.

Demanda

Modelo de demanda aplicado a acción reivindicatoria extraída de la Base de Datos de *Thomson Reuters Aranzadi Instituciones*:

Demanda de juicio ordinario ejercitando una acción reivindicatoria. FOR\2009\434

AL JUZGADO DE 1ª INSTANCIA DE...

D........................ Procurador de los Tribunales, actuando en representación de........................ según se acredita mediante copia electrónica del poder notarial de representación informática (o digitalizada) que se acompaña... por medio de la presente formulo demanda de juicio ordinario en ejercicio de acción reivindicatoria frente a D........................ con domicilio en.. en base a los siguientes hechos y fundamentos de derecho:

HECHOS

PRIMERA. PRIMERO. Mi representado es propietario, en régimen de pleno dominio, de la finca registral... sita en la localidad de........................, inscrita a su nombre en el Registro de la Propiedad de........................, y que responde a la siguiente descripción:

«...

La citada finca pertenece a mi representado al haber adquirido la propiedad por escritura de donación otorgada por sus padres en fecha......

Debemos indicar en este punto, que tal como expresan las SSTS 786/1986, de 22 de diciembre, 966/1993, de 25 octubre y 582/2019, de 5 de noviembre (RJ 2019, 4530), el otorgamiento de la escritura pública de donación produjo el traspaso de propiedad sin necesidad de tradición, al tratarse de un negocio jurídico dispositivo que no precisa de más colaboración del donante que la misma cesión o transferencia del dominio (art. 609C. Civil (LEG 1889, 27)).

Para acreditar dichos extremos acompaño como documentos... copia auténtica de la escritura de donación y certificado de la inscripción registral.

SEGUNDA. SEGUNDO. La finca titularidad de mi representado está ocupada por el demandado, hermano del mismo, quien bien negándose a desalojar la finca aduciendo que es titular de la misma por donación verbal de los padres, sin que en realidad tenga título alguno a su favor, siendo lo cierto que ha estado ocupando el inmueble desde el fallecimiento de los padres hace tres años con la tolerancia de mi representado a fin de evitar conflictos familiares.

El demandado carece de título, e incluso la supuesta donación verbal que esgrime para mantenerse en la posesión no es título hábil para la usucapión, pues, como declara la STS 40/2007, de 25 de enero (RJ 2007, 593), la donación de inmueble sin escritura pública es inexistente jurídicamente por falta de un elemento esencial (art. 633 del Código Civil), no habiendo transcurrido en modo alguno el plazo establecido en el art. 1959 del C. Civil para sustentar la existencia de usucapión extraordinaria.

Acompaño como documentos número... certificados de defunción de los padres de mi representado.

TERCERA. TERCERO. Mi representado ha requerido en numerosas ocasiones al demandado para que desalojara el inmueble y, tras su negativa reiterada, le requirió formalmente por conducto notarial en fecha..., tal como se acredita por el acta que se acompaña como documento número...

CUARTA. CUARTO. En base a los hechos expuestos, se ejercita en esta demanda la acción reivindicatoria del art. 348 del Código Civil, al darse todos los requisitos exigidos jurisprudencialmente para su estimación, al ser una acción de quien es propietario y que tiene derecho a poseer la cosa, para que le sea restituida por el poseedor que carece de tal derecho, aportándose cumplida prueba del título de propiedad e inscripción registral a favor de mi representado, así como de la posesión del inmueble por el demandado que carece de tal derecho, quien ha sido requerido en reiteradas ocasiones para que desalojara el inmueble, habiendo hecho caso omiso de los distintos requerimientos realizados por mi representado, legítimo propietario, todo lo que nos obliga a acudir a la vía jurisdiccional.

FUNDAMENTOS DE DERECHO

QUINTA. PRIMERO. Competencia. Corresponde a los Juzgados de...................... al ser el lugar en el que se ubica la finca con fundamento en el art. 52.1.1.ª LEC.

SEXTA.

SÉPTIMA. TERCERO. Legitimación y postulación. El art. 10 de la LEC legitima para comparecer y actuar en juicio a los titulares de la relación jurídica o del objeto litigioso. La legitimación activa le corresponde a esta parte en su condición de titular de la finca en tanto la pasiva corresponde al demandado al ser ocupante de la misma sin título (art. 348 del Código Civil). En aplicación de los arts. 23 y 31 de la LEC las partes deberán comparecer representadas por Procurador y asistidas por Letrado

OCTAVA. CUARTO. Fondo de la reclamación: requisitos para el ejercicio de la acción reivindicatoria. El art. 348 del Código Civil indica que el propietario tiene acción contra el tenedor y el poseedor de la cosa para reivindicarla, dándose los requisitos que para el ejercicio de la acción reivindicatoria ha fijado reiteradamente la jurisprudencia y de la que a título de ejemplo cabe citar las SSTS 15 febrero 2000 (RJ 2000, 805 [RJ\2000\805]); 25 mayo 2000 ([RJ\2000\3495]); 13 marzo 2002 [RJ\2002\5697]; 23 mayo 2002 ([RJ\2002\6422]).

La acción reivindicatoria se otorga a todo propietario que pretende la recuperación de una cosa frente al tenedor de la misma. Requiere para su éxito la prueba del dominio de la propiedad que se pide sea reconocida, al igual que la acción declarativa, de la que se diferencia porque esta solo tiene como finalidad la constatación de la propiedad, en tanto que la reivindicatoria persigue el rescate de la tenencia de la cosa de quien posee ilegítimamente (SSTS 14-3-1989 y 14-10-1992); además, debe identificarse la misma, de forma que no se susciten dudas racionales sobre cuál sea la cosa objeto de la reivindicación (SS. 6-10-1982, 31-10-1983, 3-7-1987, 30-11-1988, 3-11-1989 y 4- 11-1993); por último, la cosa debe estar en posesión de un tercero.

En este caso, se dan los requisitos para la estimación de la acción pues queda acreditada la titularidad del inmueble por la escritura de donación e inscripción registral, la finca está indubitadamente identificada y está en posesión del demandado no amparada en título alguno.

NOVENA. QUINTO. Fondo de la reclamación: efectos de la estimación. Según reiterada jurisprudencia, la acción reivindicatoria es una acción de naturaleza real, que puede ejercitarse contra cualquiera que perturbe o lesione la relación en que el titular del derecho se encuentra con la cosa. A la vez, es una acción recuperatoria, pues su finalidad es obtener la restitución de la cosa, y una acción de condena, toda vez que la sentencia que se obtenga, si es favorable, condenará o impondrá al poseedor demandado un determinado comportamiento de restitución.

DÉCIMA. SEXTO. Costas procesales. En materia de costas el art. 394 LEC señala que las de primera instancia deben imponerse a la parte que vea en primera instancia rechazadas sus pretensiones.

SUPLICO AL JUZGADO: que tenga por presentada la presente demanda con los documentos a ella adjuntos y por parte en la representación que ostento y tras la pertinente tramitación se dicte por ese Juzgado sentencia en la que se estime la demanda y se acuerde:

1. Declarar que mi mandante es propietario, en régimen de pleno dominio, de la finca registral... y que responde a la siguiente descripción:..

2. Condenar al demandado a estar y pasar por tal declaración y a abandonar y dejar libre la finca reivindicada, reintegrándola a mi representado, con la prevención de que de no hacerlo en el plazo que el tribunal señale se procederá a su lanzamiento.

3. Condenar al demandado al pago de las costas del procedimiento

OTROSÍ DIGO: Se fija la cuantía del presente procedimiento en....................... Euros, valor de la cosa reivindicada, tal como resulta de la certificación catastral aportada como documento número......

Por lo que SUPLICO AL JUZGADO se tenga por efectuada la anterior manifestación a los efectos pertinentes.

OTROSÍ II DIGO: Que aporto con la demanda los documentos que relaciono a continuación..

Por lo que SUPLICO AL JUZGADO que tenga por relacionados los documentos acompañados y acuerde su admisión

.... a.......... de...................... de............

Firma Abogado Firma Procurador

Sentencia

1. *Analícese críticamente la narración de hechos de esta sentencia transcrita al pie de la letra:*

En fecha 16 de noviembre de 1946 se firmó contrato de arrendamiento de la tienda B de la c/ Jesús y María n.º 8 de Madrid, figurando como arrendatario D. Luis Antonio constando en la cláusula 4ª la prohibición de ceder, subarrrendar o traspasar el local sin autorización del titular.

El 3 de junio de 2005, D. Justiniano remitió al administrador de la Comunidad un burofax en nombre y representación de la demandada, hija del arrendatario antes citado, teniendo por subrogado a aquella en los derechos y obligaciones del contrato citado, emitiéndose recibos a nombre de la demandada (docs. 4 al 9); una vez conocida la ocupación del local por la entidad JA Y JES IMPORT EXPORT S.L. se presentó demanda de desahucio frente a dicha entidad y la hoy demandada, en la que la demandada reconoció que tenía el local arrendado a un tercero, la sociedad antes citada, la sentencia acordó la **cesión inconsentida** y declaró resuelto el contrato y mandó el desalojo del local, doc. 13, sentencia confirmada por Audiencia Provincial Sección 25. La ocupante entregó copia del contrato de arrendamiento que tenía desde 1 de mayo de 2005, con renta mensual 5.000 euros/mes + IVA, figurando la demandada DÑA. Araceli como propietaria, cuando era arrendataria y subarrendadora.

Posteriormente, en 22 de diciembre de 2009, se suscribe contrato de arrendamiento por 5 años, con renta de 4.200 euros/mes, figurando como arrendatarios la entidad JA Y JES IMPORT EXPORT S.L. y esta abonó renta desde diciembre de 2009 a los demandantes, y por la ocupación desde octubre 2009 (fecha notificación sentencia) hasta el contrato de diciembre 2009 abonó la cantidad correspondiente a los copropietarios. La demandada Dña. Araceli cobró renta hasta septiembre 2009, constando que la sentencia de la Audiencia Provincial de mayo 2009 confirmaba la resolución del contrato. (Extraída de la Base de Datos de "*Thomson Reuters Aranzadi Instituciones*").

2. *Analícese esta sentencia del Tribunal Supremo transcrita al pie de la letra:*

TRIBUNAL SUPREMO Sala de lo Civil Sentencia 1.264/1998 de 31 de diciembre de 1998 RECURSO DE CASACIÓN Núm...: 2106/1994 Ponente Excmo. Sr. D.: Pedro González Poveda Excmos. Sres.: D. Pedro González Poveda D. Antonio Gullón Ballesteros D. Francisco Morales Morales __________________ En la Villa de Madrid, a treinta y uno de diciembre de mil novecientos noventa y ocho. Visto por la Sala Primera del Tribunal Supremo, integrada por los Magistrados margen indicados, el recurso de casación contra la sentencia dictada en grado de apelación por la Sección Décima de la Audiencia Provincial de Madrid, como consecuencia de autos de juicio declarativo ordinario de Menor Cuantía, seguidos ante el Juzgado de Primera Instancia Número Dos de San Lorenzo de El Escorial; sobre cumplimiento de precontrato de compraventa; cuyo recurso fue interpuesto por D. L. G. G., representado por la Procuradora de los Tribunales Dª Carmen Madrid Sanz; siendo parte recurrida D. F. I. M., no personado en estas actuaciones. ANTECEDENTES DE HECHO PRIMERO. 1.- La Procuradora de los Tribunales Dª Paloma Pozas Garrido, en nombre y representación de D. F. I. M., formuló demanda de menor cuantía, ante el Juzgado de Primera Instancia Número Dos de El Escorial, en reclamación de precontrato de compraventa; contra D. L. G. G. y su esposa Dª T. R. M. y contra Inmobiliaria Valdemorillo, en la cual tras alegar los hechos y fundamentos de derecho que estimó de aplicación, terminó suplicando al Juzgado dictase sentencia "condenando a los demandados D. L. G. G., Dª T. R. M. y a "Inmobiliaria Valdemorillo", en la persona de su representante legal, al pago y levantamiento de las cargas que pesan sobre Chalet y parcela n.º 85 de la Urbanización «El Mirador del Romero», de Valdemorillo, y posteriormente formalice la oportuna escritura pública de compraventa en favor de D. F. I. M., que le entregará en dicho momento la cantidad de 8.000.000 Pts. como resto del precio convenido en el contrato preliminar de compraventa; y, subsidiariamente, para el caso de devenir imposible dicho cumplimiento, condene a los demandados a indemnizar a mi representado en la cantidad que se fijará en ejecución de sentencia, con expresa condena en costas a los demandados». 2.- Admitida a trámite la demanda y emplazados los demandados, se personó en autos el Procurador D. Damián Bartolomé Carretas, en nombre y representación de D. J. P. V., como representante de la INMOBILIARIA VALDEMORILLO, y de los cónyuges D. L. G. G. y Dª T. R. M., quien contestó a la misma y tras invocar los hechos y fundamentos de derecho que estimó de aplicación al caso, terminó suplicando al Juzgado dictase sentencia que desestimara el contenido de la demanda, con imposición a la demandante de las costas originadas por su temeridad y mala fe. 3.- Practicadas las pruebas declaradas pertinentes y unidas a los autos, el Ilmo. Sr. Magistrado-Juez del Juzgado de Primera Instancia Número Dos de San Lorenzo de El Escorial, dictó sentencia en fecha 25 de marzo de 1992, cuyo FALLO es como sigue: "Que estimando la demanda formulada por la Procuradora Sra. Pozas Garrido en nombre y representación de D. F. I. M. contra D. L. G. G., Dª T. R. M. y la "Inmobiliaria Valdemorillo", debo condenar y condeno a los Sres. Gamella Gutiérrez y Rodríguez Molina a otorgar en favor del actor la oportuna escritura pública de compraventa sobre el chalet y parcela núm. 85 de la Urbanización "El mirador del Romero" de Valdemorillo, entregando aquel en dicho momento la cantidad de 8.000.000 de pesetas, y ello con expresa imposición de costas a la parte demandada". SEGUNDO. Interpuesto recurso de apelación contra la sentencia de primera instancia y tramitado el recurso con arreglo a derecho, la Sección Décima de la Audiencia Provincial de Madrid, dictó sentencia en fecha 16 de mayo de 1991, cuya parte dispositiva es del tenor literal siguiente: "FALLAMOS: Que desestimando el recurso de apelación interpuesto por doña T. R. M., don L.

G. G. y don J. P. V., este último en representación de "Inmobiliaria Valdemorillo, S.A.", representados todos ellos por la Procuradora Sra. Madrid Sanz, contra la sentencia dictada por la Sra. Juez del Juzgado de Primera Instancia Número Dos de San Lorenzo de El Escorial, con fecha 25 de marzo de 1992, recaída en los autos a que el presente rollo se contrae, debemos confirmar y confirmamos la referida resolución, con expresa imposición a los apelantes de las costas de esta alzada". TERCERO. 1. La Procuradora de los Tribunales Dª Carmen Madrid Sanz, en nombre y representación de D. L. G. G., interpuso recurso de casación contra la sentencia pronunciada por la Sección Décima de la Audiencia Provincial de Madrid, con apoyo en los siguientes motivos: "PRIMERO. Al amparo del número 4 del artículo 1692 de la LEC, por infracción, por aplicación indebida del artículo 1454 del C.C. SEGUNDO. Al amparo del número 4 del artículo 1692 de la LEC por infracción, por inaplicación del artículo 7 del Código Civil y de las normas jurisprudenciales en materia de –abuso de derecho–".

2.- Admitido a trámite el recurso y no habiéndose personado la parte recurrida, se señaló para votación y fallo el día 23 de diciembre del año en curso, en que ha tenido lugar. Ha sido Ponente el Magistrado Excmo. Sr. D. PEDRO GONZÁLEZ POVEDA FUNDAMENTOS DE DERECHO Primero. La sentencia recurrida en casación confirma la dictada en primera instancia que da lugar a la demanda y condena al ahora recurrente y a su esposa a otorgar escritura de compraventa a favor del actor recurrido sobre el chalet y parcela a que se contrae la demanda. El motivo primero del recurso alega aplicación indebida del artículo 1454 del Código Civil, motivo que ha de ser desestimado. Dice la sentencia de 28 de marzo de 1996 que "esta Sala de casación, en doctrina jurisprudencial actualizada y suficientemente consolidada, viene señalando que el empleo de la palabra señal no cabe entender que exprese necesariamente la facultad de separarse de un contrato, pudiendo ser estimada sin error como anticipo del precio" (sentencias de 31 de julio, 28 de septiembre y 24 de diciembre de 1992, 11 de abril de 1994 y 15 de marzo de 1994); lo que resulta procedente en relación al texto del artículo 1454 del Código Civil e interpretación jurisprudencial del mismo, para definir el alcance del pacto de arras. A tales, efectos, la interpretación de dicho precepto sustantivo llevada a cabo por esta Sala, en razón a su excepcional y exigente interpretación restrictiva del clausulado contractual, viene a sentar que no se trata de derecho necesario; para que tenga aplicación y resulte vinculante a las partes, se impone con rigor que la voluntad de las mismas resulte clara, precisa y esté rotundamente expresada en el contrato, es decir, debe hacerse constar la función penitencial de los anticipos entregados (sentencias de 4 de noviembre de 1991, 3 de octubre de 1992, 11 de diciembre de 1993, 21 de junio de 1994 y 25 de marzo de 1995), pues, en otro caso, cualquier entrega dineraria llevada a cabo por el comprador –respetando la reglamentación del contrato– ha de reputarse como integrante del precio y pago anticipado del mismo, que sirve para confirmar el negocio celebrado. En el caso, ha de mantenerse la interpretación del contrato litigioso que hace la Sala sentenciadora en la instancia y que el recurrente combate a partir de las palabras impresas del formulario de la agencia inmobiliaria que, como mandataria de las demandados, redactó el contrato, palabras referidas a la existencia de una "reserva" con plazo de vencimiento, expresiones impresas que resultan claramente contradichas por el texto manuscrito y confirmado con los actos coetáneos y posteriores de los vendedores, consistentes en la entrega de la posesión del chalet vendido ya que se hizo entrega de las llaves a los compradores que pasaron a ocupar materialmente el inmueble, actos que suponen la ejecución por los vendedores de su principal obligación cual es la entrega de la cosa vendida, actos que contradicen frontalmente la tesis de la existencia de una "reserva" a favor de los actores. De igual modo ha de rechazarse el motivo segundo en el que se alega infracción del artículo 7 del C Código Civil y de las normas jurisprudenciales en materia de abuso de derecho, alegación de un ejercicio abusivo de su derecho por el actor que se hace por primera vez en este litigio. No es apreciable un ejercicio abusivo de su derecho a pedir la elevación del contrato a escritura pública, según lo pactado, en el comprador que habiendo abonado parte del precio pactado y entrado en posesión de la finca vendida, reclama esa documentación pública ofreciendo el resto del precio, ante la conducta impeditiva y obstructora del vendedor, apreciada por la Sala «a quo», apreciación de hecho que no ha sido combatida en este recurso. Segundo. La desestimación de los dos motivos del recurso determina la de este en su integridad con las preceptivas consecuencias que respecto a las costas y al destino del depósito constituido establece el artículo 1715-3º de la Ley de Enjuiciamiento Civil. Por lo expuesto, en nombre del Rey y por la autoridad conferida por el pueblo español. FALLAMOS Que debemos declarar y declaramos no haber lugar al recurso de casación interpuesto por don L. G. G. contra la sentencia dictada por la Sección Décima de la Audiencia Provincial de Madrid de fecha dieciséis de mayo de mil novecientos noventa y cuatro. Condenamos a la parte recurrente al pago de las costas de este recurso y a la pérdida del depósito constituido al que se dará el destino legal. Y líbrese a la mencionada Audiencia la certificación correspondiente, con devolución de los autos y Rollo de Sala en su día remitidos. Así por esta nuestra sentencia, que se insertará en la COLECCIÓN LEGISLATIVA pasándose al efecto las copias necesarias, lo pronunciamos, mandamos y firmamos.–Pedro González Poveda.– Antonio Gullón Ballesteros.– Francisco Morales Morales.– firmados y rubricado.– PUBLICACIÓN.– Leída y publicada fue la anterior sentencia por el EXCMO. SR. D. Pedro González Poveda, Ponente que ha sido en el trámite de los presentes autos, estando celebrando Audiencia Pública la Sala Primera del Tribunal Supremo, en el día de hoy; de lo que como Secretario de la misma, certifico.

(Extraída de la Base de Datos de "*Thomson Reuters Aranzadi Instituciones*").

Dictamen

Analicemos el siguiente modelo:

ANTECEDENTES DE HECHO

En ellos se exponen los hechos sucedidos, de la siguiente forma:

— Ordenados cronológicamente.
— Separados por números ordinales: PRIMERO, SEGUNDO, TERCERO...
— En cada apartado un hecho sucedido.
— Redactados de manera clara: con fecha tal, sujeto, verbo, predicado.

CUESTIONES QUE SE PLANTEAN

En este apartado se exponen las cuestiones que se plantean, de la siguiente forma:

Se hace una frase introductoria, por ejemplo: "*En relación con los antecedentes expuestos, se plantean las siguientes cuestiones jurídicas*".

Y, a continuación, se reproducen las cuestiones que hay que resolver, separando cada cuestión en un apartado numerado con números arábigos seguidos de un punto y un guion: 1.-, 2.-, 3.-...

NORMATIVA APLICABLE

En este apartado se recogen las normas que se van a aplicar para resolver las cuestiones que se plantean.

Se hace una frase introductoria, por ejemplo: "*Para la resolución de las cuestiones jurídicas planteadas se puede acudir a la siguiente normativa y jurisprudencia que resulta de aplicación a las mismas*".

Y, a continuación, se reproducen las normas aplicables, de mayor a menor importancia, según la pirámide de las fuentes del Derecho: arriba la Constitución y abajo la jurisprudencia. Y todas citadas con corrección como se expone a continuación.

1. Artículos de la **Constitución Española**.
2. Artículos de las **leyes** que son de aplicación.

   Cada ley se expresa en un apartado numérico.

   Siempre citando correctamente la ley: Ley (Real Decreto Ley, Ley Orgánica... el tipo de norma que sea) número/año, de fecha, título.
3. Artículos de los **reglamentos** que son de aplicación.

4. Artículos de **otras normas** similares: instrucciones, costumbres, ordenanzas...que sean de aplicación.
5. **Tratados Internacionales** aplicables.
6. **Jurisprudencia aplicable**.

Siempre citando correctamente las sentencias o autos: Sentencia (o Auto) del Tribunal Constitucional (Tribunal Supremo) número/fecha, de fecha tal.

FUNDAMENTOS JURÍDICOS

Los fundamentos jurídicos son los apartados en los que se van resolviendo las cuestiones jurídicas.

Aquí no hace falta incluir una frase introductoria, basta con ir planteando cada fundamento jurídico de la siguiente manera:

— Separados por números romanos I, II, III.

— En cada apartado se trata cada una de las cuestiones jurídicas que se plantean,

— En cada apartado se va exponiendo razonadamente los argumentos a favor y en contra de las distintas soluciones que pueden darse a cada cuestión.

CONCLUSIÓN

En la conclusión se exponen las soluciones que se ofrecen para cada una de las cuestiones jurídicas planteadas, pero esta vez ya no de manera extensa y razonada como en los fundamentos jurídicos, sino de manera sintética y "resolviendo" la cuestión: directamente la conclusión a la que se ha llegado. Se hace de la siguiente manera:

- Se exponen ordenadamente;
- Se separan por apartados exponiendo «Primera», «Segunda»...

LUGAR Y FECHA

Al final se debe firmar, y **en todo caso** poner el lugar y la fecha de emisión del informe.

Reclamación

Analícese:

D./Dña..................... (Nombre del reclamante) C/. .... (Domicilio, localidad, CP) (Identificación de la Empresa o Compañía) Servicio de Atención al Cliente C/. .... (Domicilio, localidad, CP) En..................... a............ de .... de ... (Localidad y fecha) Muy Sr. mío: Con relación a la reclamación de pago que he recibido por la que se me reclama el importe de .... euros, y en la que no se hace constar el motivo que da lugar a la facturación, comunico a ese Servicio de Atención al Cliente que he dado orden a mi banco de devolución del recibo. Y tal como he indicado por teléfono a ese departamento, les recuerdo que ya solicité la baja de mi contrato de energía con nº de póliza........., en tiempo y forma, así como que tengo contratado tanto el suministro de energía, como el servicio de reparación y mantenimiento con otra compañía. Sin otro particular, le saluda atentamente, (Firma) Firmado: .... DNI nº ....

(Modelo de la OCU, Organización de Consumidores y Usuarios)

Trabajo universitario

DIRECTRICES PARA LA CORRECTA REALIZACIÓN DE UN TRABAJO UNIVERSITARIO:

En este libro hay mucho que puede aplicarse a estas directrices: en especial, todas las materias tratadas en el primer gran apartado de *Bases previas*.

El estudiante que se proponga abordar la realización de un trabajo debe seguir estos sencillos pasos:

1. Definición del trabajo: tema, extensión, plazos de realización. Si es un trabajo fin de Grado (TFG), las Facultades proporcionan instrucciones precisas que hay que consultar a menudo y tenerlas a mano.

2. Búsqueda de bibliografía: Bibliotecas, Internet (Google, buscadores temáticos, foros, bases de datos). Aunque *Wikipedia* es una herramienta útil, no es aconsejable citarla como apoyo bibliográfico porque la información suministrada a menudo necesita del cotejo de obras científicas que la respalden.

3. Lectura del material encontrado: lectura rápida, lectura analítica, lectura sintética, valoración crítica, según el modelo que hemos propuesto en el ejercicio de comprensión de textos.

4. Resúmenes bibliográficos (es decir, que contengan los datos identificativos de la obra) y temáticos (incluyendo citas o descripción del contenido siguiendo el orden de las páginas junto con ideas propias valorativas). Véanse nuestras observaciones en materia de *principios de redacción* expuestas al inicio de este tema.

5. Identificación de la idea principal o tesis y su desarrollo en índice.

6. Redacción: Cuidado en la forma y en el fondo.

En la forma: evitando errores lingüísticos tales como galicismos, expresiones coloquiales, redundancias, frases hechas... Debe emplearse un vocabulario y estilo personal (es decir, que no consista en copiar literalmente textos, sino propio) y que a la vez sea adecuado y preciso (el uso constante de diccionarios, la lectura asidua de buenos libros, en especial los de esa materia, y los manuales de estilo son herramientas indispensables).

En el fondo: mediante una estructura que responda a un orden lógico de exposición, distinguiendo párrafos que contengan bloques de ideas (principales y secundarias). El propósito del autor debe reflejarse al principio, y las conclusiones deberán corroborarlo.

Se debe redactar un borrador que será objeto de las revisiones necesarias hasta que el texto sea claro y, a ser posible, elegante: son preferibles las frases cortas. Debe buscarse la congruencia de todo el texto con la finalidad propuesta en el trabajo.

En definitiva, debe tenerse en cuenta todo lo que hemos venido trabajando aquí desde el principio.

7. Índice (inicial), citas (notas a pie de página) y bibliografía final.

El índice (o tabla de contenidos en *Word*) debe ser claro y estructurador de la materia expuesta. Cuando se comienza a escribir el trabajo es conveniente hacer uso de los diferentes estilos de títulos (título 1, título 2, etc.) que permiten luego confeccionar y cambiar rápidamente su estructura.

Las citas deben evitar el plagio. Recomendamos que en la confección previa de fichas se inserten los datos de la obra y de las páginas de las que se extrae información. Cuando se empieza a redactar el trabajo, pueden incluirse sin mucho detalle (por ejemplo, *Martínez, J., Lengua, 58*) para no olvidarse luego, cuando pasemos del borrador al texto definitivo, de incluir la referencia completa. Por nuestra experiencia, si pretendemos incluir en el borrador la cita perfecta, nos retrasa, e incluso desvía, mucho con respecto a la redacción del trabajo.

Los datos que deben aparecer siempre son: nombre y apellidos del autor, título de la obra o trabajo, editorial, lugar de publicación, fecha y página o páginas. Afortunadamente, aplicaciones como *Word* con su recurso de *Referencias-Citas* ofrecen una ayuda inestimable. Recomendamos que se vayan introduciendo allí las citas completas progresivamente para después gestionar la bibliografía con toda sencillez. Merece la pena invertir algo de tiempo en esta tarea.

Correcto uso de abreviaturas propias de la edición de textos: *op. cit.*, *ibidem*, *loc. cit.*, *i. e.*, *infra*, *supra*... Véanse en esta obra.

La bibliografía empleada puede ir al final. Debe ser real. Debe combinar obras de alcance general con otras más especializadas (dependiendo del tiempo de realización del trabajo y de su naturaleza).

Bibliografía mínima utilizada en esta obra

Bibliografía

Alcaraz, E., B. Hugues y Gómez. A. *El español jurídico*. Barcelona: Ariel Derecho, 2018.

Baelo Álvarez, M. *Guía práctica para redactar y exponer trabajos académicos: TFG, TFM y tesis doctorales*. Valencia: Tirant Humanidades, 2018.

Blanch Nougués, Juan M. «Análisis de algunas falacias en derecho y su relación con el derecho romano.» AA. VV. *Falacias. Perspectivas interdisciplinarias*. Madrid: CEU Ediciones, 2019.

— *Locuciones latinas y razonamiento jurídico. Una revisión a la luz del derecho romano y del derecho actual*. Madrid: Dykinson, 2017.

Bordes Solanas, M. *Las trampas de Circe. Falacias lógicas y argumentación informal*. Madrid: Cátedra, 2011.

Calonje, C. *Técnica de la argumentación jurídica*. Segunda. Cizur Menor: Aranzadi-Thomson Reuters, 2009.

Centro de Estudios Garrigues. *Libro de estilo Garrigues*. Cizur Menor (Navarra): Garrigues - Thomson Aranzadi, 2005.

Cicerón, M. T. *Retórica a Herenio*. Ed. J. Mª Núñez González. Trad. S. Núñez. Madrid: Gredos, 1997.

— *Rhetorica ad Herennium*. Ed. J. F. Alsina. Barcelona: Bosch. Erasmo Textos Bilingües, 1991.

Colegio de Abogados de Madrid. *Libro de estilo del Ilustre Colegio de Abogados de Madrid*. Madrid: Marcial Pons, 2007.

Fernández de Buján, A. *Derecho Romano*. Navarra: Aranzadi, 2020.

Gómez Torrego, L. *Manual de español correcto*. Vol. I. Madrid: Arco/Libros, S. L., 1996. II vols.

Grijelmo, Á. *La gramática descomplicada (nueva edición revisada ebook)*. Taurus, 2014.

Instituto Cervantes. *Las 500 dudas más frecuentes del español*. Barcelona: Instituto Cervantes - Espasa Libros, 2016.

— *Saber hablar*. Ed. A. Briz. Madrid: Aguilar, 2008.

Pizarro, F. *Aprender a razonar*. Madrid: Alhambra, 1986.

Pothier, R. J. *Traitè des Obligations selon les regles tant du for de la conscience que du for extèrieure*. Vol. Tome Premier. Paris: Debure l'aîné, 1764.

Real Academia Española - Consejo General del Poder Judicial. *Libro de estilo de la Justicia (dirigido por Santiago Muñoz Machado)*. Barcelona: Espasa, 2017.

Real Academia Española. *Gramática básica de la lengua española (ebook)*. Barcelona: Espasa, 2016.

— *Libro de estilo de la lengua española según la norma panhispánica*. Barcelona: Espasa, 2018.

Weston, A. *Las claves de la argumentación*. Trads. J. F. Malem Seña y B. Ribera de Madariaga. Barcelona: Ariel, 2006.

MONOGRAFÍAS DE DERECHO ROMANO Y CULTURA CLÁSICA

Director: Antonio Fernández de Buján

Catedrático de Derecho Romano de la Universidad Autónoma de Madrid
Académico de Número de la Real Academia de Jurisprudencia y Legislación

---

Derecho Administrativo y Fiscal Romano

- Temas de derecho administrativo romano comparado (2021). *Andrea Trisciuoglio. Prólogo de Antonio Fernández de Buján*
- La industria del sexo en la época romana: categorización social de la prostituta, medidas fiscales y control de la administración (2019). *Jose Luis Zamora Manzano. Prólogo de Juan Antonio Obarrio Moreno*
- Ciudad tardorromana, élites locales y patrimonio inmobiliario: Un análisis jurídico a la luz del Código Teodosiano (2018). *Belén Malavé Osuna. Prólogo de Antonio Fernández de Buján*
- Estudios de derecho fiscal romano (2016). *Alfonso Agudo Ruiz. Prólogo de Antonio Fernández de Buján*
- El derecho minero romano ante la Ilustración hispanoamericana (2016). *Francisco José Tejada Hernández. Prólogo de Luis Rodríguez Ennes*
- Hacia un derecho administrativo, medioambiental y fiscal romano III (2016). *VV.AA. [Antonio Fernández de Buján y Andrea Triciuoglio (Directores). Gabriel Gerez Kraemer (Editor)]*
- La administración penitenciaria en el Derecho Romano: Gestión, tratamiento de los reclusos y mejora de la custodia carcelaria (2015). *José Luis Zamora Manzano*
- Los municipios de Italia y de España. Ley general y Ley modelo (2014). *Maria das Graças Pinto de Britto*
- Hacia un Derecho Administrativo y Fiscal Romano II (2013). *Fernández de Buján, Antonio (director) y Gerez Kraemer, Gabriel (editor)*
- Ordenamiento financiero de la antigua Grecia y el período helenístico (2013). *Sáinz de Bujanda, Fernando. Prólogo de Javier Sáinz Moreno e Introducción de Antonio Fernández de Buján*
- La Hacienda Pública en el Bajo Imperio Romano. Años 284 a 476 d. C. (2012). *Aparicio Pérez, Antonio*
- Urbanismo y Derecho en el Imperio de Justiniano. 527-565 d.C. (2012). *Rodríguez López, Rosalía*
- La regulación jurídico-administrativa del juego en el derecho romano y su proyección en el derecho moderno (2011). *Zamora Manzano, José Luis*
- Hacia un Derecho Administrativo y Fiscal Romano (2011). *Fernández de Buján, Antonio / Gerez Kraemer, Gabriel / Malavé Osuna, Belén (co-editores). Prólogo de Antonio Fernández de Buján*

- Algunos aspectos sobre el régimen fiscal aduanero en el Derecho romano. Reglamentación jurídica del portorium, control de mercancías y comiso por fraude fiscal (2009). *Zamora Manzano, José Luis*
- El derecho de aguas en Roma (2008). *Gerez Kraemer, Gabriel M. Prólogo de Antonio Fernández de Buján*
- Régimen jurídico del domicilio en Derecho Romano (2008). *López Huguet, Mª. Luisa. Prólogo de Antonio Fernández de Buján*
- Régimen jurídico de las fundaciones en Derecho Romano (2007). *Blanch Nougués, José María*
- Abogacía y ciudadanía: biografía de la abogacía ibérica (2007). *Barcia Lago, Modesto*
- El estatuto jurídico del empleado público en Derecho Romano (2007). *Varela Gil, Carlos. Prólogo de Antonio Fernández de Buján*
- Régimen jurídico financiero de las obras públicas en el derecho romano tardío : los modelos privado y público de financiación (2007). *Malavé Osuna, Belén. Prólogo de Antonio Fernández de Buján*
- Régimen jurídico de las vías públicas en Derecho Romano (2007). *Ponte, Vanesa. Prólogo de Antonio Fernández de Buján*
- Tabulae Publicae. Archivos municipales y documentación financiera en las ciudades de la Bética (2005). *Rodríguez Neila, Juan Francisco*
- Gallaecia: Romanización y ordenación del territorio (2004). *Rodríguez Ennes, Luis. Prólogo de Antonio Fernández de Buján*
- La actividad económica en el derecho romano. Análisis contable (2003). *Giménez Barriocanal, Fernando. Prólogo de Antonio Fernández de Buján*
- La protección o defensa del uso colectivo de las cosas de dominio público. Especial referencia a los interdictos de publicis locis (loca, itinere, viae, flumina, ripae) (2002 / Reimpresión 2010). *Alburquerque, Juan Miguel. Prólogo de Antonio Fernández de Buján*
- Régimen jurídico de la prestación de servicios públicos en derecho romano (2002). *Pendón Meléndez, Esther. Prólogo de Antonio Fernández de Buján*
- Régimen jurídico de las concesiones administrativas en el derecho romano (1996). *Castán Pérez-Gómez, Santiago. Prólogo de Antonio Fernández de Buján*

Derecho Público y Privado Romano

- La apelación civil en la legislación de Justiniano (2020). *Alfonso Agudo Ruiz*
- Confinamiento y Exilio en la Antigüedad Tardía (2020). *Margarita Vallejo Girvés y Juan Antonio Bueno Delgado (Editores)*
- El Derecho, creación de Roma. Meditaciones Universitarias de un Académico (2020). *Federico Fernández de Buján*
- Métodos alternativos de resolución de conflictos en Derecho Romano. Especial referencia a la mediación (2019). *Gema Vallejo Pérez*
- Efectos extintivos de la confusión en las relaciones jurídicas en Derecho Romano (2018). *Carmen Jiménez Salcedo. Prólogo de Antonio Fernández de Buján*

- Consideraciones sobre la *merces, in pecunia numerata*, en la *locatio-conductio operarum*: Del Derecho Romano al contrato de trabajo (2018). *Beatriz García Fueyo. Prólogo de Antonio Fernández de Buján*
- El edicto justinianeo de los "Tres Capítulos" en el marco de la disputa cristológica sobre la doble naturaleza de Cristo (2018). *Juan Antonio Bueno Delgado*
- A evolução da protecção do arrendatário. O direito à permanência nas dependências locadas, desde o direito romano clássico (2018). *David Magalhães*
- La *superficies* en derecho romano (2017). *Ana Zaera García*
- *Nec inmerito paterfamilias dicitur.* El *paterfamilias* en el pensamiento de Lactancio (2017). *Carmen Macarena Palomo Pinel*
- Mujeres y símbolos en la Roma republicana. Análisis jurídico-histórico de Lucrecia y Cornelia (2017). *María José Bravo Bosch*
- La forma estipulatoria. Una aproximación al estudio del lenguaje directo en el Digesto (2017). *Nuria Coch Roura*
- La deuda histórica del arbitraje moderno (2017). *Antonio Fernández de Buján*
- La empresa pública en forma privada. Antecedentes romanos y un apunte histórico en la legislación de régimen local preconstitucional en España (2017). *M ª Eugenia Ortuño Pérez*
- Limitaciones a la libertad domiciliaria en derecho romano (2016). *M ª Luisa López Huguet. Prólogo de Antonio Fernández de Buján*
- *Exceptio utilis* en el procedimiento formulario del derecho romano (2016). *Carmen Gómez Buendía*
- Contribuciones al derecho romano de sucesiones y donaciones (2016). *M ª Eugenia Ortuño Pérez. Prólogo de Antonio Fernández de Buján*
- Usufructo de la pecunia. Aplicación a los fondos de inversión desde la Ley de Jurisdicción Voluntaria (2015). *Sonia M.A. Mollá Nebot*
- La restricción del lujo en la Roma republicana. El lujo indumentario (2015). *F. Javier Casinos Mora*
- La legislación religiosa en la compilación justinianea (2014). *Juan Antonio Bueno Delgado. Prólogo de Antonio Fernández de Buján*
- La cautio usufructuaria en derecho romano. Análisis jurisprudencial (2014). *Ana Mohino Manrique*
- La consensualidad contractual en derecho romano y el Código civil (2014). *Federico Fernández de Buján*
- Derecho de empresas en la Roma clásica (2014). *Guillermo Suárez Blázquez*
- La posición jurídica de la mujer en Roma (2014). *Gabriel Buigues Oliver*
- Ius hominum causa constitutum - Un derecho a medida del hombre (2014). *Sebastiano Tafaro // José Miguel Piquer Marí (traductor)*
- Mulier. Algunas historias e Instituciones de Derecho Romano (2013). *Rosalía Rodríguez López y Mª José Bravo Bosch (Editoras)*
- Digesto. Una auténtica obra legislativa (2013). Ana Martín Minguijón
- La *auctoritas* romana (2013). *Ana Isabel Clemente Fernández*
- El Padre Feijoo y el derecho de su tiempo: Una visión premonitoria de problemas candentes en la actualidad (2013). *Rodríguez Ennes, Luis*
- Las interrogationes in iure (2013). *Pendón Meléndez, Esther*

- Conspectus Constitutionum Diocletiani (2013). *Díaz Bautista, Antonio (coord.)*
- Las costas en el proceso civil romano (2013). *Agudo Ruiz, Alfonso*
- De la consignación en Derecho Romano a su proyección en el Derecho Civil (2013). *Martínez de Morentin Llamas, Mª Lourdes. Prólogo de Antonio Fernández de Buján*
- La vertiente iuspublicista de la institución adoptiva en derecho romano y su proyección en el derecho español (2013). *Ruiz Pino, Salvador. Prólogo de Juan Miguel Alburquerque*
- El valor del silencio en las fuentes literarias antiguas (2012). *Martínez Vela, José Antonio. Prólogo de Antonio Fernández de Buján*
- Las fuentes del derecho romano (2012). *Metro, Antonino. Traducción y comentario crítico realizado por María José Bravo*
- Concordia dicendi et exaudiendi. Claves del derecho romano para la interpretación jurídica moderna (2011). *Sainz-Ezquerra Foces, José María*
- La legítima defensa en el Derecho romano con referencia a la dogmática moderna (2011). *Domínguez López, Esther*
- Régimen jurídico de la tácita reconducción en derecho romano y su proyección en derecho actual (2011). *Martínez Vela, José Antonio*
- El binomio procesal. Derecho de acción. Derecho de defensa. Desde la concepción clásica romana hasta la actualidad (2011). *Calaza López, Sonia*
- La concurrencia de responsabilidad civil contractual y extracontractual en el contrato de arrendamiento. Del Derecho Romano al Derecho Civil histórico valenciano (2011). *Lázaro Guillamón, Carmen*
- La pluralidad hipotecaria. Excepciones al principio de prioridad temporal en Derecho Romano y en Derecho Civil españo (2010). *Bernard Segarra, Lucía*
- Las pruebas no racionales en Roma. Ab urbe condita hasta finales de la República (2010). *Piquer Marí, José Miguel*
- Estudios sobre Diocleciano (2010). *Díaz Bautista, Antonio (coord.)*
- Iudex Unus. Responsabilidad judicial e Iniuria Iudicis (2010). *Mollá Nebot, Sonia M.A.*
- La prestación de alimentos en derecho romano y su proyección en el derecho actual (2010). *Alburquerque, Juan Miguel. Prólogo de Antonio Fernández de Buján*
- Pacto de Melhor comprador: configuração no direito romano (in diem addictio) e projeções no direito actual (2010). *Bissoto Queiroz de Moraes, Bernardo. Dirección del Prof. Dr. D. Antonio Fernández de Buján*
- Origen de los poderes del paterfamilias. El pater familias y la patria potestas (2009). *Amunátegui Perelló, Carlos Felipe. Prólogo de Juan Miquél González*
- Magistrados, Jueces y Árbitros en Roma. Competencia civil y evolución (2009). *Robles, Juan Ramón*
- Sistema contractual romano 3ª edición (2008). *Fernández de Buján, Federico. Incluye CD-Rom*
- El largo camino de los hispani hacia la ciudadanía (2008). *Bravo Bosch, María José. Prólogo de Antonio Fernández de Buján*
- El huerto en la Roma antigua: : su problemática urbanística y agraria (2008). *Rodríguez López, Rosalía*

- Procedimiento concursal. La posición jurídica del bonorum emptor (2008). *Soza, Ma. Ángeles. Prólogo de Francisco Cuena*
- La eficacia real en las transacciones del comercio de esclavos (2008). *Mohino Manrique, Ana*
- La injuria verbal colectiva (2007). *Bravo Bosch, María José. Prólogo de Luis Rodríguez-Ennes*
- La responsabilidad objetiva en el transporte marítimo y terrestre en Roma: estudio sobre el receptum nautarum, cauponum et stabulariorum: entre la utilitas contrahentium y el desarrollo comercial (2007). *Salazar Revuelta, María. Prólogo de Antonio Fernández de Buján*
- Régimen jurídico de las presunciones (2007). *Martínez de Moretin Llamas, Mª Lourdes*
- De iure uerrino: el derecho, el aderezo culinario y el augurio de los nombres (2007). *García-Hernández, Benjamín*
- Instituciones políticas y sociales de Roma: Monarquía y República (2007). *Viñas, Antonio*
- El sistema jurídico ático clásico (2007). *Palao Herrero, Juan. Prólogo de Antonio Fernández de Buján*
- Terminología, definiciones y ritos de las nupcias romanas. La trascendencia de su simbología en el matrimonio moderno (2007). *Ortega Carrillo de Albornoz, Antonio*
- De hereditatis petitione. Estudios sobre el significado y contenido de la herencia y su reclamación en derech romano (2006). *Casinos Mora, F. Javier*
- Pactos en el contrato de compraventa en interés del vendedor (2006). *Mohino Manrique, Ana. Prólogo de Federico Fernández de Buján*
- De inutilibus stipulationibus (2006). *Casas León, Mª Etelvina de las. Prólogo de María Victoria Rodríguez Sansón*
- La vacante en los legados. A propósito de la Ley Única de Caducis Tollendi (C. 6,51) (2006). *Ortín García, Carmen*
- La argumentación retórica en Juvencio Celso (2005). *Parra Martín, Mª. Dolores*
- La injuria indirecta en Derecho romano (2005). *Guerrero Lebrón, Macarena*
- Régimen jurídico del tesoro en derecho romano (2005). *Agudo Ruiz, Alfonso. Prólogo de Antonio Fernández de Buján*
- De la filosofía personalista al ius personalismo (2005). *Viñas, Antonio*
- Pignus gordianum (2004). *Bueno Delgado, Juan Antonio*
- Teoría del derecho y experiencia jurídica romana (2002). *Viñas, Antonio*
- El proceso contra Jesús (2002). *AA.VV. Coordinadores: Amarelli y Lucrezi. Trad.: Antonio Fernández de Buján. Introducción: Federico Fernández de Buján. Prólogo: Francisco Paolo Casavola*
- Sine vitio nancisci possessionem. La adquisición de la posesión de los legados en el Derecho Romano Clásico (2003). *Salomón, Lourdes*
- La revocación de la donatio mortis causa en el derecho romano clásico (2003). *Tort-Martorell Llabrés, Carmen*
- Del trabajo como hecho social al contrato de trabajo como realidad normativa: Un apunte histórico-romanístico (1997). *Aleman Paez, Francisco/Castán Pérez-Gómez, Santiago. Prólogo de Antonio Fernández de Buján*

- El edicto de los magistrados en el lenguaje de la jurisprudencia romana. Un estudio de Derecho Romano (1998). *Blanch Nougues, Juan Manuel*
- La intransmisibilidad de las acciones penales en derecho romano (1997). *Blanch Nougues, José Mª. Prólogo de Antonio Fernández de Buján*

Metodología docente. Casuismo jurisprudencial. Fuentes de conocimiento

- Materiales para un curso de expresión jurídica oral y escrita (con la ayuda de la retórica clásica) (2021). *Juan Manuel Blanch Nougués / Ángela Pérez García*
- Reflexiones sobre la misión de la Universidad en el siglo XXI (2020). *Mª José Bravo Bosch / Juan Alfredo Obarrio Moreno / José Miguel Piquer Marí / José Luis Zamora Manzano (coords.)*
- Manual de casos prácticos de Derecho Romano (2018). *Antonio Fernández de Buján / Juan Miguel Albuerquerque (dirs.). Rosalía Rodríguez López / Juan Alfredo Obarrio Moreno (coords.)*
- Locuciones latinas y razonamiento jurídico. Una revisión a la luz del derecho romano y del derecho actual (2017). *Juan Manuel Blanch Nougués*
- Repensar la universidad. Reflexión histórica de un problema actual (2015). *Juan Alfredo Obarrio Moreno y José Miguel Piquer Marí*
- Gayo y el aprendizaje del Derecho Romano. Materiales didácticos para la adquisición de razonamiento jurídico. I. Personas y cosas (2012). *Rodríguez López, Rosalía / López-Muñoz, Manuel (eds.). Prólogo de Antonio Fernández de Buján*
- Innovación metodológica y Espacio Europeo de Educación Superior. Experiencias docentes en el ámbito del derecho (2011). *Pérez Álvarez, María del Pilar*

Sección Ius Commune

- La formación del derecho foral valenciano. Contribución al estudio de las tradiciones jurídicas hispánicas en el marco del ius commune (2012). *Masferrer, Aniceto / Obarrio Moreno, Juan Alfredo*
- Interdictum uti possidetis in regno valentiae (2011). *Obarrio Moreno, Juan Alfredo*
- Estudios de tradición romanística. Tutela et curatela (2011). *Obarrio Moreno, Juan Alfredo*
- El proceso por contumacia. Origen, pervivencia y recepción (2009). *Obarrio Moreno, Juan Alfredo*
- La preterición en el ámbito del ius commune: los comentarios de Tomás Cerdán de Tallada al fuero Declaran. Estudio, traducción y transcripción (2009). *Obarrio Moreno, Juan Alfredo*
- Testamentorum sollemnia iuris romani medii aevi memoria (2009). *Obarrio Moreno, Juan Alfredo*

Sección Cultura Clásica. Derecho y Literatura

- Las fortificaciones de la ciudad de León desde la antigüedad al año 1000. Contexto histórico, arqueológico y jurídico (2020). *Fernandéz Ordás, Rocío A.*
- La arena viscosa del Foro. El mundo de la justicia ante el espejo de la sátira (2020). *Barcia Lago, Modesto*
- El mundo jurídico en Franz Kafka. El proceso (2019). *Obarrio Moreno, Juan Alfredo / Heras Vives, Luis de las*
- Un estudio sobre la Antigüedad: la apología de Sócrates (2018). *Obarrio Moreno, Juan Alfredo*
- 'Iura et Humanitas. Diálogos entre el Derecho y la Literatura (2017). *Obarrio Moreno, Juan Alfredo*
- 'Nomos ágraphos - Nomos éngraphos' Estudios de Derecho griego y romano (2015). *Alvarado Planas, Javier / Hernández de la Fuente, David / López Melero, Raquel / Rodríguez González, Ana María*

Sección Romanas, Visigodas y Bizantinas

- Mujeres de la Hispania romana. Una mirada al patrimonio (2020). *Valmaña Ochaíta, Alicia / Bravo Bosch, Mª José / Rodrígue López, Rosalía (Coeditoras). Prólogo de Francesco Musumeci*
- Estudios sobre la mujer y derecho en la antigüedad (2019). *Mollá Nebot, M.A. Sonia / Llanos Pitarch, José María (Editores)*
- La mujer en la literatura y en la jurisprudencia. De Roma a la actualidad (2019). *Mollá Nebot, M.A. Sonia / Llanos Pitarch, José María (Editores)*
- La violencia contra las mujeres en la antigua Roma). *Rodríguez López, Rosalía*